SUMER ASSUR BABYLON

7000 Jahre Kunst und Kultur zwischen
Euphrat und Tigris

VERLAG PHILIPP VON ZABERN · MAINZ/RHEIN

SUMER ASSUR BABYLON

7000 Jahre Kunst und Kultur
zwischen Euphrat und Tigris

ROEMER- UND PELIZAEUS-MUSEUM
HILDESHEIM

23. Juni – 24. September 1978

◄ Frontispiz: siehe Nr. 62, 63

Abb. 1, S. 6: siehe Nr. 153 ►

Die Ausstellung wird veranstaltet vom:

ROEMER- und PELIZAEUS-MUSEUM
D-3200 HILDESHEIM, Am Steine 1–2

Sie ist täglich von 9.00–19.00 Uhr geöffnet und dauert vom 23. Juni bis zum 24. September 1978

Ausstellungsgestaltung:
Rolf Schulte unter Mitarbeit von Gerhard Busch und Heinrich Retzlaff

KATALOG:

Roemer- und Pelizaeus-Museum danken den Verfassern des Genfer Ausstellungskataloges Trésors du musée de Bagdad, insbesondere Eva Strommenger, Françoise Bruschweiler und Rolf Stucky, deren grundlegende Vorarbeit auch diesem Katalog sein Gesicht geben.

Redaktion: Arne Eggebrecht, Walter Konrad, Edgar B. Pusch

Wissenschaftliche Bearbeitung:
Karin Ådahl, Stockholm
Heinz-Günther Borck, Hildesheim
Arne Eggebrecht, Hildesheim (143–149)
Walther Hinz, Göttingen
Edgar B. Pusch, Hildesheim (199–209)
Klaus Schippmann, Göttingen (1–38, 60–118, 134–142, 150–198)
Hartmut Schmökel, Northeim
Wolfgang Schramm, Göttingen (39–59, 119–133)

Übersetzung des Beitrags »Der Islam«: Yvette Mottier, Genf

Fotonachweis:
National Museum, Tokyo
Medelhavsmuseet, Stockholm
Museé d'art et d'histoire, Genève
Roemer- und Pelizaeus-Museum, Hildesheim

Umschlag-Entwurf: Silvelie Hitzer, München
Umschlagfoto: Jürgen Weber, Roemer- und Pelizaeus-Museum, Hildesheim (Kat. Nr. 95)
Realisierung der Karten: Wilfried Lüer, Hildesheim
Gestaltung und Druck: Verlag Philipp von Zabern, Mainz
ISBN 3-8053-0350-5

SCHIRMHERRSCHAFT

Karim Shintaf
Minister für Kultur und Kunst
der Republik Irak

Prof. Dr.-Ing. Dr. h.c. Eduard Pestel
Niedersächsischer Minister für Wissenschaft
und Kunst

EHRENKOMITEE

Hani al-Naib
Geschäftsträger der Republik Irak

Dr. Muayed Said Damergi
Generaldirektor der Antikenverwaltung
der Republik Irak

Ibrahim Mohammed Ismaïl
Oberbürgermeister der Stadt Bagdad

Fritz Menne
Botschafter der Bundesrepublik Deutschland

Heiko Klinge
Oberbürgermeister der Stadt Hildesheim

Georg-Berndt Oschatz
Oberstadtdirektor der Stadt Hildesheim

IRAKISCH-DEUTSCHES ARBEITSKOMITEE

Dr. Subhi Anwar Rashid
Direktor des Nationalmuseums
des Irak, Bagdad

Dr. Wilhelm Buerstedde
Stadtrat und Kulturdezernent
der Stadt Hildesheim

Dr. Walter Konrad
Direktor des Roemer-Museums, Hildesheim

Dr. Arne Eggebrecht
Direktor des Pelizaeus-Museums, Hildesheim

Dr. Edgar B. Pusch
Ausstellungskoordination

Vorwort

Das kulturelle Sommerereignis des Jahres 1978 heißt »Sumer Assur Babylon«. Es vermittelt an Hand von mehr als zweihundert, hierzulande noch nie gesehener Exponate die Einsicht in »7000 Jahre Kunst und Kultur zwischen Euphrat und Tigris«.
Die hervorragenden, erstmals in der Bundesrepublik Deutschland gezeigten Ausstellungsstücke sind Leihgaben aus dem Nationalmuseum des Irak in Bagdad.
Rat und Verwaltung der Stadt Hildesheim sagen der Republik Irak, dem Informationsministerium, dem Ministerium für Kultur und Kunst sowie der Generaldirektion der Antikenverwaltung Dank für die Hergabe der einmaligen Kostbarkeiten! Die traditionsreichen Hildesheimer Museen sehen in der mit der Leihgabe verbundenen Auszeichnung eine Bestätigung ihres Bemühens, die Kenntnis und das Verständnis ferner, fremder Kulturen zu vertiefen. Sie freuen sich, in einer Reihe mit gleichgesinnten Museen in Tokyo, Stockholm, Oslo, Helsinki, Genf und Kopenhagen zu stehen, wo die Ausstellung mit nachhaltigem Erfolg gezeigt worden ist.
Mit allen, die am Zustandekommen der sicherlich sensationellen Präsentation beteiligt sind – den Fachvertretern an der Landesuniversität in Göttingen ebenso wie den Museumsleuten hüben und drüben –, hoffen wir darauf, daß auch die moderne Republik Irak deutlich in das Blickfeld möglichst vieler Besucher rückt.

Klinge
Oberbürgermeister

Oschatz
Oberstadtdirektor

Geschichte Alt-Mesopotamiens

Mit der Ausstellung »Sumer Assur Babylon« wird zum ersten Mal einer breiten Öffentlichkeit ein Kulturkreis vorgestellt, der neben Ägypten entscheidend zur Herausbildung unserer abendländischen Kultur beigetragen hat.

Mehr als 200 Objekte aus dem Nationalmuseum Bagdad, die die Republik Irak großzügigst als Leihgaben zur Verfügung gestellt hat, geben einen umfassenden Überblick über mehr als 7000 Jahre Kunst und Kultur zwischen Euphrat und Tigris. Da gerade die intensive archäologische Erforschung Mesopotamiens in den letzten Jahrzehnten unsere Kenntnis von der Frühgeschichte der Menschheit entscheidend verändert hat, sind wir dankbar, daß dieser besonders aktuelle Aspekt durch entsprechende Exponate deutlich gemacht werden kann.

Vorgeschichtliche Zeit (ca. 9000–ca. 3300 v. Chr.)[1]

War bereits seit längerem bekannt, daß in großen Teilen des Zweistromlandes, im Paläolithikum (Altsteinzeit) Menschen vom Typ des Neandertalers lebten, wie Funde in Schanidar im irakischen Teil Kurdistans ergaben, die in die Zeit um 50 000 v. Chr., also in das sogenannte Mittlere Paläolithikum gehören, so hat sich die archäologische Forschung im Vorderen Orient nach dem Ende des Zweiten Weltkrieges besonders auf die Untersuchung der Zeit zwischen etwa 9000 und 5500 v. Chr. konzentriert, das sogenannte Neolithikum (Jungsteinzeit). Es ist eine der entscheidenden Phasen der Menschheitsgeschichte, es ist die Periode des Übergangs von der Stufe des Nahrungssammelns, des Jäger- und Nomadendaseins, zu der der Nahrungserzeugung, des Seßhaftwerdens: ein Vorgang, den der bekannte englische Archäologe Gordon V. Childe als »neolithische Revolution« bezeichnet hat. Das Wort »Revolution« meint dabei allerdings nicht ein plötzlich eingetretenes Ereignis, sondern einen Prozeß, der sich über eine längere Zeit, über mehrere Jahrtausende, erstreckt. Neben dem Erscheinen der ersten Siedlungen gehören zu ihr der Beginn der Tierdomestizierung, des Anbaus von Kulturpflanzen und der Entwicklung von Handelsbeziehungen. Drei archäologische Fundorte kennzeichnen diese Beziehung: Jarmo östlich von Kirkuk in den Kurdischen Bergen, also im heutigen Irak; Jericho in Palästina und Çatal Hüyük 50 km südöstlich von Konya in der Südtürkei. Alle drei Siedlungen gehören in das 8./7. Jahrtausend v. Chr.

Die nächste Phase innerhalb dieser vorgeschichtlichen Zeit beginnt etwa 5500 v. Chr. Es ist das Chalkolithikum (Kupfersteinzeit), das so benannt wird, weil neben Steingeräten jetzt auch Metallerzeugnisse aus gehämmertem reinem Kupfer in größerer Zahl auftauchen. Diese Phase ist gekennzeichnet durch die Ausbreitung und das Anwachsen dörflicher Siedlungen. Für diese Zeit kann man auch schon an verschiedenen Plätzen des Alten Orients das Vorhandensein von künstlichen Bewässerungssystemen nachweisen. Es sind verschiedene Fundplätze von typischer Keramik, besonders in Mesopotamien und im Iran, die kennzeichnend und namengebend für diese Periode sind. Im Verlaufe des Chalkolithikums sind es dann besonders bemalte Gefäße aus der sogenannten »Buntkeramik«-Epoche, die einen erstaunlichen Höhepunkt dieser Kunst zeigen. Die verschiedenen Keramikkreise in Mesopotamien sind dabei nach der ersten Fundstelle benannt, an der eine besonders typische Keramik auftrat, ohne Rücksicht darauf, daß man später diese Keramik an anderen Fundplätzen noch reichlicher und in besserer Qualität fand. Vielfach werden die Namen der Keramikkreise auch als Perioden- oder Kulturbezeichnungen verwandt. Man muß sich aber immer darüber klar sein, daß es sich hierbei um eine Namengebung des 20. Jahrhunderts handelt. Das ist eine Art »Verlegenheitslösung«, weil wir weder über eine ethnische Zugehörigkeit noch über Völker- oder Herrschernamen dieser Zeit etwas wissen.

[1] Vgl. dazu Karte I »Neolithikum bis Frühdynastische Zeit«

Einer der wichtigsten und ältesten dieser Keramikkreise ist der von Hassuna, ca. 30 km südlich von Mossul; die Entwicklung dort dürfte schon am Ende des Neolithikums begonnen haben. Keramik vom Typ Hassuna hat man jetzt auch in den frühen Schichten von Tell as-Sawwan ca. 80 km nördlich von Bagdad gefunden; diese Grabung des irakischen Antikendienstes, an einem der wichtigsten vorgeschichtlichen Plätze im Irak überhaupt, ist besonders reich in dieser Ausstellung repräsentiert (Nr. 2–28).

Im mittleren und nördlichen Mesopotamien gab es etwas später die beiden Keramikkreise von Samarra, ca. 90 km nördlich von Bagdad, und Halaf im heutigen Syrien. Die Keramik dieses Kreises fand man bis nach Mersin (an der türkischen Südküste) und im Osten bis in die Kurdischen Berge hinein; einer der wichtigsten Plätze für die Halaf-Periode ist Tell Arpatchiya in der Nähe von Mossul (Nr. 29–31). War bei der Samarra-Ware häufig das Hakenkreuz, meist aus stilisierten Tieren und Menschen gebildet, als Verzierung zu finden, so ist bei der Halaf-Ware das Bukranion (Stierkopf in Vorderansicht) und das Malteserkreuz das Kennzeichen. Es ist anzunehmen, daß hier verschiedene religiöse Vorstellungen ihren Niederschlag gefunden haben. Für den Süden des Landes sind vor allem der Keramikkreis von Eridu und dann der Ubaid-Kreis kennzeichnend, beides Fundorte in der Nähe des berühmten Grabungsplatzes von Ur. Man darf davon ausgehen, daß zwischen den Kulturen des Südens und Nordens in dieser Zeit Verbindungen bestanden haben.

Frühgeschichtliche Zeit (ca. 3300–ca. 2900 v. Chr.)[2,3]

Am Ende des Chalkolithikums ab etwa 3300 v. Chr. bildet sich dann im südlichen Mesopotamien im Lande Sumer die erste Hochkultur heraus. Das Zentrum dieser sumerischen Kultur dürfte dabei das alte Uruk, das heutige Warka, gewesen sein, wo in den Schichten VI–III die großartigsten Funde dieser Kultur gemacht wurden. Die beiden wichtig-

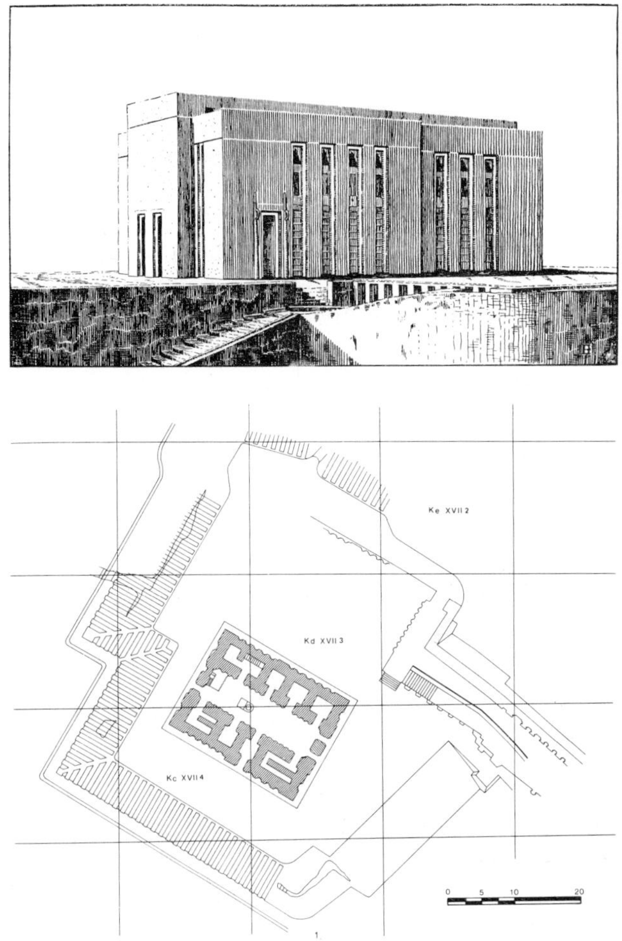

Abb. 2 Uruk, der Tempel des Himmelsgottes En, Rekonstruktion und Grundriß

sten »Erfindungen« dieser Hochkultur sind das Rollsiegel und die etwas später entstandene Schrift (ab etwa 3200 v. Chr.); weiter gehören große Tempelbauten zu den bemerkenswerten Zeugnissen dieser Epoche (Abb. 2). Die Tempel bildeten zu dieser Zeit den Mittelpunkt des Gemeinwesens, einen Palast kannte man noch nicht. Die Schrift wurde dabei zur Erleichterung und Vereinfachung der sumerischen »Tempelwirtschaft« »erfunden«. Das Rollsiegel wurde vor allem zur Versiegelung

[2] Die nun folgenden Daten richten sich nach der »mittleren« Chronologie.

[3] Vgl. dazu KARTE I »Neolithikum bis Frühdynastische Zeit«.

Abb. 3 Babylon, Luftaufnahme des mehrstufigen Tempelturmes (Ziqqurrat) nach den Ausgrabungen

von Gefäßen verwandt. Vor dem Erscheinen des Rollsiegels kannte man nur das Stempelsiegel (Nr. 39–42). An der Spitze der Tempelwirtschaft stand der »Mann im Netzrock« – so genannt vor allem nach den Darstellungen auf den Rollsiegeln dieser Zeit – der priesterliche und weltliche Funktionen in sich vereinte.

Die Frage, ob die Sumerer, die Gründer dieser ersten Hochkultur der Menschheit in das südliche Mesopotamien eingewandert sind oder ob diese Kultur von einer dort schon ansässigen Bevölkerung geschaffen worden ist, konnte bis heute nicht geklärt werden. Auch die sumerische Sprache hilft bei dieser Frage nicht weiter. Sie gehört weder zur indo-europäischen noch zur semitischen Sprachfamilie: man rechnet sie zu den sogenannten agglutinierenden Sprachen, einem Sprachtyp, bei dem es weder eine Deklination noch eine Konjugation gibt, sondern bei dem unveränderliche Wörter nach festen Regeln aneinandergereiht werden. Aber mit anderen solchen agglutinierenden Sprachen wie etwa dem Elamischen, dem Finnisch-Ugrischen oder auch dem Baskischen sind keine Verbindungen herzustellen.

Diese sumerische Hochkultur stellt im übrigen nicht ein einheitliches größeres Gebilde dar, sondern es handelte sich um zahlreiche kleinere oder größere Stadtstaaten wie etwa Eridu, Ur und Nippur, wobei Uruk, wie schon erwähnt, wohl die wichtigste Rolle gespielt haben dürfte.

Die frühsumerische Zeit ist in der Ausstellung durch einige sehr schöne Stücke vertreten wie etwa das Fragment einer Statuette (Nr. 34), eine Stierfigur (Nr. 35) sowie eine Art Szepter (Nr. 38); erwähnenswert ist auch noch eine Tüllenkanne mit Figurenschmuck (Nr. 36), eines der charakteristischen Gefäße für diese Zeit.

Am Ende der frühgeschichtlichen Zeit – diese Endphase wird vielfach auch nach einem Keramikfundort südöstlich von Bagdad Dschemdet-Nasr-Zeit genannt und ist etwa von 3100–2900 zu datieren – ist ein Zusammenbruch und eine anschließende kulturelle Umwälzung im südlichen Mesopotamien festzustellen. Man bringt beides mit dem Eindringen semitischsprechender Gruppen in dieses Gebiet in Verbindung.

Frühdynastische Zeit (2900–2350 v. Chr.)[4]

Die nachfolgende Periode wird als »Frühdynastische« Zeit bezeichnet, ein Ausdruck, der sich auf die Vielzahl der Dynastien im südlichen Mesopotamien in dieser Zeit bezieht. Zu beachten ist, daß wir auch in dieser Periode, ähnlich wie in der vorhergehenden, hauptsächlich nur Kenntnisse über das Gebiet südlich von Bagdad bis zum Persischen

[4] Vgl. dazu KARTE I »Neolithikum bis Frühdynastische Zeit«

Abb. 4 Frauenschädel und Schmuck, siehe Nr. 70

Golf, also aus Babylonien, besitzen. Der Norden, unter anderem auch das Gebiet um den mittleren Tigris, also Assyrien, dürfte in seiner politischen und kulturellen Entwicklung gegenüber dem Süden zurückgestanden haben.

Die eingewanderten semitischsprechenden Gruppen, die aller Wahrscheinlichkeit nach von Norden, von Syrien her kamen, sind die Vorläufer des späteren akkadischen Weltreiches und vermutlich verantwortlich für den schon erwähnten, jetzt festzustellenden Umbruch. Man muß dabei wohl von einem Nebeneinander von sumerisch- und semitischsprechenden Gruppen ausgehen. Der Umbruch macht sich vor allem in der Baukunst bemerkbar. Die Ziegelform der frühdynastischen Zeit in Sumer, Babylon und dem Diyala-Gebiet (nordöstlich und östlich von Bagdad), der sogenannte plankonvexe Ziegel, gibt uns, was seine Herkunft anbetrifft, Rätsel auf. Mit seiner gewölbten Oberfläche ließ sich die bis dahin übliche Bauweise nicht mehr durchführen.

Nunmehr kennen wir auch mehrere eindeutig als Palast gekennzeichnete größere Anlagen, so etwa in Eridu und Kisch; die erste größere Stadtmauer, nämlich die von Uruk, mit einer Länge von 9,5 km aus plankonvexen Ziegeln errichtet, gehört ebenfalls in diese Epoche.

Politisch gesehen ist die frühdynastische Periode

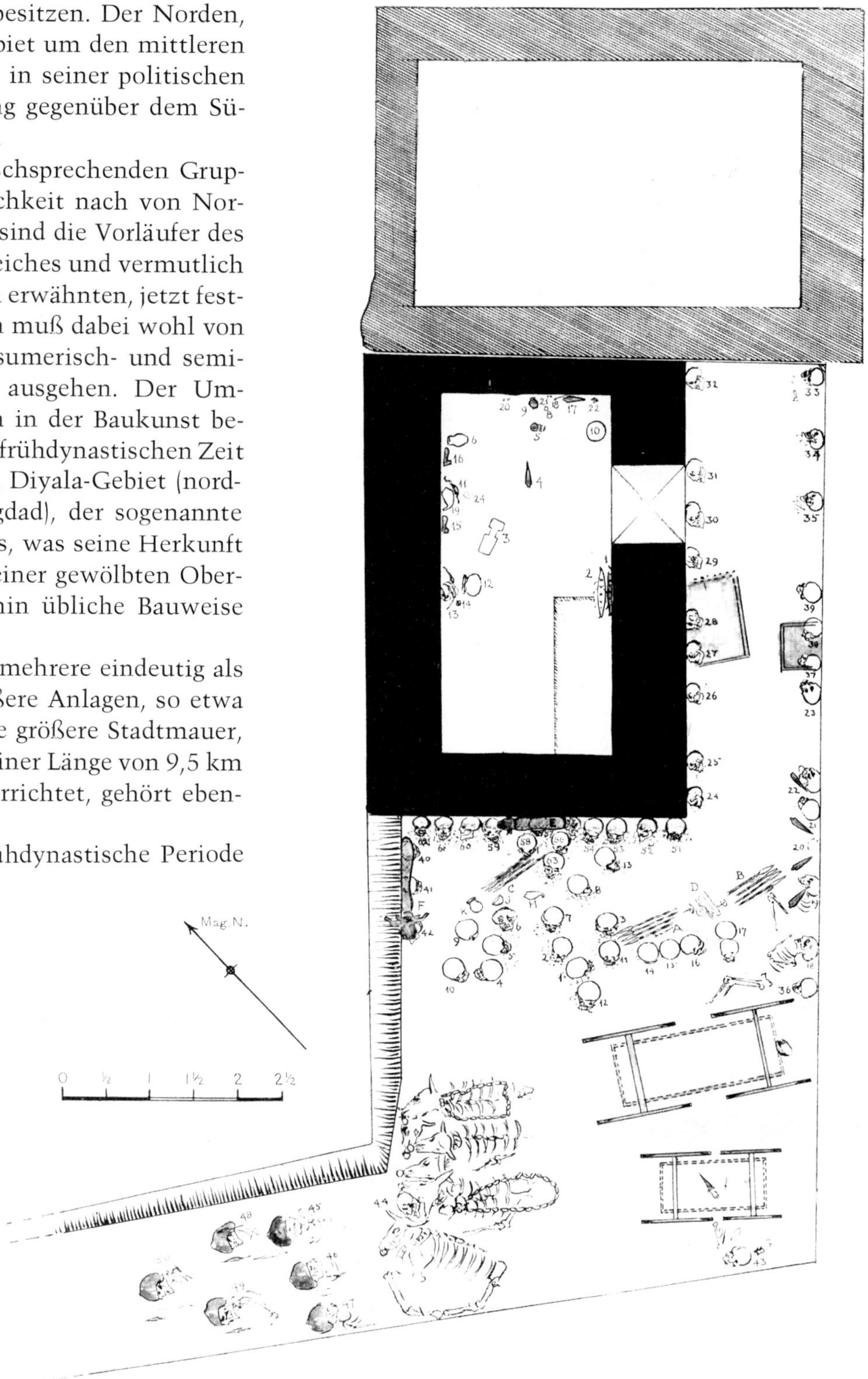

Abb. 5 Ur, Plan des Grabes des Königs Abargi (?) mit Bestattung seines Hofstaates: Soldaten, Ochsengespanne, Knechte, Musikanten und Hofdamen

die Zeit der großen Stadtstaaten. Einer von ihnen war sicherlich Uruk unter dem berühmten Gilgamesch; es muß dabei allerdings gesagt werden, daß dieser Herrscher noch nicht als authentische historische Gestalt greifbar ist. Auch Ur mit seinen von dem Engländer Leonard Woolley ausgegrabenen berühmten Königsgräbern, deren Funde man in dieser Ausstellung in großer Zahl bewundern kann, gehört in diese Zeit. Allerdings wissen wir über die Geschichte der einzelnen Stadtstaaten noch recht wenig. Nur für die Stadt Lagasch fließen die Quellen reichlicher. Ihre politische Geschichte wird durch den Kampf mit dem benachbarten Umma bestimmt, wobei es meistens um den Verlauf der Grenze, die Nutzung der gemeinsamen Wasseradern und den Besitz von Weidegebieten ging. Von dem letzten König von Lagasch, einem gewissen Urukagina (evtl. lautet sein Name auch Uruinimgina, um 2350) stammen im übrigen die ersten uns bekannten sozialen Reformen. Texte dieses Inhalts sind in verschiedene Bauinschriften des Königs eingefügt. In ihnen wird u. a. der Zwang zu ungünstigem Verkauf von Grundstücken oder Vieh verboten, weiter werden die Bewohner von Lagasch aus einer Reihe von Schuldverhältnissen befreit, und die Gebühren für Amtshandlungen werden reduziert. Schließlich wird die Ehe einer Frau mit zwei Männern, die sogenannte Dyandrie, abgeschafft.

Neben den herrlichen Schmuckfunden aus den Königsgräbern von Ur (Nr. 70–87) sind vor allem die beiden »Beter-Figuren« aus einem Tempel in Tell Asmar (Nr. 62, 63) und das für den Schreiber Dudu

Abb. 6 Ur, Rekonstruktion der Bestattungszeremonie im Grab des Königs Abargi (?), vgl. Abb. 5

geweihte Sitzbild (Nr. 65) sowie die sehr lebendige Darstellung zweier Ringer, deren Köpfe ein Gefäß tragen (Nr. 68), zu nennen. Für die Keramik dieser Zeit bietet die Ausstellung u. a. ein Beispiel der bekannten »Scharlach-Ware« (Nr. 61).

Akkad-Zeit (2330–2200 v. Chr.)[5]

Die frühdynastische Zeit findet ihr Ende dadurch, daß es Sargon von Akkad (2334–2279) gelingt, zum erstenmal ganz Mesopotamien in einem Reich zu vereinen. Sargon gehörte zur Gruppe der semitischsprechenden Einwanderer und hat von der Stadt Kisch aus (in der Nähe von Babylon) den Süden Mesopotamiens erobert. Anschließend richtete er sein politisches und militärisches Interesse nach Westen und Nordwesten. Sein Reich erstreckte sich schließlich vom »Unteren Meer«, dem Persischen Golf, bis zum »Oberen Meer«, dem Mittelmeer. Das akkadische Reich unter Sargon und seinen Nachfolgern ging also im Umfang weit über das hinaus, was man aus der vorhergehenden Zeit der sumerischen Stadtstaaten kannte. Aber auch der Aufbau dieses akkadischen Staates ist ein anderer: der akkadische König ist alleiniger Herrscher geworden und aus dem religiös begründeten, föderativen Staat der vorhergehenden Zeit ist ein zentralisierter Beamtenstaat geworden. Die gefundenen Texte erlauben weiter die Feststellung, daß nunmehr das Privateigentum an Grund und Boden häufiger vorkommt. Es bilden sich neue soziale Klassen wie etwa die der Beamten oder die der Handelsleute. Schließlich ist auch die Tatsache der Ausbildung einer akkadischen, also semitischen Schriftsprache, auf Kosten des Sumerischen bemerkenswert.

Leider sind uns aus dieser Periode nicht sehr viel Funde, sei es Architektur oder Kunsthandwerk, überliefert. Einer der Gründe dafür ist sicherlich die Tatsache, daß es trotz mancher Versuche bis heute nicht gelungen ist, die gleichnamige Hauptstadt des Reiches von Akkad zu finden. Das Hauptanschauungsmaterial für diese Epoche liefern daher die Rollsiegel (Nr. 49–57). Dennoch zeigt diese Ausstellung eines der schönsten Stücke der alten mesopotamischen Kunst überhaupt: den Kopf eines Fürsten oder Königs der Akkad-Zeit (Nr. 95). Zwei Photos sollen darüberhinaus einen Eindruck von dieser Kunst vermitteln. Einmal handelt es

Abb. 7 Torso der Statue des Manischtusu, Sohn des Sargon von Akkad (2334–2279 v. Chr.)

[5] Vgl. dazu KARTE II »Akkad-Zeit bis Kassitische Zeit«

Abb. 8 Siegesstele des Königs Naram-Sin (2260–2223 v. Chr.)

sich um den Torso einer Statue des Manischtusu, des Sohnes Sargons von Akkad (Abb. 7). Es ist das erste monumentale Standbild, das wir in der vorderasiatischen Kunst überhaupt kennen. Das zweite Photo stellt die berühmte Siegesstele des Königs Naram-Sin dar (Abb. 8). Auf ihr ist ein Sieg dieses Königs über das Bergvolk der Lullubi festgehalten.

Das Reich von Akkad fällt nach ca. 130 Jahren (um 2200) dem Ansturm eines anderen Volkes aus den Zagrosbergen zum Opfer, den Gutäern, von denen wir heute allerdings immer noch sehr wenig wissen; es scheint, als ob sie vor allem den Norden Mesopotamiens besetzt hielten, während der Süden verhältnismäßig selbständig war und in Stadtstaaten zerfiel.

Gudea- und Ur III-Zeit (2160–2000 v. Chr.)[6]

Vielfach wird diese Zeit nach dem berühmtesten dieser Stadtfürsten im südlichen Mesopotamien, Gudea von Lagasch, Gudea-Zeit genannt (ca. 2160–2100). Typisch für sie ist eine Neubelebung altsumerischer Formen und Gedanken in vielen Bereichen des Lebens wie etwa Religion, Politik und Kunst, eine sumerische Restauration also, so daß diese Epoche daher vielfach auch als Neu-Sumerische Zeit bezeichnet wird. Es war eine Periode des Wohlstandes für Sumer; vor allem war es eine Zeit, in der umfangreiche Handelsbeziehungen, aber auch Kunst und Wissenschaft blühten. Größere kriegerische Unternehmungen sind uns von Gudea von Lagasch dagegen nicht bekannt.
Um 2100 werden die Gutäer durch den Fürsten Utuchengal von Uruk vertrieben, nachdem Uruk vermutlich vorher die Vorherrschaft im Süden von Lagasch errungen hatte. Kurz darauf wurde Utuchengal aber selbst von einem seiner Gouverneure, einem gewissen Urnammu, der in Ur residierte, gestürzt. Es begann die großartige Ära der 3. Dynastie von Ur (2100–2000). Urnammu nennt sich selbst unter anderem »König von Sumer und Akkad« und bringt damit zum Ausdruck, daß er über Akkader und Sumerer herrscht. Ganz Sumer wird wieder ein einheitlich straff regierter zentralistischer Staat. Interessant ist dabei, daß jetzt in der Kunst neben der sumerischen Komponente auch vielfach eine Anlehnung an akkadische Vorbilder festzustellen ist, so daß häufig für die Ur III-Zeit

[6] Vgl. dazu KARTE II »Akkad-Zeit bis Kassitische Zeit«

Abb. 9 Ur, Rekonstruktion des mehrstufigen Tempelturmes zur Zeit des Urnammu, Begründer der 3. Dynastie von Ur (2100–2000 v. Chr.)

auch von einer sumerisch-akkadischen Restauration gesprochen wird.
Urnammu ist vor allem durch seine Bautätigkeit bekannt geworden. In seiner Zeit werden an vielen Plätzen wie etwa in Ur, Eridu und Uruk sogenannte Ziqqurrati, d. h. mehrstufige Tempeltürme, errichtet (siehe Abb. 9, 10 und vgl. Abb. 3, 11). Diese Periode ist in der Ausstellung mit zwei Stücken vertreten: einmal mit den seit der Ur III-Zeit auftauchenden Gewichten in Form einer Ente (Nr. 97) und dann mit einem fragmentarischen Sitzbild (Nr. 96), das allerdings auch erst in der nachfolgenden altbabylonischen Zeit geschaffen worden sein kann.
Das Ende des Reiches von Ur wird dann durch die immer wiederkehrende Tendenz zur »Stadtstaatlerei« und auch durch den neuen Zustrom von semitischen Nomaden, den sogenannten Amoritern, die akkadische Bezeichnung für Nomaden, herbeigeführt.

Altbabylonische Zeit (2000–1600 v. Chr.)[7]

Manchmal werden die auf das Ende der 3. Dynastie von Ur nachfolgenden 200 Jahre auch nach zwei der Babylonien beherrschenden Stadtstaatendynastien als Isin-Larsa-Zeit (2017–1783) bezeichnet und als eine gesonderte Periode behandelt. In diesem Katalog wird jedoch der gesamte Zeitabschnitt nach dem Untergang der 3. Dynastie von Ur (um 2000 v. Chr.) bis zum Ende der berühmten Hammurapi-Dynastie im Jahre 1594 als altbabylonische Zeit bezeichnet.
Neben den vorerwähnten Stadtstaaten von Isin und Larsa gab es dann im Verlauf dieser altbabylonischen Zeit bald weitere Staaten, die ihren Führungsanspruch anmeldeten, so etwa Eschnunna (im Diyala-Gebiet nordöstlich von Bagdad), zum erstenmal auch Assur, weiter Mari in Syrien und schließlich auch Babylon. Letzteres setzte sich dann unter dem größten seiner Herrscher, Hammurapi (1792–1750) allmählich durch. Allerdings darf man sich nicht einen unaufhaltsamen Siegeszug dieses Herrschers vorstellen. Es lag vor allem an seiner geschickten Taktik und vielleicht auch an seinem Glück, daß er immer der »richtigen« Koalition angehörte, so daß er am Ende als Sieger dastand. Ein zeitgenössischer Brief aus Mari, geschrieben von einem Untergebenen an seinen König in Mari, schildert die Situation sehr deutlich. Es heißt dort u. a.:

> »Es gibt keinen König, der für sich allein mächtig wäre; hinter Hammurapi von Babylon folgen 10, 15 Könige, ebensoviele hinter Rimsin von Larsa, Ibalpiel von Eschnunna und Amutpiel von Qatna; hinter Jarimlim von Jamchad folgen sogar 20 Könige.«

Nach Hammurapis Sieg war zum erstenmal seit etwa 200 Jahren, nämlich nach dem Ende der 3. Dynastie von Ur, Mesopotamien vom Persischen Golf bis zur Syrischen Wüste wieder unter einem Herrscher vereint. Betrachtet man nun dieses große Reich anhand der gefundenen Texte, so ist ein erstaunlicher Wandel der sozialen Struktur festzustellen: Nunmehr gibt es eine große Zahl freier Bürger und Privatwirtschaft mit weitverbreitetem Eigentum an Ackerland. Im Verhältnis von Tempel zu Staat ist ebenfalls eine grundlegende Änderung

[7] Vgl. dazu KARTE II »Akkad-Zeit bis Kassitische Zeit«

Abb. 10 Ur, das Stadtzentrum nach den Ausgrabungen: der mehrstufige Tempelturm (Ziqqurrat), Tempel, Paläste und Verwaltungsgebäude

zu erkennen: die Einheit beider Institutionen ist nun endgültig beendet; jetzt ist der Tempel nur noch eine von vielen Einrichtungen im Staat.
Wendet man sich nun der Hinterlassenschaft dieser Zeit zu, so ist das Ergebnis innerhalb Mesopotamiens recht kärglich. In Isin wird erst seit kurzem von einem deutschen archäologischen Team unter der Leitung von B. Hrouda gegraben, und auch in Larsa haben die Franzosen erst 1967 angefangen; das berühmte Babylon des Hammurapi ist uns sogar mehr oder minder völlig unbekannt, da es wegen der Höhe des Grundwasserspiegels kaum erreichbar ist. Die berühmten deutschen Grabungen unter R. Koldewey von 1899–1917 haben daher auch nur Teile der spätbabylonischen Periode (7./6. Jh. v. Chr.) freilegen können.
In der Ausstellung finden sich zahlreiche Kleinfunde dieser Periode (Nr. 98–114), vor allem mehrere Terrakotta-Reliefs, die sich in der altbabylonischen Zeit besonderer Beliebtheit erfreuten; besonders hinzuweisen ist auf eine Reliefscheibe mit der Darstellung von Musikern und Tänzerinnen, die in Form und Größe recht ungewöhnlich ist (Nr. 109).
Mit Hammurapi hatten die Amoriter oder Westsemiten, wie sie auch oft genannt werden, den Gipfel ihrer politischen Macht erreicht. Schon bald danach begann der Abstieg. Zwar sitzen nach Hammurapi noch eine ganze Reihe von westsemitischen Herrschern für mehr als anderthalb Jahrhunderte auf dem Thron von Babylon, sie haben aber mit inneren und äußeren Feinden zu kämpfen, zu deren endgültiger Besiegung ihre Kraft nicht mehr ausreicht.
In der Zeit von etwa 1700–1500 v. Chr. bereitet sich eine ethnische und geistige Umwandlung in Vorderasien vor, die alles von den Sumerern und Semiten im Laufe eines Jahrtausends Geschaffene in Frage stellt und gänzlich neue Völker wie die Mitanni-Churriter (zwei verschiedene Volksgruppen, die zusammen ein Reich in Nordwest-Mesopotamien mit dem Zentrum um den Chabur-Fluß gründeten), die Hethiter (in Kleinasien) und die Kassiten auf die große Bühne der damaligen Weltpolitik führt.

Abb. 11 Dur-Kurigalzu (Aqar Quf), mehrstufiger Tempelturm (Ziqqurrat) mit Rekonstruktion der untersten Stufe

Kassitische Zeit (ca. 1600–1150 v. Chr.)[8]

Die »Hauptverantwortung« für den Untergang der 1. Dynastie von Babylon tragen in erster Linie die Kassiten, die nach den kärglich überlieferten Sprachresten weder zur indo-europäischen noch zur semitischen Sprachfamilie gehören. Ihre ursprüngliche Heimat ist uns immer noch unbekannt. Wir wissen nur, daß sie, bevor sie nach Mesopotamien einfielen, in den Zagros-Bergen saßen, der großen Bergkette also, die die mesopotamische Tiefebene von dem iranischen Hochland trennt. An die Macht gelangten die Kassiten durch den Feldzug der Hethiter, die 1594 Babylon eroberten und sich nach der Zerstörung der Stadt wieder nach Kleinasien zurückzogen. Dies ermöglichte den Kassiten, endgültig die Herrschaft in Babylonien an sich zu reißen. Ihre neugegründete Hauptstadt, Dur-Kurigalzu (»Festung des Kurigalzu«), das heutige Aqar Quf, liegt in der Nähe von Bagdad, ist aber nur teilweise ausgegraben worden. Mit den Kassiten beginnt das sogenannte »dunkle Zeitalter«, das zwischen 1594 und dem 15. Jahrhundert liegt und der Forschung die genaue Datierung der verschiedenen Dynastien vor etwa 1450 so erschwert.

[8] Vgl. dazu KARTE II »Akkad-Zeit bis Kassitische Zeit«

Archäologisch gesehen ist diese Zeit noch durch verhältnismäßig wenig Funde belegt; das bedeutendste Denkmal ist die bekannte Ziqqurrat, der mehrstufige Tempelturm in der Hauptstadt Dur-Kurigalzu (Abb. 11). Ein Beispiel für das Kunsthandwerk dieser Zeit gibt ein Goldreifen (Nr. 118) aus dem Palast der kassitischen Hauptstadt. Erwähnenswert ist auch das Beispiel eines sogenannten »Kudurru« (babylonisch) oder Urkundensteines, der eine besonders typische kassitische Erscheinung ist (Nr. 129). Es handelt sich um Belehnungsurkunden eines Herrschers an einen Untergebenen an Grund und Boden, die in Stein ausgefertigt und mit Reliefs verziert wurden.

Alt- und mittelassyrische Periode (ca. 2000–1100 v. Chr.)[9]

Neben Babylonien ist sicher Assyrien einer der am häufigsten genannten Namen, wenn man von den großen Reichen des Alten Orients spricht. Allerdings meint man dann meistens das neuassyrische Reich mit seinen berühmten Herrschern Assurbanipal oder Sargon II. Es wird dabei vergessen, daß etwa die Ausgrabungen in der Stadt Assur in die Zeit um 2500 v. Chr., also in die Frühdynastische Zeit, zurückgeführt haben. Welche Bevölkerung in dieser Zeit allerdings dort gelebt hat, wissen wir nicht; vielleicht waren es eine vor-semitische Bevölkerung, die sogenannten Subaräer, oder auch schon semitischsprechende Gruppen. Schließlich kann nicht ausgeschlossen werden, daß zum Teil auch die Sumerer bis hierhin vorgedrungen sind.

Allgemein läßt man erst ab etwa 2000 v. Chr. die erste Epoche der assyrischen Geschichte, die sogenannte altassyrische, beginnen. Der berühmteste Herrscher dieser Periode ist Schamschi-Adad I. (1813–1781). Er ist ein jüngerer Zeitgenosse des Hammurapi. Ihm gelang es, ein Reich zu errichten, das von den Zagrosbergen bis an den Euphrat in die Gegend von Mari und Terqa reichte. Eine in Mari/Syrien gefundene Korrespondenz zwischen Schamschi-Adad und seinen beiden Söhnen gibt uns interessante Einblicke in die damalige Zeit und zeigt unter anderem, daß Schamschi-Adad kein Mann war, der nur auf dem Thron saß und anderen die Regierungsgeschäfte überließ. Die Korrespondenz zeigt vielmehr, daß er sich um die Verwaltungsangelegenheiten im Reich kümmerte, für eine korrekte Amtsführung seiner Beamten, für Truppendisziplin sorgte und sich auch Gedanken über das für viele Jahrhunderte wichtige und vielfach lebensentscheidende Thema des Verhältnisses zwischen Nomaden und Seßhaften machte. Interessant ist, daß Schamschi-Adad seine Briefe datiert, eine völlig ungewohnte Praxis in dieser Zeit. In einigen Fällen ging er sogar so weit, die Tageszeit zu vermerken.

Das Ende der altassyrischen Epoche fällt, wie auch schon der Beginn, mit der altbabylonischen Zeit zusammen: die Einnahme Babylons 1594 v. Chr. und der Einbruch der Kassiten bedeuten auch für das assyrische Reich das Ende und gleichzeitig den Beginn des »dunklen Zeitalters«. Für die Assyrer waren es allerdings nicht so sehr die Kassiten, sondern die andere große Macht dieser Zeit, die Mitanni-Churriter in Nordwestmesopotamien, die die Selbständigkeit Assyriens einschränkten.

Die mittelassyrische Periode beginnt dann mit dem Untergang dieses Mitanni-Churriterreiches, hervorgerufen durch die Hethiter. Jetzt erringt Assyrien unter dem berühmten Assuruballit I. (1365–1330) wieder seine Unabhängigkeit. Unter Adadnirari I. (1307–1275) beginnt dann die Zeit der großen Eroberer und der Aufstieg Assyriens zur Großmacht: 1234 erobert Tukulti Ninurta I. Babylon. In dieser Zeit entwickelt sich allmählich eine eigenständige assyrische Kunst, die dann während des 1. Jahrtausends eine entscheidende Rolle in der Kunst des Alten Orients spielen sollte.

Das Ende der mittelassyrischen Zeit kann man etwa mit dem Ende der Regierungszeit Tiglat-Pilesers I. (1115–1077) ansetzen. Hervorgerufen wird es u. a. durch die Ausbreitung der aramäischen Nomadenstämme.

Diese beiden Perioden, Alt- und Mittelassyrisch, sind in der Ausstellung nur durch einige wenige

[9] Vgl. dazu KARTE II »Akkad-Zeit bis Kassitische Zeit«

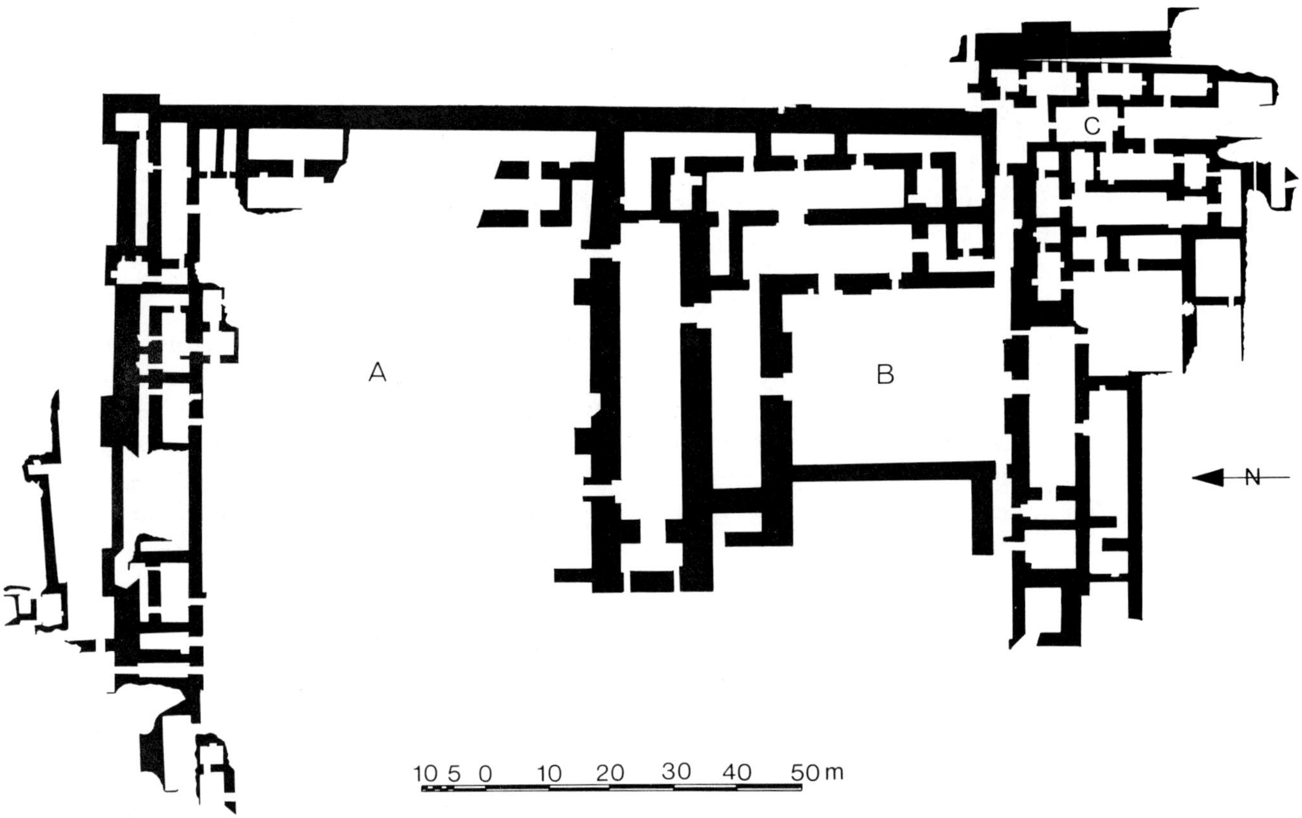

Abb. 12 Nimrud, »Nordwest-Palast« (Assurnasirpal II., 883–859 v. Chr.)

A *Babanu,* Verwaltungsbereich
B *Bitanu,* Privatbereich
C Küchen- und Magazinbereich

Stücke vertreten, so etwa eine Maske aus glasierter Fritte (Nr. 117). Die Fritte, ein Nebenprodukt bei der Glasherstellung, wurde jetzt vielfach zur Herstellung von Reliefs, Figürchen oder Schmuck- und Gebrauchsgegenständen verwendet.
Gezeigt werden auch zwei Beispiele der berühmten Nuzi-Keramik (Nr. 115, 116), so genannt nach dem Fundort Nuzi in der Nähe der Stadt Kirkuk im Norden des Irak; es ist eine Keramik mit weißer Bemalung auf dunklem, schwarzem oder rotem Grund, die von den Mitanni-Churritern im 16. Jahrhundert v. Chr. wahrscheinlich in Nachahmung von Glasgefäßen geschaffen wurde und die weit über deren Reich hinaus verbreitet war.

Neuassyrische Zeit (ca. 900–609 v. Chr.)[10]

Um 900 v. Chr. setzt dann nach einer Schwächeperiode unter Adad-nirari II. (911–891) der Wiederaufstieg Assyriens zu einem bedeutenden Machtfaktor des Alten Orients ein. Mit diesem Herrscher beginnt der assyrische »Militärstaat«, der für die nächsten drei Jahrhunderte den Verlauf der Geschichte Vorderasiens maßgebend bestimmen sollte.
Waren es anfangs die Aramäerstaaten, vor allem in Nordsyrien, im Tal des Euphrat und in Südmeso-

[10] Vgl. dazu KARTE III »Neuassyrische bis Achämenidische Zeit«

potamien, – die als Nomaden eingedrungenen Aramäer hatten sich im Laufe der Zeit niedergelassen und verschiedene kleinere und größere Staaten gegründet –, die der Hauptgegner waren, so richteten sich bald die Feldzüge gegen das aus einer losen Stammesföderation entstandene mächtige Reich von Urartu im Norden Assyriens. Auch Babylon war und blieb ein zu beachtender Gegner. Außerdem darf nicht vergessen werden, daß ab etwa 900 v. Chr. den Assyrern ganz neue Gegner im Osten, im iranischen Hochland, entstanden. Dieses Gebiet war von jeher für Assyrien aus strategischen und wirtschaftlichen Gründen wichtig gewesen. Ab etwa 900 v. Chr. ereigneten sich dort politische und ethnische Veränderungen, die vor allem Assyriens Rohstoffversorgung gefährdeten. Die beiden wichtigsten Namen für die spätere Entwicklung sind dabei die der Perser und der Meder, die 843 bzw. 835 v. Chr. zum erstenmal in assyrischen Feldzugsberichten genannt werden.

An dieser Stelle sei auch kurz auf die in allen Geschichtsbüchern nie fehlende Grausamkeit der Assyrer gegenüber ihren Feinden eingegangen. Wolfram von Soden, ein bekannter deutscher Assyriologe, hat sicherlich nicht Unrecht, wenn er sagt, ohne daß Grausamkeiten beschönigt werden sollten, dürften die Assyrer aber auch nicht an Maßstäben gemessen werden, die für die Völker des Alten Orients keine Gültigkeit hatten. Es sei erlaubt hinzuzufügen: Maßstäbe, die wohl auch kaum für das 20. Jahrhundert n. Chr. Gültigkeit haben, geht man davon aus, was sich in 78 Jahren dieses Jahrhunderts ereignet hat. Darüber hinaus bleibt die Frage, ob ein Teil der in Wort und Bild geschilderten Grausamkeiten nicht ein Mittel der »psychologischen Kriegsführung« der Assyrer war, um die

Abb. 13 Nimrud, »Nordwest-Palast« (Assurnasirpal II., 883–859 v. Chr.), Rekonstruktion eines Eingangs mit geflügelten Stieren

◀ Abb. 14 Bemalte Schale des Samarra-Keramik-Kreises, siehe Nr. 28

Abb. 15 Bemalte Schale des Halaf-Keramik-Kreises Nr. 29 und Krug der »Scharlach-Ware« Nr. 61

Feinde von vornherein abzuschrecken. Des weiteren sollte man berücksichtigen, daß die Assyrer selbst viele Jahre durch die Mitanni-Churriter unterdrückt wurden und wir auch schon vor den Assyrern im Alten Orient Beispiele für Grausamkeiten oder Zwangsumsiedlungen kennen. Daß die neuassyrische Zeit aber nicht nur eine Zeit der Feldzüge war, zeigt die umfangreiche Bautätigkeit vor allem bei der Errichtung der verschiedenen Hauptstädte. Denn das alte Assur war nicht mehr länger Hauptstadt der lebenden Könige, sondern der dortige »Alte Palast« aus der altassyrischen Zeit wird nunmehr zum »Palast der Väter«, d. h. zur Grabstätte der assyrischen Könige. Assurnasirpal II. (883–859) residierte anfangs in Niniveh, um dann Kalchu, das heutige Nimrud, zur Hauptstadt auszubauen (siehe Abb. 12, 13). Um 865 gab der Herrscher ein großes Fest zur Einweihung, das nach einer 1951 gefundenen Inschrift von mehr als 69 000 Gästen besucht wurde; sie gliederten sich in vier Kategorien: 16 000 Stadtbewohner, 47 074 Arbeiter, die an der Errichtung der Stadt mitgearbeitet hatten, 5000 Gäste aus den Provinzen und 1500 Beamte und königliche Würdenträger. Zählt man die Arbeiter mit zur Stadtbevölkerung, da ja die gesamte Stadt noch längst nicht fertiggestellt war und sich diese Arbeiter somit noch mehrere Jahre in Nimrud aufhalten mußten, so ergibt sich eine Einwohnerzahl von über 63 000. David Oates, ein englischer Archäologe, hat nun ausgerechnet, daß unter günstigsten Bedingungen und unter Annahme eines ausgedehnten Bewässerungssystems, das es nach den Angaben Assurnasirpals selbst gegeben hat, ca. 25 000 Menschen durch die vorhandenen landwirtschaftlichen Möglichkeiten in der Umgebung Nimruds versorgt werden konnten, d. h. 35 000–40 000 Menschen mußten auf andere Art und Weise, wahrscheinlich durch Tribute und Einkünfte aus den Provinzen, versorgt werden.

Sargon II. (721–705) errichtete wiederum eine neue Hauptstadt: Dur-Scharrukin (»Sargonsburg«), das heutige Dorf Chorsabad nordöstlich von Mossul. Die Stadt maß 1760×1635 m im Rechteck und war von einer fast 8 km langen Stadtmauer umgeben. Nur ein Jahr allerdings wurde diese große Stadt bewohnt, dann starb Sargon und sein Sohn Sanherib (704–681) machte Niniveh wieder zur ersten Stadt des Reiches; sie blieb es dann bis zur Einnahme durch die Meder und Babylonier 612 v. Chr. Das Stadtgebiet war mit 750 ha über doppelt so groß wie das von Dur-Scharrukin mit 320 und von Nimrud mit 360 ha. Für die Einwohnerzahl von Niniveh besitzen wir nur eine Angabe aus dem Alten Testament, aus dem Buch Jonas (11.4), nämlich 120 000. Ob sie zutrifft, wissen wir allerdings nicht.

Neben der Architektur haben die Assyrer aber auch auf dem Gebiet der übrigen Kunst Beachtliches geleistet. Besonders zu erwähnen ist die Reliefkunst, und zwar in Form der sogenannten Orthostaten-Reliefs (griechisch: aufrechtstehende Reliefs). Es sind bis zu etwa 3 m hohe Platten aus Alabaster, die als Wandverkleidung in den Palästen angebracht, danach mit kultischen, Jagd- und Kriegsszenen versehen und bunt bemalt wurden. Weiter ist die Bauplastik in Form der riesigen geflügelten Stiergötter, der sogenannten »Lamassu« zu nennen, die die Eingänge zu den Palästen dieser Zeit bewachen sollten (siehe Abb. 13). Zwar fehlen diese wohl bekanntesten Zeugnisse neuassyrischer Kunst in der Ausstellung – die Größe und das Gewicht dieser Stücke machen einen Transport praktisch unmöglich – dennoch sind andere Kostbarkeiten aus dieser Zeit hier repräsentiert. An erster Stelle sind die Elfenbeinarbeiten aus Nimrud zu nennen (Nr. 135–140), die vor allem zur Ausschmückung und Verzierung von Mobiliar und verschiedenem anderen Gerät dienten; überwiegend sind diese Elfenbeine im syrisch-phönizischen Raum hergestellt. Interessant sind die beiden Terrakottenstatuetten (Nr. 141, 142), weil sie einen Einblick in die Vorstellungswelt der Assyrer vermitteln; die Figürchen sollten im Hause vergraben das Unheil abwehren. Zu erwähnen sind auch noch drei Salbgefäße (Nr. 145, 146, 148).

Die Schlußphase dieses großen Reiches sieht noch einmal zwei bedeutende Herrscher an der Spitze Assyriens: Asarhaddon (680–669), und seinen Sohn Assurbanipal (668–629), der am längsten von allen Herrschern der neuassyrischen Zeit regierte. Versucht man Assurbanipals Gestalt anhand der Keilschriftquellen zu rekonstruieren, so zeigt sich, daß die Grausamkeit gegenüber seinen Feinden nur eine Seite ist: es gibt auch den Assurbanipal, dessen Regierungszeit das goldene Zeitalter der assyrischen Kunst und Literatur kennzeichnet. Er selbst sagt von sich:

»Ich habe gelernt, was der weise Adapa (ein mythischer weiser Mann) gebracht hat, habe mir den verborgenen Schatz, die gesamte Tafelschreibkunst angeeignet, bin in die Wissenschaft von den Vorzeichen am Himmel und auf der Erde eingeweiht, diskutierte in der Versammlung der Gelehrten, deute zusammen mit den erfahrensten Leberschauern die Leberomina (die Leber, insbesondere des geopferten Schafes, galt als Sinnbild der gesamten Umwelt). Ich kann komplizierte, undurchsichtige Divisions- und Multiplikationsaufgaben lösen, habe schon immer kunstvoll geschriebene Tafeln in schwer verständlichem Sumerisch und mühsam zu entzifferndem Akkadisch gelesen, habe Einblick in die Schriftsteine aus der Zeit vor der Sintflut, die ganz und gar unverständlich sind.«

Dieser Herrscher hat dann auch, wie in einer Ahnung baldigen Unterganges, eine gewaltige Bibliothek zusammentragen lassen. In den Ruinen seines Palastes in Niniveh wurden über 25 000 Tontafeln und Fragmente gefunden, die uns zumindest einen Ausschnitt aus der geistigen Welt des Alten Orients überliefert haben.

Nach dem Tode dieses letzten großen Assyrerkönigs 629 v. Chr. aber war das Ende nicht mehr aufzuhalten. Babylonien unter Nabopolassar und die jetzt als bedeutende Macht in Erscheinung tretenden Meder unter Kyaxares vereinigten sich. Im Jahre 612 wurde Niniveh erobert. 609 ist dann das letzte Regierungsjahr eines assyrischen Herrschers – eines gewissen Assur-uballit II. –, das die Geschichte kennt. Damit hörte eines der gewaltigsten Reiche des Alten Orients auf zu existieren.

Neubabylonische Zeit (609–539 v. Chr.)[11]

Das Erbe des assyrischen Reiches traten neben den Medern die Babylonier an. Die Benennung dieser nun folgenden Periode ist nicht einheitlich. Vielfach wird von »neubabylonischer Zeit« gesprochen, wobei man diese dabei auch noch früher beginnen läßt, etwa um 800 v. Chr.; es findet sich aber auch die Bezeichnung »spätbabylonisch« für die Zeit nach 609.

In den Jahrhunderten vorher, d. h. nach dem Ende der altbabylonischen Zeit, stand Babylonien – wie schon erwähnt – mehrere Jahrhunderte lang unter der Herrschaft der Kassiten. Wichtig ist dabei, daß zwar die politische Macht Babyloniens ein Ende gefunden hatte bzw. in andere Hände übergegangen war, nicht aber der Einfluß der babylonischen Kultur, besonders der babylonischen Sprache, die weiterhin in großen Teilen des Alten Orients verwendet wurde. Dieses Weiterleben der babylonischen Kultur zeigt sich besonders im Verhältnis zu Assyrien, eine Beziehung, die man – jedenfalls von assyrischer Seite aus gesehen – als »Haßliebe« bezeichnen kann. Die Assyrer fühlten sich immer wieder von der Kultur ihres südlichen Nachbarn, vor allem von der babylonischen Religion mit dem Hauptgott Marduk, angezogen und schwankten deshalb sehr in ihrer Politik gegenüber Babylonien. Hatte etwa Tukulti-Ninurta I. (1244–1208) das kassitische Babylonien erobert, so versuchte der große Tiglat-Pileser I. (1115–1077) nach dem Ende der Kassitenherrschaft 1157 ein freundschaftliches Zusammengehen. Dieser Versuch scheiterte aber auch deshalb, weil nach dem Tode Tiglat-Pileser I. Assyrien eine längere Schwächeperiode durchmachte. Andererseits wurde Babylonien bald wieder erobert, diesmal von den Aramäern, die ihrerseits später von den Chaldäern, einer den Aramäern verwandten Nomadengruppe, abgelöst wurden. Tiglat-Pileser III. (744–727) führte dann nach der Eroberung Babyloniens die persönliche Doppelmonarchie ein. Indem er als König von Assyrien die traditionelle Titulatur »König von Babylon« und »König von Sumer und Akkad« annahm, respektierte er die Eigenständigkeit Babylons.

Bald nach Tiglat-Pilesers Tod im Jahre 727 kam in Babylonien dann einer der geschicktesten, beweg-

[11] Vgl. dazu KARTE III »Neuassyrische bis Achämenidische Zeit«

lichsten und auch zähesten Gegner Assyriens an die Macht, der Herrscher des »Meerlandes«, des südlichsten Chaldäerstaates, Marduk-apla-iddina oder, wie er in der Bibel genannt wird, Merodach-Baladan (II.). Dieser Nomadenkönig ist ein Beispiel dafür, daß es sich nicht nachteilig auf die Entwicklung im Kulturland auswirken mußte, wenn ein Abkomme von Nomaden an der Spitze des Staates stand.

Auch in der Folgezeit schwankte das Verhältnis Assyrien-Babylonien zwischen Krieg und Frieden. Das Ende dieser »Haßliebe« war dann der endgültige Untergang Assyriens 609. Unter den Chaldäerkönigen Nabopalassar (625–605) und Nebukadnezar II. (605–562) blühte Babylonien, frei von assyrischem Druck, noch einmal auf und erlebte eine erstaunliche Wiedergeburt, die an die Zeiten eines Hammurapi anknüpfte.

Mit Nebukadnezars Namen sind auch die großartigen Bauten in Babylon verbunden (siehe Abb. 16), deren Wiederentdeckung wir den Grabungen Robert Koldeweys verdanken und von denen ein großartiges Beispiel in dieser Ausstellung gezeigt wird: ein farbig-emailliertes Ziegelrelief von dem berühmten Ischtartor (Nr. 153, vgl. Abb. 17) – Ischtar war die Hauptgöttin in Babylon. Die anderen Stücke vermitteln einen guten Eindruck von der Kleinkunst und dem Kunsthandwerk dieser Zeit (Nr. 150–152, 154, 156), allerdings könnten einige dieser Terrakotten auch schon in neuassyrischer Zeit geschaffen worden sein.

Abb. 16 Babylon, Rekonstruktion des Ischtartores

Abb. 17 Babylon, Ischtartor, gehörnter Schlangendrache mit Löwen- und Raubvogelfüßen, Emblemtier des Stadtgottes Marduk

Achämenidische Zeit (539–330 v. Chr.)[12]

Das neubabylonische Reich existierte aber noch nicht einmal 100 Jahre. Am 29. Oktober 539 v. Chr. zog der persische König Kyros II., der später »Kyros der Große« genannt wurde, in Babylon ein. Mit diesem Datum beginnt ein neuer Abschnitt der damaligen Weltgeschichte. Es ist der Abschluß einer uralten Tradition im Lande der Sumerer, Akkader, Assyrer und Babylonier und der Beginn der Vereinigung des mesopotamischen Tieflandes mit dem iranischen Hochland und seinen verschiedenen Dynastien wie Achämeniden, Parthern und Sasaniden, die von nun an tonangebend im Alten Orient werden sollten.

Die achämenidische Zeit ist in der Ausstellung durch Objekte nicht vertreten. Der Grund dafür liegt vor allem darin, daß wir aus dieser Periode einfach nicht viele Funde aus Mesopotamien kennen. Robert Koldewey hat zwar bei seinen Grabungen in Babylon auch einen achämenidischen Palast angegraben, aber die dabei gemachten Funde waren sehr dürftig.

[12] Vgl. dazu KARTE III »Neuassyrische bis Achämenidische Zeit«

Parther und Sasaniden (ca. 250 v. Chr. – 230 n. Chr.)[13]

Nachdem die glanzvolle Epoche der Achämeniden durch den Feldzug Alexanders des Großen mit der Einnahme von Persepolis 331 beendet worden war, und Alexander selbst bald darauf im Jahre 323 starb, wurde sein Weltreich unter seine Generäle aufgeteilt. Der Iran fiel dabei an Seleukos, den Begründer der Dynastie der Seleukiden. Da diese aber von Anfang an ihre Interessen mehr im Westen, d. h. im Mittelmeergebiet sahen, waren ihre persischen Besitzungen von vornherein gefährdet.

Um 250 v. Chr. gelang es den Parnern, einem zur indo-europäischen Sprachgruppe gehörenden Volk, das wahrscheinlich aus den Steppen zwischen Oxus und Yaxartes kam, sich am Ostufer des Kaspischen Meeres, in der früheren achämenidischen Satrapie Parthava (Parthien) zu etablieren. Nach ihrer Niederlassung dort erhielten die Parner den Namen Parther. Nach ihrem ersten Herrscher Arsaces spricht man auch von der Dynastie der Arsaciden.

Dieses Reich sollte ca. 475 Jahre existieren! Es gibt kaum ein Reich im Alten Orient, das so lange bestanden hat. Nach der Eroberung Mesopotamiens im Jahre 141 v. Chr. durch einen ihrer größten Herrscher, Mithridates I. (ca. 171–139/138), eine Eroberung, die dann durch den anderen großen Partherkönig Mithridates II. (ca. 123/124–88/87) gesichert wurde, waren die Parther die führende Macht im Alten Orient. Von ihrer neuen Hauptstadt Ctesiphon aus, die in der Nähe des heutigen Bagdad liegt, konnten sie sich gegenüber der größten damaligen Weltmacht Rom, die über ein vielfaches an Macht verfügte, behaupten. Auch die Römer selbst sahen die Parther, besonders nach der vernichtenden Niederlage ihres Heeres unter Crassus bei Carrhae (53 v. Chr.), als gleichwertigen Gegner an.

Eine Ursache der Machtposition des Partherreiches war auch seine geographische Lage: zwischen China und Indien einerseits und Rom andererseits liegend, beherrschten die Parther einen großen Teil der verschiedenen Routen der berühmten »Seidenstraße«. Durch zahlreiche Zollstationen sowie durch verschiedene Steuern auf die gehandelten Waren erzielten die Parther große Einkünfte.

Es ist unberechtigt, wenn die Parther manchmal auch heute noch als »hellenisierte Barbaren« oder »Reiterfürsten« am Rande der antiken Welt bezeichnet werden, für die die Eroberung des Iran und Mesopotamiens nichts weiter als neu erkämpfte Weidegründe sowie neues Lehnsland bedeutet haben soll. Es ist vielmehr an der Zeit, sich mit dem Gedanken vertraut zu machen, daß die Parther gleichberechtigt neben den Achämeniden und Sasaniden eine der drei großen altpersischen Dynastien waren. Sie waren sich durchaus des Erbes ihrer großen Vorgänger, der Achämeniden, bewußt. Auch ihre Nachfolger, die Sasaniden, standen ihrerseits in vielen Dingen – etwa auf politischem, kulturellem und sprachlichem Gebiet – in der Tradition ihrer Vorgänger.

Auch die »parthische Kunst« – ein Begriff, der 1935 von dem russischen Forscher M. I. Rostovtzeff geprägt wurde – hat erst allmählich Beachtung gefunden. Damals, 1935 umfaßte dieser Begriff nur die Kunst der Städte Dura-Europos (Syrien), wo Rostovtzeff in jenen Jahren selbst die Ausgrabungen leitete, sowie die Kunst von Palmyra (Syrien), Assur und Hatra (beide im Irak). Zu beachten ist dabei, daß Palmyra nie und Dura-Europos nur zeitweilig unter parthischer Herrschaft standen. Unter dem Begriff »parthische Kunst« sollte man daher nicht nur eine von den Parthern selbst geschaffene Kunst verstehen, sondern unter diesen Begriff fällt auch die Kunst, die in den von Parthern beherrschten oder in ihrem Einflußgebiet liegenden Ländern entstanden ist.

Das Eigenartige dieser Kunst ist, daß sie sich aus verschiedenen Komponenten zusammensetzt: einer griechisch-römischen, einer iranischen (hierunter sind Einflüsse aus elamischer, achämenidischer bis hin zur parthischen Zeit selbst zu verstehen) und auch – wie etwa in Hatra – einer einheimischen Komponente. Neben verschiedenen ande-

[13] Vgl. dazu KARTE IV »Parthische und Sasanidische Zeit bis Islamische Zeit«

ren Merkmalen wie Spiritualität (Vergeistigung der Darstellung), Hieratismus (Feierlichkeit), Linearismus (Tendenz, die Konturen hervortreten zu lassen) und Verismus (Bevorzugung des Details, so daß vielfach Figuren und Szenen als eine Anhäufung solcher Details erscheinen) war es nach Rostovtzeff vor allem das Merkmal der Frontalität, d. h. die frontale Darstellung der Figuren in Reliefs und Malerei, die die parthische Kunst kennzeichnete.

Während die ersten vier Stilmerkmale keine große Diskussion hervorriefen, wird bis heute umsomehr um die Frontalität, die nach Rostovtzeff von den Parthern erfunden worden sei, gestritten. Es wird sich aber wohl kaum jemals nachweisen lassen, wer die »Frontalität« erfunden hat, viel bedeutsamer ist, daß dieses Merkmal überwiegend in der parthischen Kunst verwandt wurde.

Man muß sich aber darüber klar sein, daß dieser Begriff für eine Kunst geprägt wurde, die im syromesopotamischen Raum entstanden ist. Erst nach dem Ende des 2. Weltkrieges kennen wir auch zahlreiche Beispiele der parthischen Kunst aus der östlichen Reichshälfte. Zu nennen sind besonders die Funde von Nisa, der ersten parthischen Hauptstadt in der heutigen Sowjet-Republik Turkmenistan, sowie zahlreiche parthische Fundorte in den persischen Provinzen Kurdistan und Chuzistan. Trotzdem ist es auch heute noch nicht möglich, ein abschließendes Urteil über die parthische Kunst abzugeben – so ist uns bis heute die Kunst aus der parthischen Hauptstadt Ctesiphon unbekannt –

Abb. 18 Hatra, Luftaufnahme der Stadt mit Umwallung und Palastanlage

und es wird meines Erachtens auch immer schwierig bleiben, dieses riesige Reich der Parther mit seiner Kunst mit einem einzigen »Etikett« zu belegen. Wir haben es hier nicht nur mit zwei verschiedenen, großen geographischen Räumen, sondern auch mit zwei Kulturregionen, Mesopotamien und Groß-Iran, zu tun, die beide auf eine ganz verschiedene Entwicklung zurückblicken.
Einer der Hauptfundorte für die parthische Kunst und auch in dieser Ausstellung umfangreich dokumentiert (Nr. 160–162, 164–174) ist und bleibt Hatra. Al-Hadr, wie es die Araber nennen, liegt im Norden des Irak, etwa 150 km südwestlich von Mossul und 60 km westlich der alten Assyrermetropole Assur.
Die Geschichte der Stadt ist uns nur in Umrissen bekannt. Sie taucht zum ersten Mal in den Quellen bei der vergeblichen Belagerung durch Kaiser Trajan im Jahre 117 n. Chr. auf. Wie lange sie schon vorher existierte, wissen wir nicht. Eine in Hatra gefundene Inschrift deutet darauf hin, daß sich der Ort im 1. vorchristlichen Jahrhundert aus einem kleinen Heiligtum entwickelt hat, das von arabischen Stämmen dieser Gegend gegründet worden war. Der Höhepunkt der Stadt lag im 2. und 3. Jahrhundert n. Chr. Sie gehörte zum parthischen Reich, war aber immer mehr oder minder unabhängig. Hatra wurde von einheimischen Fürsten regiert, die den Titel »König der Araber« führten. Dies ist insofern wichtig, als damit auch gesagt wird, daß die umfangreiche materielle Hinterlassenschaft nicht von Parthern, sondern überwiegend von Einheimischen geschaffen worden ist. Das Ende der Stadt kam kurz nach dem Sturz des parthischen Reiches durch die Sasaniden. Sehr wahrscheinlich eroberte der sasanidische König Schapur I. 239 n. Chr. die Stadt.
Bekannt wurde Hatra dann wieder im letzten Jahrhundert durch den Besuch einiger Reisender. Die erste wissenschaftliche Bestandsaufnahme – allerdings ohne Durchführung einer Grabung – erfolgte jedoch erst durch eine deutsche Expedition, die im nicht weit entfernten Assur unter der Leitung von Walter Andrae in den Jahren zwischen 1907 und 1911 arbeitete. 1951 begann dann der irakische Antikendienst mit Ausgrabungen im großen Umfang und gleichzeitigen Restaurierungsarbeiten, die bis heute fortgesetzt werden und die unsere Kenntnisse über Hatra und seine Kunst wesentlich bereichert haben.
Hatra bildet eine kreisrunde Anlage – Durchmesser ca. 2 km – die von einer 3,5–4,5 m starken Mauer umgeben war; vier Stadttore gewährten Einlaß (siehe Abb. 18).
In der Mitte dieser gut befestigten Anlage liegt ein großes Rechteck von 480×300 m, das von einer Mauer in einen Haupt- und einen Vorhof unterteilt ist. In dem Haupthof befinden sich die größten Anlagen. Nachdem man lange Zeit angenommen hatte, daß es sich dabei um einen Palast handelt, wissen wir heute durch die gefundenen Inschriften, daß es sich um einen großen Tempel handelt (siehe Abb. 19). In Hatra wurde dabei vor allem Helios bzw. Schamasch, der Sonnengott, verehrt.
Neben dieser sakralen Funktion hatte Hatra sicherlich auch eine militärische und handelspolitische Bedeutung: es lag an einer wichtigen Handelsstraße, die vom Persischen Golf über Ctesiphon Hatra erreichte und dann weiter über Nisibis und Edessa an den Euphrat führte.
Auffällig ist für jeden Besucher Hatras das verwendete Baumaterial: im Lande der Lehmziegelarchitektur sind hier die großen Anlagen alle aus Stein errichtet. Darüber hinaus aber bietet diese Architektur auch Neuerungen. Zu nennen sind vor allem ein neuartiger Grundriß verbunden mit einer neuen Deckenkonstruktion. Hier taucht nämlich zum ersten Mal der Iwan auf: ein nach einer Seite offener großer Saal von rechteckigem Grundriß, der mit Hilfe von Bögen und Gewölben überspannt wurde (siehe Abb. 19). Zwar war das Gewölbe im Alten Orient schon lange vorher bekannt, aber man wandte es nur für kleine Spannweiten an. Bis zum Ende der Achämenidenzeit war das Flachdach die für monumentale Räume übliche Art des Deckenabschlusses.
Eine wichtige andere Neuerung ist der Bauschmuck. Die Fassaden sind durch Halbsäulen, vor allem aber durch die überreiche Verwendung von Stuck und von Relieffiguren gegliedert.

Abb. 19 Hatra, Front des großen Tempels mit Iwan

In dieser Ausstellung ist die parthische Zeit besonders durch zwei sehr schöne Statuen eines Königs von Hatra (Nr. 160) und des Gottes Herakles (Nr. 161), der bei den Parthern Verethragna hieß, vertreten. Zahlreiche Statuetten (Nr. 164–171, 174) und ein Beispiel der vielen, in Hatra gefundenen kleinen Feueraltäre (Nr. 175) vervollständigen den Überblick über die im Laufe der Jahre vom irakischen Antikendienst in Hatra gemachten Funde.
Hatra ist nicht der einzige Fundort im Irak aus parthischer Zeit. Bemerkenswert ist dabei, daß es vielfach Plätze aus wesentlich älterer Zeit sind, die in parthischer Zeit nochmals eine gewisse Blüte erlebten. Erwähnt seien hier nur das alte Assur, Niniveh und im Süden Mesopotamiens die großen Sumererstädte Uruk-Warka und Nippur. Einige Terrakotten (Nr. 178–181) sowie Goldschmuck (Nr. 183–191) aus einigen dieser genannten Orte sowie aus Seleukia am Tigris geben einen Überblick über das Kunsthandwerk dieser Zeit.
Der Untergang dieses gewaltigen Reiches begann, wie so oft, mit der Rebellion eines Vasallenfürsten. Ab etwa 220 n. Chr. versuchte ein gewisser Ardaschir, der im Gebiet der Persis (im Süden Persiens) herrschte, seine Macht auf näher und weiter entfernt liegende Gebiete auszudehnen. Wahrscheinlich kam es im Jahr 222 zur entscheidenden Schlacht zwischen dem Partherkönig Artabanus V. und Ardaschir. Dieser siegte und begründete das letzte Großreich der altorientalischen Geschichte:

Abb. 20 Ctesiphon, der große Palast »Taq-i Kisra« (»Der Bogen des Chosrau«)

das Reich der Sasaniden, so benannt nach einem Vorfahren des Ardaschir namens Sasan.
Die Sasaniden regierten über vierhundert Jahre und wurden, wie die Parther, zu den großen Gegenspielern von Rom und später von Byzanz. In vielen Feldzügen gelang es ihnen, ihre Macht noch über das frühere Herrschaftsgebiet der Parther nach Osten und Westen auszudehnen. Mehrere römische Heere wurden geschlagen und deren Kaiser gefangengenommen oder in der Schlacht getötet – Ereignisse, die im ganzen Alten Orient und selbstverständlich auch bei den Römern großes Aufsehen erregten und in zahlreichen sasanidischen Felsreliefs, eine der auffälligsten Schöpfungen der sasanidischen Kunst, ihren künstlerischen Ausdruck fanden.
Die sasanidische Kunst bildete den Abschluß einer Entwicklung, die, soweit sie für uns historisch faßbar ist, vor mehr als 1300 Jahren mit den Medern und Achämeniden begonnen hatte. Ihre wichtig-

sten Erscheinungsformen sind neben den Felsreliefs vor allem in der Palastarchitektur und im Kunsthandwerk zu sehen.

Die meisten Fundorte dieser Zeit liegen zwar im Iran, aber dennoch kennen wir auch in Mesopotamien zahlreiche sasanidische Plätze mit eindrucksvollen Funden. So liegt immerhin die Hauptstadt dieses Reiches im heutigen Irak: die Sasaniden hatten nämlich die alte parthische Hauptstadt Ctesiphon übernommen. Dort befindet sich eine der großartigsten und auch heute noch ungeheuer beeindruckenden architektonischen Leistungen der Sasaniden: der große Palast »Taq-i Kisra« (»Bogen des Chosrau«) genannt, wahrscheinlich von Schapur I. (241–272 n. Chr.) errichtet (siehe Abb. 20). Die zentrale Bogenhalle dieses Palastes ist auch heute noch weithin sichtbar. Die sasanidischen Architekten haben hier den Typ des Iwans aus parthischer Zeit ins Gigantische gesteigert. Mit einer lichten Weite von über 25 m, einer Höhe von fast 30 m und einer Tiefe von 43 m ist der »Taq-i Kisra« eine der größten Bogenhallen der Welt.

Für das Kunsthandwerk sind besonders die Metallarbeiten, und hier speziell die Gattung der »Jagdschalen« – so benannt nach den auf diesen Gefäßen angebrachten Jagddarstellungen – anzuführen. Weiter müssen die Wanddekorationen in Stuck –, gerade aus den sasanidischen Palästen von Ctesiphon und Kisch (bei Babylon, Nr. 198) besitzen wir zahlreiche schöne Beispiele –, und schließlich die Stoffe, vor allem Seidenarbeiten, hervorgehoben werden.

In der Ausstellung finden sich einige Beispiele sasanidischer Keramik (Nr. 192, 193) sowie mehrere Schmuckstücke aus Gold (Nr. 194–197).

Nachdem das Sasanidenreich nach seinen ersten großen Herrschern Ardaschir und Schapur I. eine Zeit der Stagnation durchgemacht hatte, erlebte es unter Chosrau I. (531–579) und unter seinem Enkel Chosrau II. (590–627) nochmals einen Höhepunkt, bis es Mitte des 7. Jahrhunderts n. Chr. dem Ansturm der arabischen Heere unterlag. Es begann eine neue Epoche, eine neue Zeitrechnung. Allerdings gilt dieser Untergang nur in politisch-militärischer Hinsicht. Die sasanidische Kultur lebte in mannigfaltigen Ausstrahlungen weiter. Nicht nur Rom und Byzanz, sondern auch die Araber empfingen starke Impulse von der persischen Kultur. Sie sollte eine Brücke zwischen Abendland und Islam einerseits und den Kulturen des Alten Orients andererseits bilden.

Literatur

Fischer Weltgeschichte Bde. 1–8, Frankfurt a. M. 1965–1967

STROMMENGER, E. und M. HIRMER, *Fünf Jahrtausende Mesopotamien,* München 1962

PARROT, A., *Sumer,* Die Mesopotamische Kunst von den Anfängen bis zum XII. Vorchristlichen Jahrhundert, München 1960

PARROT, A., *Assur,* Die Mesopotamische Kunst vom XII. Vorchristlichen Jahrhundert bis zum Tode Alexanders des Großen, München 1961

GHIRSHMAN, R., *Iran,* Parther und Sasaniden, München 1962

SCHLUMBERGER, D., *Der Hellenisierte Orient,* Baden-Baden 1969

HROUDA, B., *Vorderasien I, Mesopotamien, Babylonien, Iran und Anatolien,* München 1971

Klaus Schippmann

Der Islam (ca. 230– ca. 900 n. Chr.)

In einer Welt, in welcher der Geist der Antike fortlebte, in welcher das Christentum erstarkt war und in welcher alte Religionen noch immer eine bedeutende Rolle spielten, in dieser Welt entstand eine neue Religion, die aus Arabien kam. Von hier aus verbreitete sie sich zur Ostküste des Mittelmeeres, längs der nordafrikanischen Küste bis nach Spanien, aber auch nach Nordanatolien und über Persien bis nach Indien. Diese neue Religion ist der Islam, der nach dem Tod Mohammeds im Jahre 632 unter den vier Kalifen und dann unter den Omayaden und Abassiden an Boden gewann.

In wenigen Jahrzehnten konnte der Islam Millionen von Anhängern gewinnen, und zwar nicht nur mit Waffengewalt, sondern auch dank seiner Überzeugungskraft. Der Koran, der sehr genaue Lebensvorschriften enthält, und die *hadith* (mündliche Überlieferung nach dem Tod des Propheten) hatten eine neue Lebensart zur Folge, die den Zusammenhalt des islamischen Reiches garantierte und eine kulturelle Einheit im ganzen Gebiet bewirkte. Mo-

hammed, der aus dem angesehenen Stamm der Koreisch stammte, gewann die ersten Anhänger in seiner Heimatstadt Mekka. Seine Predigten wurden aber bald als Bedrohung der Machthaber empfunden: er mußte die Stadt verlassen und nach Medina fliehen. Diese Flucht, die *hedschra*, die im Jahre 622 stattfand, hat in den Augen der Mohammedaner eine so große Bedeutung, daß sie ihre Zeitrechnung mit diesem Jahr beginnen lassen.
In den der *hedschra* folgenden Jahren breiteten sich die neuen Ideen mit solcher Kraft aus, daß sogar Mekka eingenommen wurde, und im Jahre 632, beim Tod Mohammeds, war beinahe die ganze arabische Halbinsel zum Islam übergegangen.
Abu Bekr, Mohammeds Schwiegervater, übernahm nun die Führung der Bewegung. Er war der erste der vier orthodoxen Kalifen. Unter Abu Bekr begann auch der Eroberungskrieg, heiliger Krieg *(dschihad)* genannt, der oftmals mehr aus politischen denn aus religiösen Gründen geführt wurde.
Mesopotamien wurde im Jahre 634 erobert, zwei Jahre nach dem Tod des Propheten. So wurde der Irak das erste außerarabische Land, das zum Islam bekehrt wurde. Es dauerte allerdings noch etwas mehr als ein Jahrhundert, bevor die regierende islamische Dynastie ihren Hauptsitz nach Mesopotamien verlegte. Das Land wurde jedoch vom 7. Jahrhundert an Schauplatz von Ereignissen, die zu den dramatischsten der islamischen Geschichte gehören. Ali, der letzte der vier orthodoxen Kalifen, wurde im Jahre 661 in der Moschee von Kufa ermordet. In den darauffolgenden Kämpfen wurden seine beiden Söhne Hassan und Hussein ebenfalls getötet. Sie waren die Enkel Mohammeds, denn ihre Mutter Fatima war die Tochter des Propheten.
Nach dem Tod des letzten Kalifen ging die Macht an die Omayaden über, die ihr Reich von Damaskus aus regierten. Nach ihnen, unter der Abassiden-Dynastie wurde Bagdad für ein halbes Jahrtausend Hauptstadt. Am 1. August 762 wurde Bagdad an einer Stelle am Ufer des Tigris, die der Kalif Al-Mansur für seine Hauptstadt ausgesucht hatte, gegründet.
Die ältesten islamischen Städte im Irak sind Basra und Kufa, ursprünglich arabische Militärlager, die sich entwickelten und die seit dem 7. Jahrhundert als Städte gelten können. Diese zwei Städte wurden auch die ersten großen Zentren des islamischen Mesopotamien und gleichzeitig wichtige Handelsstädte. Aber Bagdad überflügelte alle Städte der damaligen bekannten Welt. Die legendäre Stadt, die Stadt Harun al-Raschids in 1001 Nacht, liegt heute zum größten Teil unter der modernen Stadt begraben. Wir können jedoch, dank literarischer Quellen, das ehemalige Bagdad in seiner Größe und Faszination vor unserem geistigen Auge aus den Betonmauern wieder erstehen lassen. Die berühmte Stadt Al-Mansurs, die Stadt des Friedens *(Medinet as-Salam)*, war nach einem kreisförmigen Plan erbaut und von zwei Ringmauern umgeben; durch vier Tore konnte man die Stadt verlassen. Im Südosten öffnete sie sich in Richtung Basra, im Südwesten nach Kufa, im Nordosten nach Khorasan und im Nordwesten nach Syrien. Im Zentrum der Stadt befand sich der Palast des Kalifen. Die nahegelegene Moschee war so angelegt, daß die im Gebet nach Mekka hingewandten Gläubigen gleichzeitig in Verehrung vor dem Palast des Kalifen lagen.
Trotz Bagdads Pracht verlegte der Kalif Al-Mutasin die Hauptstadt im Jahre 836 für einige Jahrzehnte nach Samarra. Auf einer Anhöhe über dem Tigris ließ er einen Palast erbauen. Mit seinem reichen Schmuck nimmt er in der Geschichte der islamischen Kunst eine wichtige Stelle ein. Der Kalif Al-Mutawakkil ließ die große Moschee von Samarra erbauen, welche heute noch die größte überhaupt ist. Außerhalb der eigentlichen Moschee wurde das außergewöhnliche Spiralminarett gebaut, eine Art später Turmbau zu Babel, auf dessen spiralförmiger Rampe der Muezzin jeden Tag fünfmal hinaufsteigen mußte, um die Gläubigen zum Gebet aufzurufen (siehe Abb. 21).
In Samarra tritt ein neues Bauelement auf, nämlich die durch die antiken Steinreliefs inspirierten Stuckornamente. Die Sasaniden kannten zwar den Stuck, hatten ihn jedoch nie für plastischen Schmuck benützt.
Nach dem Zwischenspiel in Samarra wurde Bagdad

Abb. 21 Samarra, Moschee des al-Mutawakkil mit dem Minarett »al-Malwiya« (»Die Spirale«)

wieder Hauptstadt, erlangte aber nie wieder die politische Bedeutung wie vormals.
Lokale Dynastien erhoben sich und rissen die Macht in den Mesopotamien benachbarten Gebieten an sich; das Abassidenreich wurde kleiner und schwächer. Bagdad wurde vom 13. bis zum 17. Jahrhundert mehrmals zerstört; zuerst von den Tataren, dann von den Mongolen des Tamerlan, von den Persern und schließlich von den Türken. Letztere eroberten es im Jahre 1638; über zwei Jahrhunderte dauerte die ottomanische Vormacht, bis ins 20. Jahrhundert. Die Freiheitskämpfe, die Unabhängigkeit des Irak und die Proklamation der Republik führen uns in die Gegenwart.
Die Architektur und die angewandte Kunst sind die beiden großen Kunstformen der islamischen Kul-

tur. Weder die Malerei noch die Plastik sind in den mohammedanischen Ländern zu der Bedeutung gelangt, wie dies in der Kunstgeschichte Europas der Fall ist. Die islamische Architektur gelangt in der Moschee zu ihrer eigenständigsten Vollendung. Schon von Anfang an spielt die Moschee als Mittelpunkt des gesellschaftlichen Lebens eine wichtige Rolle im Islam. Sie war vor allem der Ort des gemeinsamen Gebetes oder der Einzelandacht und jederzeit für jedermann offen. Ihr konnten auch Spitäler, Schulen oder Bibliotheken angeschlossen sein.

Die islamische Kunst unterlag während Jahrhunderten zahlreichen Einflüssen, bis sich schließlich der so charakteristische Stil herauskristallisierte, der es gestattet, ein aus dem islamischen Kulturbereich stammendes Objekt auf Anhieb zu erkennen.

Zweidimensionale Verzierung der Fläche, Vielzahl der Motive, Klarheit, Symmetrik, saubere Linienführung: dies sind die hauptsächlichen Merkmale, welche die islamische Kunst von Spanien im Westen bis nach Indien im Osten charakterisiert. Der Beitrag der Araber an diese Kunst ist relativ klein, aber von weittragender Bedeutung. Die arabische Schrift wurde die Schrift der Religion und allgemein benützte Schrift in der ganzen islamischen Welt. Konnte jemand schreiben, so beherrschte er die heilige Schrift und wurde als Künstler verehrt. Die arabische Kalligraphie konnte auf jedem Material Anwendung finden: auf Kuppeln und Wänden, oder aber auf dem Rand von Vasen oder auf Metallgegenständen. Sie spielte natürlich auch eine große Rolle in der Ausschmückung des Korans. Zwischen der steifen kufischen Schrift und der kursiven aufgelösten *nastalik* gab es unzählige Möglichkeiten.

In der Schrift wie in der Arabeske, die sich aus der antiken vegetabilen Ornamentik sowie den verschlungenen Akanthusblättern herausentwickelt hat, wird die Tendenz, figürliche Darstellungen durch abstrakte Motive zu ersetzen, klar.

Alles wird in geometrische und bewegte Formen umgesetzt. Das dekorative Element gewinnt die Oberhand, erstarrt jedoch nie und erlebt keine allzu große Vereinfachung. Die Komposition der verschiedenen Elemente bleibt kraftvoll und lebendig, was die islamische Kunst originell und ansprechend macht. Mesopotamien spielt in der islamischen Kunstgeschichte eine große Rolle. Hier nahm die Miniatur, die sich dann vor allem in Persien entwickelte, ihren Anfang. Hier entstand die älteste islamische Keramik. Glas- und Metallhandwerk, ebenfalls hier entstanden, beeinflußten die gesamte islamische Welt. In Mesopotamien trafen sasanidisches und antikes Erbe zusammen; es stand auch unter starkem byzantinischem Einfluß. Vom 3. Jahrhundert an war die Seidenstraße die große Handelsverbindung nach Osten. Der chinesische Einfluß ist vor allem in der ältesten Keramik des 11. Jahrhunderts spürbar, deren schöne Formen und weiße Glasur den Versuch erkennen lassen, das weiße Porzellan der Tang-Zeit nachzuahmen.

Mit der Mongoleninvasion des 13. Jahrhunderts kam Mesopotamien ein zweites Mal und nun unmittelbarer in Kontakt mit China, was vor allem in der Kunst der Miniatur sichtbar wird.

Der Einfluß aus dem Osten, aus Persien, von den Nachbarländern im Norden und im Osten nahm allmählich immer mehr an Bedeutung zu und erstickte den Einfluß des schwächer werdenden Byzanz und das Erbe der griechisch-römischen Kultur. Erst viel später, nämlich in moderner Zeit, wandte man sich wieder dem Westen zu.

Karin Ådahl

Abb. 22
Alabaster-
objekte aus
Tell as-Saw-
wan: siehe
Nr. 2, 3, 10,
12, 13, 16,
18, 19, 20

Geschichte der Archäologie in Mesopotamien

Die archäologische Feldforschung, d. h. der Teil der Archäologie, der sich mit Ausgrabungen beschäftigt, hat sich in Mesopotamien verhältnismäßig spät, nämlich erst kurz vor der Mitte des 19. Jahrhunderts entwickelt. Die Gründe dafür sind vielfältiger Natur. Einmal war Mesopotamien schwer zugänglich, denn die Türken, die das Land verwalteten, waren nicht ausgesprochen fremdenfreundlich, was im übrigen auch für die in diesem Gebiet ansässigen Stämme galt; weiter aber stand auch die verkehrsmäßige Erschließung noch am Anfang. Hinzu kam, daß die Monumente nicht wie vielfach etwa in Ägypten noch sichtbar über dem Boden standen, sondern inzwischen unter großen Ruinenhügeln aus Lehm und Sand, den sogenannten Tells, verschwunden waren[14].
So ist es auch nicht überraschend, daß diese Umstände dazu führten, daß die Forschungen der damaligen Zeit vielfach eine Geschichte im Sinne Karl Mays waren und von Leuten geprägt wurden, die eine Mischung von Wissenschaftlern und Abenteurern darstellten. Keiner war von Hause aus Archäologe, einfach weil es noch kein Fach »Vorderasiatische Archäologie« gab und auch die »Klassische Archäologie« (Hauptarbeitsgebiete: Italien und Griechenland) noch in den Kinderschuhen steckte. Mögen wir auch heute manchmal vielleicht etwas belustigt über diese Forscher und ihre damaligen Methoden lächeln, so waren es doch durchweg jede in ihrer Art einmalige Persönlichkeiten. Ihre Forschungen wurden unter Schwierigkeiten und Umständen durchgeführt, die wir uns heute kaum vorstellen können.
Es sind vor allem vier Persönlichkeiten, die sich besonders um die Erforschung Mesopotamiens verdient gemacht haben. Als erster in zeitlicher Reihenfolge wäre der Engländer Claudius James Rich zu nennen: 1787 geboren, eine Art Wunderkind, das sich schon früh mit orientalischen Sprachen beschäftigte. Mit 21 Jahren war er »Resident« (entspricht einem Konsul) für die berühmte englische »Ost-Indien-Gesellschaft« in Bagdad, ein Posten, den er bis zu seinem plötzlichen Tode – er starb 1821 an Cholera – inne hatte. Rich's Verdienst liegt darin, daß er als erster gründlich die assyrischen Plätze Niniveh und Nimrud untersuchte und so die Grundlagen für die späteren großartigen Funde seines Landsmannes Layard legte. Daneben ist sein zweimaliger Besuch Babylons und die genaue topographische Aufnahme dieser gewaltigen Ruinenstätte besonders zu erwähnen.
Als nächster folgt der Franzose Paul Emile Botta, 1802 geboren, der 1842 zum französischen Konsul in Mossul ernannt wurde. Er suchte in seiner Freizeit in der Umgebung Mossuls nach Altertümern. Im Dezember 1842 begann er dann mit einer kleinen Ausgrabung am Tell Qujundschik, einem Teil des alten Niniveh gegenüber dem damaligen Mossul, auf der anderen Seite des Tigris (Abb. 23, 24).
Dieses Datum, das Jahr 1842, kann man als den Beginn der vorderasiatischen Archäologie bezeichnen.

Abb. 23 Tell Nebi Junus in Mossul heute

Leider war die Grabung – jedenfalls in den Augen von Botta – nicht sehr erfolgreich: lediglich Lehmziegel mit Keilinschriften und einige kümmerliche

[14] Über die genaue Entstehung dieser Tells siehe den folgenden Abschnitt über »Methoden und Praktiken der vorderasiatischen Archäologie«.

Abb. 24 Niniveh, Tell Qujundschik (rechts) und Tell Nebi Junus (links)

Relieffragmente waren das Ergebnis. Man darf dabei nicht vergessen, daß in der damaligen Zeit Ausgraben noch eine Art Schatzgräberei war, und so war Botta unter diesen Umständen enttäuscht. Durch einen Einheimischen erhielt er dann den Hinweis, daß bei dessen Dorf Chorsabad etwa 20 km nordöstlich von Mossul all das, was der Fremde suche, zu finden sei. Im März 1843 fing Botta an dort zu graben, und es gelang ihm trotz großer Schwierigkeiten, die ihm von seiten der türkischen Verwaltung bereitet wurden, großartige Reliefs freizulegen. Ein Teil von ihnen gelangte auf dem Seeweg nach Frankreich, und das berühmte Museum des Louvre in Paris war das erste Museum in der Welt, das 1846 der staunenden Öffentlichkeit größere assyrische Reliefs vorstellen konnte.

Botta irrte allerdings, wenn er annahm, Rich's Identifizierung von Niniveh mit Tell Qujundschik bei Mossul verwerfen zu können und glaubte, die jetzt entdeckten Ruinen bei Chorsabad seien mit Niniveh identisch. Bei diesen handelt es sich vielmehr um eine andere assyrische Stadt aus derselben Epoche, nämlich um Dur-Scharrukin (»Sargonsburg«), die von Sargon II. Ende des 8. Jahrhunderts v. Chr. als neue Hauptstadt angelegt worden war.

Botta kehrte 1846 nach Frankreich zurück, und die Grabung wurde von dem französischen Architekten Victor Place von 1851–1855 fortgesetzt.

Der dritte in der Reihe ist Henry Creswicke Rawlinson. Seine Laufbahn begann er als Kadett bei der Ost-Indien-Gesellschaft. Mit siebzehn Jahren ging er nach Indien, um dann 1833 militärischer Berater

Abb. 25 Nimrud, die Bergung des großen geflügelten Stieres im »Nordwest-Palast« (Assurnasirpal II., 883–859 v. Chr.) durch A. H. Layard

der persischen Armee zu werden. 1835 suchte er den berühmten Felsen von Bisutun auf, der an der Straße Hamadan-Kirmanschah liegt, wo der persische Großkönig Darius I. (522–486) ein großes Relief hatte anbringen lassen, das den Sieg über seine Feinde zu Beginn seiner Regierungszeit darstellt. Eingefaßt wird dieses Relief von einer großen dreisprachigen Inschrift des Darius in Altpersisch, Elamisch und Babylonisch.

Rawlinsons erste große und entscheidende Leistung war nun, daß er sich an diesem Felsen abseilte, die altpersische Inschrift kopierte und später entzifferte; die Veröffentlichung geschah 1846. Damit gebührt Grotefends Entzifferung des Altpersischen in Göttingen im Jahre 1802 sicherlich immer noch die zeitliche Priorität, andererseits aber gibt es keinen Beweis dafür, daß Rawlinsons Leistung in Kenntnis der Grotefendschen Arbeit erfolgte, obwohl eine solche Möglichkeit nicht auszuschließen ist.

1843 wurde Rawlinson dann »British Political Agent in Turkish Arabia«, eine Art Konsul, und trat somit in die Fußstapfen von Rich. 1851 beauftragte ihn das Britische Museum in London mit der Leitung und Überwachung all der Grabungen, die im Auftrage des Museums in Assyrien, Babylonien und der Susiana (Südwestpersien) durchgeführt wurden. So ist es Rawlinson in erster Linie zu verdanken, wenn bis zu seinem Weggang aus Mesopotamien 1855 zahlreiche Grabungen dank seiner Förderung und Hilfe durchgeführt wurden. Schließlich hat Rawlinson 1857 zusammen mit

Abb. 26 Statuette aus frühsumerischer Zeit: siehe Nr. 34 ▶

Abb. 27 Nimrud, der Transport des geflügelten Stieres am Ruinenhügel des »Nordwest-Palastes«

Edward Hincks, Jules Oppert und Fox Talbot, aber unabhängig von ihnen die grundlegende Entzifferung der babylonischen Keilschrift geliefert.

Die vierte Persönlichkeit innerhalb der Anfangszeit der vorderasiatischen Archäologie ist dann schließlich Austen Henry Layard, 1817 geboren. Was seinen Unternehmungsgeist, seine Abenteuerlust, aber auch sein Glück hinsichtlich der gemachten Funde anbetrifft, sowie schließlich das schriftstellerische Talent, alle seine Erlebnisse niederzuschreiben, so steht er sicherlich einmalig in der Geschichte der Archäologie da. Mit 22 Jahren verließ er London in der Absicht, Ceylon auf dem Landweg zu erreichen, um sich dort eine neue Existenz aufzubauen. Er sollte Ceylon zwar nie zu Gesicht bekommen, aber dennoch mehr vom Orient sehen als alle seine Vorgänger und sicherlich mehr als viele der heutigen Archäologen. Nach mehreren Zwischenstationen, vor allem in Persien, fängt Layard 1845 in Nimrud an zu graben, wo er allein in den ersten zwei Jahren fünf assyrische Paläste entdeckt (Abb. 25, 27). Darüber hinaus beginnt er im Frühjahr 1847 auch am Tell Qujundschik gegenüber Mossul zu graben, also an dem Platz, wo Botta vergeblich gearbeitet hatte. Es gelingt ihm dort, den großen Palast des assyrischen Königs Sanherib (705–681 v. Chr.) zu finden. Später entdeckt er hier auch einen Teil der Bibliothek des assyrischen Königs Assurbanipal (Abb. 28). 1851 kehrt Layard nach England zurück, um ebenso wie Rawlinson in der Politik und im diplomatischen Dienst erfolgreich tätig zu sein.

Ist bisher nur von Ausgrabungen im nördlichen Teil Mesopotamiens, also Assyriens, gesprochen

Abb. 28 Tell Qujundschik, Archiv und Bibliothek des Assurbanipal

worden, so liegt es daran, daß die wichtigsten Grabungen bis etwa zum Ende des 19. Jahrhunderts überwiegend in diesem Gebiet Mesopotamiens stattfanden, weil vor allem hier die neuassyrischen Paläste nicht unter großen Tells (Ruinenhügeln) verborgen waren und weil ein Teil der Funde, nämlich die Reliefs und die großen Schutzfiguren wie geflügelte Stiere und geflügelte Löwen, aus Stein waren und selbst bei den damals primitiven Grabungsmethoden verhältnismäßig leicht gefunden werden konnten.

Dennoch hat es im Süden Mesopotamiens auch schon früh kleinere Grabungen gegeben, so etwa 1850 durch den Engländer Kennett Loftus in Uruk-Warka oder 1854 durch J. G. Taylor, den englischen Vizekonsul in Basra, der in Ur und Eridu grub.

Nachdem Rawlinson 1855 Mesopotamien verlassen hatte, trat eine längere Unterbrechung in der dortigen Grabungstätigkeit ein, die erst 1873 durch die Arbeiten von George Smith und Hormuz Rassam in Niniveh und Nimrud beendet wurde. 1877 gelingt es dem Franzosen Ernest de Sarzec in Tello (dem antiken Girsu) zum erstenmal, Denkmäler aus der neusumerischen Zeit (ca. 2150–2000) zu finden; diese Grabung gibt den eigentlichen Anstoß für die systematische Arbeit im südlichen Mesopotamien. 1899 tauchen dann auch die Amerikaner in Mesopotamien auf und beginnen in der berühmten Stadt Nippur zu graben.

Und die Deutschen? Es sollte noch zehn Jahre dauern, bis die erste größere deutsche Mission 1899 unter der Leitung des Architekten Robert Koldewey in Babylon mit einer Grabung anfing, die bis zum Jahre 1917 andauerte und erst dann wegen der vorrückenden englischen Truppen abgebrochen werden mußte. Diese und die andere große deutsche Grabung in Assur – anfangs (ab 1903) ebenfalls unter der Leitung von Koldewey und ab 1904 von Walter Andrae und J. Jordan bis 1914 fortgesetzt – standen nicht nur am Anfang eines neuen Jahrhunderts, sondern mit beiden Grabungen begann auch eine neue Ära der Grabungstechnik[15].

Im Verlauf des 20. Jahrhunderts setzte dann eine umfangreiche Grabungstätigkeit in ganz Mesopotamien ein, wobei allerdings die Zeit der Einzelgänger mehr oder minder vorbei war. Es begann die Zeit des »team work«, das Erscheinen von größeren archäologischen Missionen. Um nur einige Beispiele zu nennen: die berühmte englische Grabung in Ur unter der Leitung von Leonard Woolley von 1922–1934 oder die deutsche Grabung in der sumerischen Stadt Uruk (heute Warka), die 1912/13 begonnen, 1928–1939 fortgesetzt, 1954 wieder aufgenommen wurde und bis heute andauert. Schließ-

[15] Siehe dazu den folgenden Abschnitt »Methoden und Praktiken der Vorderasiatischen Archäologie«.

Abb. 29 Goldfunde aus den Königsgräbern in Ur (ca. 2600–2400 v. Chr.): siehe Nr. 83, 84, 87

Abb. 30 »Beter-Figur«, Frühdynastische Zeit: siehe Nr. 64 ▶

lich sind auch noch die großen Unternehmungen des berühmten »Oriental Institute« der Universität Chicago zu nennen, das von 1930–1938 im Diyala-Gebiet, östlich und nordöstlich von Bagdad an mehreren größeren Grabungsplätzen wie etwa Chafadsche, Ischtschali, Tell Asmar und Tell Agrab unter Mitarbeit von H. Frankfort, P. Delougaz, T. Jacobson, S. Lloyd und vielen anderen arbeitete, und unsere Kenntnisse vor allem über die sogenannte Frühdynastische Zeit (ab etwa 2900–2350) sehr bereichern sollte.

Nach dem Ende des Zweiten Weltkrieges hat sich das archäologische Interesse stark auf die vor- und frühgeschichtlichen Perioden konzentriert. Als Beispiele seien hier nur die amerikanischen Grabungen von Jarmo (1950–1955) und im Schanidar-Tal (1951–1957) im irakischen Teil von Kurdistan sowie die Grabung der Iraker bei Tell as-Sawwan (in der Nähe der heutigen Stadt Samarra, ab 1964) genannt. Aber nicht nur der zeitliche Rahmen der untersuchten Perioden erweiterte sich, auch die Zahl und vor allem die Nationalität der ausländischen Missionen hat sich stark vergrößert. Waren es bis 1900 vor allem Engländer und Franzosen, die Mesopotamien ausgrabungsmäßig unter sich »aufgeteilt« hatten, so sind heute vor allem die Iraker selbst sehr aktiv, daneben gibt es auch kleine Nationen wie etwa Dänemark (Grabung von Tell Schemschara) oder geographisch so entfernte wie die Japaner (Grabung von Telul et-Talatat), die in Mesopotamien arbeiten.

Obwohl nun mehr als 135 Jahre Ausgrabungstätigkeit in Mesopotamien hinter uns liegen und unser Wissensstand sich seit Botta enorm vergrößert hat, ist ein Ende der archäologischen Feldforschung in Mesopotamien nicht abzusehen.

Literatur

CERAM, C. W., *Götter, Gräber und Gelehrte*, erg. Aufl., Reinbek 1972

Das Abenteuer der Archäologie, ausgew. und eingel. von L. DEUEL, 5. Aufl. München 1977

LLOYD, S., *Foundation in the Dust*, Penguin-book 1955

Henry Austen Layard, Auf der Suche nach Ninive, herausgeg. von H. SCHMÖKEL, Nachdruck München 1975 der Ausg. 1965

Klaus Schippmann

Robert Koldewey (1855–1925)

Robert Koldewey, der Ausgräber Babylons und die neuesten Funde im Irak

Fast hundert Jahre mußten vergehen, bis dem deutschen Erstentzifferer von Keilschriftzeichen in Göttingen, G. F. Grotefend, ein Ausgräber im Zweistromland folgte. Sein Name lautete Robert Koldewey. Er war – für das Verständnis seines Wesens und Wirkens nicht unwichtig – ein echter Niedersachse, wurde am 10. 9. 1855 in Blankenburg am Harz geboren und verlebte seine Jugendjahre in Braunschweig und Hamburg. Nach dem Abitur galt sein Studium in Berlin, München und Wien den Fächern Architektur, Archäologie und Kunstgeschichte. Kühl und zäh, eigenwillig bis schroff, gegen Fremde verschlossen, im Gespräch jedoch ein gewandter, humoriger Dialektiker, dem Streben nach Erkenntnis verschworen, dem Religiösen und den Frauen hingegen abhold, war er dennoch vielseitig interessiert, ein begabter Zeichner und den Musen gewogen, mit besonderer Neigung zu Astronomie und Medizin, denen er nebenher jahrelang ernsthafte Studien widmete. Sein erklärtes Fach aber, dem er sich mit wahrer Leidenschaft verschrieb, war die Architektur-Archäologie, in der er während dreieinhalb Jahrzehnten Ausgräberlebens unter extremen Klimabedingungen und fast ohne Pause zu hoher Vollendung gelangen sollte.

Koldewey hatte nach einigen unbefriedigenden Jahren im Hamburger Staatsdienst das große Glück, tatsächlich an eine Tätigkeit in der Feldarchäologie heranzukommen: Als 27jähriger wurde er 1882/83 Mitarbeiter bei den amerikanischen Grabungen in Assos an der Küste der Troas, konnte 1885/86 für das Kaiserliche Deutsche Archäologische Institut in Lesbos arbeiten und erntete dabei seine ersten Lorbeeren. Ein Jahr später betrat er im Auftrag der Berliner Museen zum ersten Male mit zwei Begleitern den Boden des damals noch türkischen Mesopotamien, um einen Überblick über die Ruinen zu gewinnen; dabei kam es zu zwei kurzen Grabungen in Surghul (dem alten Sirara) und el-Hiba (dem alten Lagasch) nahe bei Tello im südlichsten Irak. Es folgten weitere Kampagnen im troischen Neandria, im nordsyrischen Sendschirli (mit dem späteren Freunde Otto Puchstein) sowie in Unteritalien und Sizilien. Nach einer zweckbestimmten Erkundungsfahrt zusammen mit E. Sachau folgte dann 1899 der große, Koldeweys Leben bestimmende Auftrag seitens der ein Jahr zuvor gegründeten Deutschen Orientgesellschaft: Die Wiederausgrabung des altberühmten Babylon, die von 1899–1917 währte. Das Mißverhältnis des Architektenteams Koldewey – Andrae – Jordan – Nöldeke und anderer zu den beigegebenen Keilschriftlern und fast der gesamten Fachassyriologie, aber auch nach und nach zur Deutschen Orientgesellschaft in Berlin, die harten Klimabedingungen und die immensen Schwierigkeiten der Aufgabe selbst in einem fast unabsehbaren Gelände von etwa 1200 : 2000 m Umfang forderten Können, Kraft und Beharrlichkeit des verantwortlichen Leiters bis zum Letzten. Wie das ungeheure Werk mit der Freilegung der neubabylonischen Paläste und Tempel, der Prozessionsstraße und des Ischtartores, der Mauerzüge und der Euphratbrücke voranschritt und mit immer mehr verbesserten Methoden vollendet wurde, kann hier nicht beschrieben werden. Es ist von Koldewey selbst in seinem »Wiedererstehenden Babylon« (4. Aufl. Leipzig 1925) und von seinem Schüler und Mitarbeiter W. Andrae, dem Ausgräber von Assur, in »Babylon. Die versunkene Weltstadt und ihr Ausgräber Robert Koldewey« (Berlin 1952) anschaulich und allgemeinverständlich berichtet worden. Koldewey lebt weiter als der große Meister und Lehrer, als Bahnbrecher einer systematischen Grabungstechnik und als Begründer der modernen archäologischen Bauforschung. Anläßlich der Ausstellung altmesopotamischer Schätze in der traditionsreichen niedersächsischen Großstadt Hildesheim ist es mehr als eine Ehrenpflicht, sich seiner achtungsvoll zu erinnern.

Koldewey starb am 4. Februar 1925 nach schwerer Krankheit. Der nach seiner Flucht aus Babylon vor den Engländern am 13. 3. 1917 noch anderthalb Jahre weitergehende 1. Weltkrieg mit seinen Folgen ließ ihn nicht mehr aufs Grabungsfeld zurückkehren. Alsbald nach der Eroberung des Irak nahmen aber britische Archäologenteams auf mehreren Trümmerhügeln die Arbeit auf, es folgten die Amerikaner, und 1928 durften auch die Deutschen – unter der Leitung von Mitarbeitern oder Schülern Koldeweys – mit der Arbeit in Warka (dem alten Uruk, das schon 1913 unter Koldeweys Mitwirkung untersucht und ausgewählt worden war) beginnen. Der Leser findet in diesem Katalog einen kurzen Bericht von Prof. Klaus Schippmann über die gesamte Ausgrabungstätigkeit in Mesopotamien. Es ist gewiß in Koldeweys Sinne, wenn ich das genannte Referat hier für die Zeit nach dem 2. Weltkrieg bis hin zum heutigen Datum in gebotener Kürze mit den neuesten Grabungsergebnissen auffülle.

1945 begann die irakische Altertümer-Verwaltung selbst die Freilegung des Tell Harmal am südlichen Stadtrand von Bagdad, wo ein altbabylonisches, damals zum Staat Eschnunna gehörendes Verwaltungszentrum (heute restauriert) zutage kam. Es fanden sich 1948/49 die Reste eines akkadischen

Gesetzbuches aus dem 19. Jahrhundert v. Chr. und Schultafeln, darunter mathematische. Ihr Glanzstück war ein durch Zeichnungen erläuterter Text, der den euklidischen Lehrsatz vowegnimmt. Iraker arbeiteten – mit britischer Unterstützung – 1946–1949 auch auf dem altsumerischen Trümmerhügel Abu Schahrain-Eridu südlich von Ur. Sie bargen eine seltsame Beter-Statuette und eine Löwenskulptur und konnten das dortige Heiligtum des Gottes Enki mit je einem Tempelneu- oder -umbau 16 Schichten hinab bis ins 4. Jahrtausend zurückverfolgen. Die Engländer selbst waren seit 1949 wieder in Nimrud-Kalach, einer neuassyrischen Metropole des 9./8. Jahrhunderts südlich von Mossul tätig geworden. Es kamen eine Kaserne Salmanassars III. (858–824) samt Magazin, Statuen, ein reliefierter Thronsitz, Elfenbeinarbeiten und die sogenannte Gastmahlstele Assurnasirpals II. (angeblich 70 000 Gäste!) aus dem Jahre 879 ans Licht. Inzwischen hatten die Franzosen unter A. Parrot ihre 1933 begonnene Freilegung der großen Handelsstadt Mari am mittleren Euphrat wiederaufgenommen. Hier konnte unter dem altbabylonischen Palast, der aus dreihundert Räumen bestand, im Jahre 1965 ein weiterer Palast des 3. Jahrtausends freigelegt werden, in dem sich Beterfiguren, Perlmutter-Intarsien und der berühmte »Schatz im Tonkrug« (um 2500) fanden; auch ein Ischtartempel kam zutage.

Die Amerikaner, zu ihrer alten Operationsbasis Nippur in Mittelbabylonien zurückgekehrt, konnten seit 1955 einen Tempel der Inanna-Ischtar von der Partherzeit (um die Zeitenwende) bis zu seiner Gründung im 3. Jahrtausend zurückverfolgen und stießen hier 1960/61 im 3. »Nachfolgebau« des Heiligtums auf einen Schatz von rund 50 wohlerhaltenen Objekten – Alabastergefäße, reliefierte Schminkbüchsen, Weihplatten, Steatitvasen und zahlreiche Beterfiguren, darunter ein (seltenes) »Paar«, die Linke des Mannes mit der rechten Hand der Frau verschränkt . . .

Im Januar 1954 durften – nach einer kriegsbedingten Pause – auch die deutschen Archäologen nach Uruk zurückkehren. Unter H. J. Lenzen erforschten sie weiter die Großtempel des der Inanna geweihten heiligen Bezirks Eanna (3100/2900), legten 1960/61 den Palast des Amoriterkönigs Sinqaschid (um 1800) und eine Prinzengruft mit Beigaben frei und entdeckten 1962–64 die altsumerische »Pfeilerhalle« des Eanna mit ihren rund 200 Nischen, die mit abwechselnden Tonstiftmosaik-Mustern in rot, schwarz und weiß geschmückt waren. Die Briten verlegten unter D. Oates ihren Arbeitsplatz 1964 auf den Tell el-Rimah, entdeckten die Reste einer assyrischen Provinzhauptstadt und bargen u. a. eine sehr gut erhaltene Stele des Assyrers Adadnirari III. (809–782), des Sohnes der Semiramis, auf der als Tributlieferant der biblische König Joas von Israel genannt wird.

Auch die Amerikaner wandten sich einem neuen Fundplatz zu, ohne freilich Nippur aufzugeben: 1963 und 1965 gruben sie unter R. D. Biggs auf dem 20 km nordwestlich gelegenen Tell Abu Salabich und fanden die Reste eines frühdynastischen Palastes aus dem 27./26. Jahrhundert – und hierbei gelang eine Entdeckung von großer Wichtigkeit. Man stieß auf rund 200 leider meist schlecht erhaltene, ungebrannte Tontäfelchen, z. T. offenbar »Schultafeln«, die der Schriftart nach den 1902/03 von Koldewey und Andrae in Fara-Schuruppak (der »Sintflutstadt») geborgenen Urkunden ähnelten. Letztere stellen bisher die ältesten »literarischen« Zeugnisse Vorderasiens dar; die neuen Texte beweisen nun endgültig, daß es schon vor 2500 eine echte sumerische Literatur mit Mythen, Hymnen und Sprüchen gab. Auch weiterhin setzen die sprichwörtlichen Spaten der Ausgräber in Nahost – allen politischen Spannungen und kriegsähnlichen Handlungen zum Trotz – kaum irgendwo Rost an. So gruben seit 1973 deutsche Archäologen unter B. Hrouda, München, erfolgreich am Ort der alten babylonischen Königsstadt Isin, und außerhalb des Irak waren auf mehreren syrischen Ruinenfeldern wie den Tells von Chuēra und Mardich Teams am Werk, deren Funde erneut den beherrschenden Einfluß der sumerisch-babylonischen Kultur verdeutlichten. Zeugnisse dieser Gesittung – im allgemeinen schwer zugängliche Kostbarkeiten des Irak-Museums – liegen nun in dieser Ausstellung vor den Augen des Betrachters.

Hartmut Schmökel

◄ Abb. 31 Dudu der Schreiber: siehe Nr. 65

Methoden und Praktiken der Vorderasiatischen Archäologie

Nachfolgend soll versucht werden, einen kurzen Überblick über den Vorgang einer Ausgrabung, die dabei angewandten Techniken und über einige dem Archäologen zur Verfügung stehenden Hilfsmittel, vor allem naturwissenschaftlicher Art, zu geben. Damit soll gleichzeitig gesagt werden, daß die Methoden und Praktiken heutiger Grabungen vorgestellt werden sollen. Bei den Unternehmungen eines Botta oder Layard kann man nur in einem sehr begrenzten Umfang von einer Grabung im heutigen Sinne sprechen; es handelte sich vielmehr um Raubgrabungen mit dem Zweck, möglichst viele Kunstschätze für die Museen des eigenen Landes zu finden. In erster Linie suchte man etwa Reliefs, die vor allem bei den assyrischen Grabungen anfielen. Die Architektur, vorwiegend Lehmziegelbauten, wurde kaum beachtet. Die Abbildung 32 zeigt, wie etwa Layard in Nimrud und Niniveh arbeitete. Man folgte den mit Reliefplatten verzierten Palastmauern in Suchgräben, die unterirdisch in Form von Bergwerksstollen vorangetrieben wurden, wobei in gewissen Abständen senkrechte Schächte zur Oberfläche des Hügels führten und so Licht und Luft in die Stollen gelangen ließen. Zwar konnte man auf diese Weise die einzelnen Funde wie etwa Reliefplatten gut bergen, aber die Untersuchung der einzelnen Räume und die Erstellung eines Gesamtplanes der Grabung war kaum, bzw. nur sehr ungenau möglich. Erst durch Koldewey und seine Grabung in Babylon ab 1899 tritt eine Wende ein. Selbstverständlich wollten auch die Deutschen Altertümer finden, aber ihr Hauptziel war zum erstenmal, Gebäude freizulegen und genau zu untersuchen. Daneben bemühten sie sich auch um eine Stratigraphie, also eine genaue Beobachtung der einzelnen Siedlungshorizonte (siehe nachfolgend). Einer der führenden englischen Archäologen, nämlich Seton Lloyd, hat einmal von der Koldeweyschen Grabung gesagt »in den ersten 13 Jahren des 20. Jahrhunderts wurden beide Ziele (Architektur- und Stratigraphiebeobachtung) mit einer solchen Geduld und Genauigkeit verfolgt, daß dadurch ein völlig neuer Maßstab für die Durchführung und Leitung von Ausgrabungen in allen Teilen der Welt gesetzt wurde«.

Abb. 32 Layard's Ausgrabungspraktiken des Stollenvortriebs

Wenden wir uns nun einer heutigen Ausgrabung zu, so beginnt diese schon lange vor der eigentlichen Grabung. Zuerst einmal muß nämlich ein Platz gefunden werden, wo ausgegraben wird, und danach muß die Finanzierungsfrage geklärt werden.

Wie findet man nun eine Örtlichkeit, die eine erfolgreiche Ausgrabung verspricht? Es gibt verschiedene Möglichkeiten: Es kann sein, daß noch größere Ruinenreste sichtbar anstehen und daß vorhandene Quellen aus antiker Zeit besagen, an dieser Stelle habe sich eine größere Siedlung, vielleicht sogar eine Stadt oder eine sonstige Anlage befunden, von deren Freilegung sich der Ausgräber wichtige Erkenntnisse über eine bestimmte Epoche verspricht. Es kann aber auch sein, daß Antiquitäten im Kunsthandel auftauchen und daß man dort zu graben anfängt. Diese hier geschilderten Möglichkeiten sind aber mehr oder minder vom Zufall abhängig. Deswegen ist man heute vielfach dazu übergegangen, größere Gebiete systematisch zu untersuchen, und zwar in Form der »Surveys« (Geländebegehungen) und nach Auswerten eines solchen Surveys einen bestimmten Tell für eine solche Grabung auszuwählen.

Tell ist der in Mesopotamien gebräuchliche Ausdruck für einen Ruinenhügel (in Persien heißt es Tepe). Die Tells finden sich in großer Zahl im ganzen Vorderen Orient. Es sind künstliche Hügel, die infolge von abgelagertem Besiedlungsschutt entstanden sind. Man baute im Vorderen Orient meistens mit luftgetrockneten Lehmziegeln, die natürlich nicht sehr widerstandsfähig gegen Wettereinflüsse waren; auch wurden die Siedlungen vielfach durch kriegerische Einwirkungen oder Naturkatastrophen nach kurzer Zeit zerstört. Der anfallende Schutt wurde nicht fortgeschafft, sondern man baute auf dem einplanierten neuen Niveau weiter. Die Folge war, daß diese Hügel sehr schnell in die Höhe wuchsen und Höhen bis 50 m und mehr erreichten (Beispiele siehe Abb. 33, 34, 38, 40).

Auf der Spitze und an den Abhängen solcher Tells finden sich nun fast immer Keramikscherben aus den verschiedenen Zeiten, und zwar stammen sie

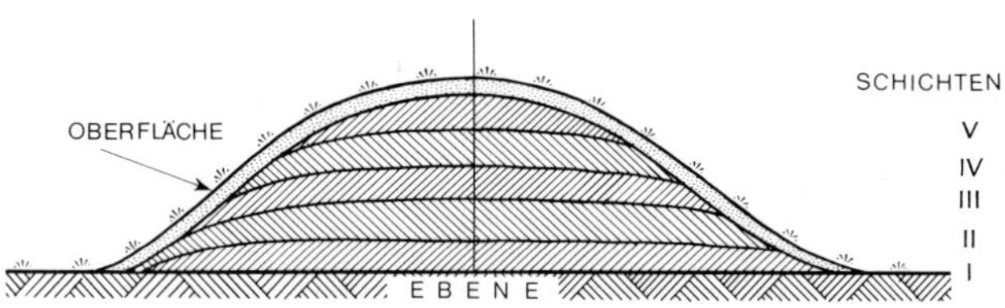

Abb. 33 Schematischer Schnitt durch einen Tell mit seinen verschiedenen Schichten

Abb. 34 Tepe Sialk/Iran

nicht nur aus der letzten, der obersten Schicht, sondern auch aus den unteren, älteren Schichten. Aus diesen älteren Schichten gelangt die Keramik durch »Mithilfe« von Regen, Erdbeben, Frostaufbrüchen an die Spitze bzw. an die Abhänge des jeweiligen Tells. Bei einem Survey sucht der Archäologe nun nach dieser Keramik und kann an Hand der Form, des Dekors und der Bemalung vielfach eine mehr oder minder genaue Datierung vornehmen. Hat er sich so einen Überblick über die Besiedlung der verschiedenen Tells und deren zeitliche Einordnung in dem von ihm untersuchten Gebiet gemacht, so wird er sich entscheiden, welchen Hügel er angraben will. Diese Entscheidung wird etwa unter dem Gesichtspunkt getroffen, welche Periode den Archäologen am meisten interessiert bzw. welche Periode vom wissenschaftlichen Standpunkt aus noch ziemlich unbekannt ist, so daß von einer Grabung erwartet werden kann, daß die zukünftigen Funde diese Kenntnislücke schließen werden.

Nach der Auswahl eines Grabungsplatzes wird der betreffende Archäologe nicht umhinkönnen, sich um die Finanzierung seiner Grabung zu kümmern. Manche Länder, wie etwa die Bundesrepublik, haben archäologische Institute im Vorderen Orient, so etwa im Irak, Iran und der Türkei eingerichtet, und die Finanzierung einer Grabung wird dann mit den Haushaltsmitteln des dortigen Institutes durchgeführt. Wird dagegen ein solches Unterneh-

Abb. 35 Möbeleinlagen aus Nimrud: siehe Nr. 139, 140 ►

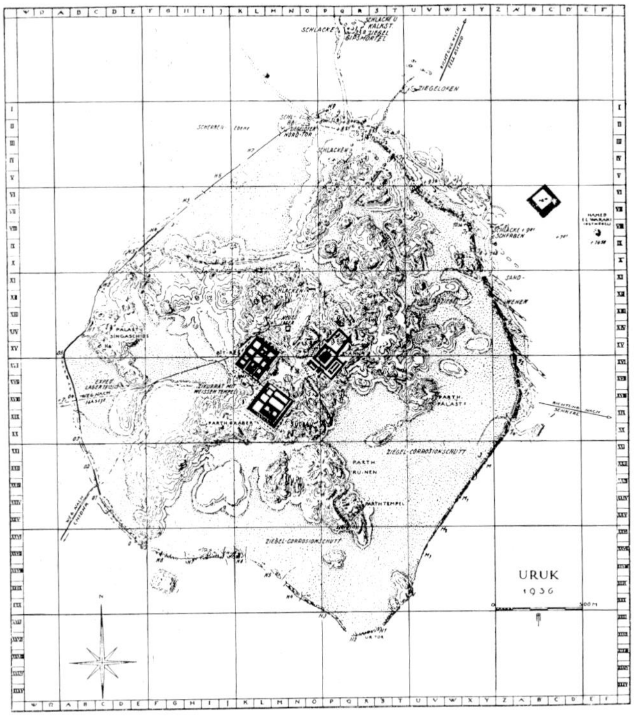

Abb. 37 Stadtplan von Uruk-Warka, großes Gitternetz über dem Grabungsplatz

men von einer Universität unternommen, so wird man sich bemühen müssen, das Geld von Stiftungen, Museen oder von Mäzenen zu erhalten.
Neben der Finanzierung muß sich der Leiter einer zukünftigen Grabung dann auch um die Zusammenstellung seiner »Grabungsmannschaft« kümmern. Neben einigen Archäologen wird immer mindestens ein Architekt, ein Photograph und Zeichner sowie ein Restaurator mitgenommen. Die Zusammensetzung und Größe einer solchen Mannschaft schwankt aber und hängt von dem Umfang und der Dauer der Grabung und auch den zur Verfügung stehenden finanziellen Mitteln ab. Vielfach ist es erforderlich, nach der ersten Grabungskampagne die Mannschaft durch Spezialisten wie z. B. Botaniker, Zoologen oder Keilschriftkundler zu ergänzen, weil auf diesen Gebieten in der ersten Kampagne umfangreiche Funde gemacht wurden.
Schließlich muß auch noch rechtzeitig vorher, d. h. etwa ein Jahr früher, bei den Behörden des Landes, in dem man graben will, eine Grabungslizenz beantragt werden.
Was nun die Grabungsmethode anbetrifft, so gibt es nicht eine einzige ausschließlich richtige; es hängt immer von den örtlichen Gegebenheiten und dem Zweck ab, der mit der betreffenden Grabung verfolgt wird. Die nachfolgenden Ausführungen sind daher bewußt allgemein gehalten.
Bevor man mit dem ersten Spatenstich beginnt, muß eine genaue Vermessung des Hügels vorgenommen worden sein, so daß später alle Funde und Befunde genau eingemessen werden können. Bei einer solchen Vermessung wird der Tell mit einem Gitternetz in Form von größeren Quadraten überzogen (Abb. 37), die ihrerseits wieder in kleinere Areale unterteilt sind, wobei zwischen je zwei angrenzenden Arealen eine Trennwand, ein Steg von ca. 1 m bis zum endgültigen Abschluß der Arbeiten stehen bleibt (Abb. 38, 39). Die Größe dieser Areale ist unterschiedlich. Unter normalen Umständen überschreitet sie eine Seitenlänge von 20 m nicht. Sie werden in der einen Richtung (etwa von Osten nach Westen) durch Buchstaben und in der anderen Richtung (also von Norden nach Süden) durch Zahlen gekennzeichnet: das ergibt so die Areale A1, A2, A3; B1, B2, B3 usw.
Bei hohen Tells wird vielfach mit einer Stufengrabung an einer Seite des Hügels begonnen, wobei die jeweiligen Stufen einer Besiedlungsschicht entsprechen sollten, d. h. also verschieden hoch sein können, da ja auch diese unterschiedlich stark ist. Auf diese Art und Weise kann man sich in kurzer Zeit einen gewissen Überblick über die Besiedlung des Tells verschaffen.
Danach beginnt man dann meistens mit einer Flächengrabung, indem man einige Areale angräbt. Eines der wichtigsten und auch schwierigsten Probleme bei vielen Grabungen im Vorderen Orient ist dabei das Auffinden von Lehmziegelmauern und das Verfolgen ihres weiteren Verlaufs sowie das Freilegen und Erkennen von Fußböden. Der Ausgräber muß sich immer darüber klar sein, daß Ausgraben Zerstören bedeutet, ein Rückgängigmachen bzw. eine Wiederherstellung des alten Zustandes ist nicht mehr möglich.

◀ Abb. 36 Möbelverzierung aus Nimrud: siehe Nr. 136

Abb. 38 Tell mit Grabungsarealen

Ein weiterer Punkt, der für den Erfolg einer Grabung von großer Wichtigkeit ist, ist die sogenannte Stratigraphie, die Lehre von den Erdschichten. Der Ausgräber muß in der Lage sein, die aufeinanderfolgenden Phasen in der archäologischen Geschichte eines Tells darzustellen, zu erkennen und zu interpretieren. Diese Beobachtung erfolgt an den Trennwänden der verschiedenen Areale, den vorerwähnten Stegen, die ja bei fortschreitender Ausgrabung immer mehr in die Tiefe gehen. An diesen Seitenwänden kann man die archäologische Geschichte des betreffenden Areals ablesen. Die Schichten unterscheiden sich üblicherweise durch Abweichung in der Farbe (etwa bei einer Brandschicht), im Material oder im Inhalt. Vielfach sind diese Unterschiede aber auch nur sehr geringfügig, so daß die Wände angefeuchtet oder mit einem Messer etwas angekratzt werden müssen, vielfach hilft auch eine Beobachtung zu verschiedenen Tageszeiten bei unterschiedlichen Lichtverhältnissen.

Neben der Schichtenbeobachtung ist es besonders die Keramik, die dem Archäologen wichtige Anhaltspunkte für die Auswertung seiner Grabung liefert. Keramik findet man durchweg bei einer Grabung in großen Mengen (Abb. 42), und so wird sie zwangsläufig zu einem wichtigen Hilfsmittel bei der Erkennung der Stratigraphie. Denn da sie sich in Form, Farbe und Dekor im Laufe der Zeit ändert, kann sie häufig bei der Bestimmung der Schichtenfolge dann entscheidend helfen, wenn etwa der Übergang von der einen zur anderen Schicht durch andere Hilfsmittel nicht mehr zu erkennen ist.

Das Ausgraben selbst ist aber nur ein Aspekt, daneben müssen ein Grabungstagebuch geführt, Pläne, Profile und Keramik gezeichnet und Kleinfunde, vor allem Keramik, restauriert werden.

Und was geschieht mit den gemachten Funden nach der Grabung? Dies ist eine Frage, die man oft als Archäologe hört. So leid es manchem tun wird: die Zeiten Schliemann's oder Layard's sind vorbei, d. h. die Zeiten, wo ein großer Teil der Funde von den Ausgräbern offiziell oder heimlich in deren Heimatländer mitgenommen wurde. Bis vor einigen Jahren gab es im Vorderen Orient in einzelnen Ländern noch eine Fundteilung: ein Teil verblieb im Lande, den anderen Teil konnte der Ausgräber mitnehmen. Eine solche Fundteilung gibt es heute jedoch nicht mehr; als letztes großes »Grabungsland« hat der Iran vor etwa zwei Jahren diese Fundteilung abgeschafft. Diese Situation, so bedauerlich sie für den einzelnen Archäologen auch sein mag – durch die Zurverfügungstellung mancher dieser Fundstücke an Museen im Heimatland erhielt er von diesen Mittel zur Durchführung seiner Grabung – hat auch einen großen Vorteil. Muß man heute, um sich ein Bild etwa über die altmesopotamische Kunst zu machen, zahlreiche Museen in Europa und den USA aufsuchen, von den Privat-

Abb. 39 Grabungsareale mit Planquadraten und Trennwänden

Abb. 40 Blick auf den Tell von Assur

sammlungen, die vielfach schwer zugänglich sind, gar nicht zu reden, so sind jetzt die neuen Funde an einer Stelle, etwa in dem großartigen neuen Museum in Bagdad konzentriert und geben einen wirklich repräsentativen Querschnitt über die Funde der letzten Jahrzehnte. Der Ausgräber hat daneben, wie eh und je, die Möglichkeit, während der Grabung die Funde zu zeichnen, zu vermessen und zu photographieren, so daß die wissenschaftliche Auswertung der Funde nach wie vor möglich ist.

Wir, d. h. vor allem die Europäer und Amerikaner, müssen uns mit dem Gedanken vertraut machen, daß die heutigen Länder des Alten Orients »selbständig« und sich ihrer Vergangenheit bewußt geworden sind. Dazu gehört aber auch, daß sie die Zeugnisse dieser, ihrer Vergangenheit im Lande behalten möchten, um sie dort der Öffentlichkeit zugänglich zu machen.

Das Ende einer Grabungskampagne, die normalerweise zwei bis drei Monate andauert, bedeutet aber noch nicht das Ende der Grabung. Es folgt der ebenso wichtige Teil neben der Feldarbeit: die Auswertung in Form der Dokumentation, d. h. das Abfassen eines Grabungsberichtes. Da eine Ausgrabung sich meistens über mehrere Kampagnen erstreckt, kann der Ausgräber am Ende einer Kampagne jeweils nur einen vorläufigen Grabungsbericht liefern. Erst nach Abschluß der letzten Kampagne kann der endgültige Grabungsbericht vorgelegt werden.

Eine wichtige Hilfe für die Ausgrabung selbst und für die später zu publizierenden Ergebnisse leisten seit einiger Zeit die Naturwissenschaften, z. B. bei der Auswertung von Tier-, Pflanzen- oder Skelettfunden. Denn auf diese Weise ist es vielfach möglich, die klimatischen Verhältnisse, die Fauna und Flora der damaligen Zeit zu rekonstruieren. Es soll weiter hier nur an die bekannte Radiocarbonmethode (oft auch als C^{14}-Methode bezeichnet) erinnert werden, die 1947 von dem Amerikaner Willard

Abb. 41
Statue eines
parthischen
Herrschers:
siehe Nr. 160

F. Libby erfunden wurde. Diese Methode beruht auf der Einlagerung radioaktiven Kohlenstoffes C^{14} in organischen Substanzen und auf der Tatsache, daß dieser Prozeß der Einlagerung oder Anreicherung mit C^{14} mit dem Absterben des Lebewesens (Pflanze, Tier oder Mensch) abbricht. Bei organischen Substanzen, die man nun bei einer Grabung findet, wie etwa Holzbalken, Zähnen, Pflanzenresten, Menschen- oder Tierknochen, kann mittels eines chemisch-physikalischen Verfahrens eine Altersbestimmung vorgenommen werden, so daß der Ausgräber die betreffende Schicht, in der solche organischen Substanzen gefunden worden sind, datieren kann. Allerdings muß immer mit einer Abweichung von einigen Jahrzehnten bis zu mehreren Jahrhunderten nach oben oder unten gerechnet werden. Ein solches C^{14}-Datum lautet dann etwa: Schanidar B1 8935 ± 300. Schanidar ist dabei ein Fundfort im nördlichen Mesopotamien, B1 die Schicht und 8935 ± 300 die gewonnene Datierung, und zwar vor unserer Zeitrechnung mit einer Schwankung von 300 Jahren nach oben und nach unten. Die Schwankung im vorliegenden Fall ist natürlich recht beachtlich. Andererseits ist sie aber bei einem so hohen Alter der betreffenden Schicht nicht so gravierend. Bei Datierungen dagegen etwa um 1000 v. Chr. fällt eine solche zeitliche Differenz von 300 Jahren natürlich viel mehr ins Gewicht und schränkt die Verwertbarkeit eines solchen Radiocarbondatums sehr ein.

Für diese jüngeren Zeitepochen ist der Archäologe daher auf andere Hilfsmittel angewiesen, um zu einer absoluten Chronologie zu gelangen. Für Mesopotamien etwa besitzen wir von den Assyrern und Babyloniern durch die zahlreichen Ausgrabungen Quellen in Form von Tontafeln mit Keilschrifttexten, die uns z. B. in den »Königslisten« nach Dynastien geordnete Verzeichnisse der Könige mit ihren Regierungszeiten liefern, d. h. dadurch erhielt man eine relative Chronologie der verschiedenen Dynastien im Zweistromland; was fehlte, waren Fixdaten, um eine absolute Chronologie zu erhalten. Diese hat dann die Forschung durch gefundene astronomische Keilschrifttexte erlangt: so berichtet ein Text etwa von einer Sonnenfinsternis in der Stadt Assur. Die moderne Astronomie konnte nun diese Sonnenfinsternis auf den 15. Juni 763 v. Chr. 10.05 Uhr festlegen. Eine andere Quelle berichtete von einer Mondfinsternis, die im siebten Regierungsjahr des persischen Königs Cambyses II. stattgefunden habe. Die Astronomen bestimmten sie für das Jahr 523 v. Chr., und zwar begann sie am 16. Juli abends um 9.15 Uhr und endete am 17. Juli um 1.11 Uhr. Solche genauen Fixdaten erlaubten der Forschung nun die Aufstellung einer absoluten Chronologie, die für Mesopotamien anhand der assyrischen und babylonischen Königslisten etwa bis zum Jahre 1450 v. Chr. mit einer Fehlerquelle

Abb. 42 Das Bergen von Keramik in einem Grabungsareal

von maximal zehn Jahren zurückreicht. Erst danach beginnen die großen Schwierigkeiten, es ist die Zeit der Kassiten, eines Volkes, das aus den Zagrosbergen, dem großen Gebirgszug, der Mesopotamien von dem iranischen Hochland trennt, kam und für einige Zeit große Teile Mesopotamiens besetzte. Leider kennen wir immer noch nicht die genaue Dauer dieses sogenannten »dunklen Zeitalters«, um den Anschluß an die vorher herrschenden Dynastien wie etwa die von Hammurapi, die 3. Dynastie von Ur und die Sargons von Akkad zu bekommen, die ihrerseits wiederum in sich chronologisch gesehen gesichert sind. Je mehr wir also von 1450 v. Chr. ab in die Vergangenheit gehen, um so ungenauer werden die absoluten Daten. So arbeitet die Forschung für diese älteren Perioden heute mit drei Chronologien: der »langen«, »mittleren« und »kurzen« Chronologie, die bis zu maximal 200 Jahren (Unterschied zwischen »kurzer« und »langer« Chronologie) differieren. Es sei schon hier darauf hingewiesen, daß in diesem Katalog mit den Daten der »mittleren« Chronologie gearbeitet wird. Für die noch älteren Perioden ab dem 3. Jahrtausend v. Chr. gewinnt dann die Radiocarbonmethode immer mehr an Bedeutung.

Eine andere neue naturwissenschaftliche Methode neben der Radiocarbonmethode, die eine unabhängige Datierung erlaubt, ist die Thermolumineszenz-Methode. Sie wurde in den fünfziger Jahren dieses Jahrhunderts von dem Amerikaner Farrington Daniels entwickelt und wird benutzt, um Keramik zu datieren. Man geht dabei davon aus, daß alle Keramik gewisse radioaktive Verunreinigungen enthält. Diese aufgespeicherten Energien werden bei Erhitzung in Form von Strahlen frei: der sogenannten Thermolumineszenz. Diese kann gemessen werden, und es ist dann möglich, mit einer Fehlerquelle von ca. 7 % das Alter zu errechnen. Die Thermolumineszenz-Methode spielt vor allem heute eine wichtige Rolle bei dem Aufdecken von gefälschter Keramik. So haben z. B. vor einigen Jahren Untersuchungen von auf dem Kunstmarkt angebotenen sehr teuren Statuetten und Gefäßen aus Haçilar (Grabungsort in Anatolien mit Funden aus dem 7./6. Jahrtausend) in einem Laboratorium in Oxford ergeben, daß von 66 Objekten nur 16 echt waren!

Mag die zunehmende Verwendung von naturwissenschaftlichen Methoden – auch Datenverarbeitung und die Statistik spielen neuerdings bei der Auswertung von archäologischen Funden eine große Rolle – manchem Archäologen etwas suspekt erscheinen und mögen sie glauben befürchten zu müssen, daß die Archäologie bald zu den Natur- und nicht mehr zu den Geisteswissenschaften zu rechnen ist, so ist diese Befürchtung meines Erachtens unbegründet. Die Vorderorientalische Archäologie mit ihren Ausgrabungen in Ländern, die auch heute vielfach nur teilweise bekannt sind, wird noch für längere Zeit – hoffentlich – den »Duft der großen weiten Welt« verbreiten und sich nicht von den Naturwissenschaften »auffressen« lassen; andererseits sollte das Fach die Möglichkeit interdisziplinärer Forschung ausnutzen, weil sonst die Gefahr der Isolation besteht.

Literatur

HACHMANN, R., Vademecum der Grabung Kamid el-Loz, Bonn 1969

LLOYD, S., Mounts in the Near East, Edinburg 1963

WHEELER, M., Moderne Archäologie, rororo 1960

NIEMEYER, H. G., Einführung in die Archäologie, Darmstadt 1968

POTRATZ, J. A., Einführung in die Archäologie, Stuttgart 1962

Methoden der Archäologie, Eine Einführung in ihre naturwissenschaftlichen Techniken, herausg. von B. HROUDA, München 1978

Klaus Schippmann

Georg Friedrich Grotefend (1775–1853)

Georg Friedrich Grotefend erster Entzifferer der Keilschrift

Als am 9. Juni 1775 dem Schuhmachermeister Johann Christian Grotefend in Hannoversch-Münden in der Ziegelstraße 37 sein sechstes Kind geboren wurde, konnte er nicht ahnen, daß der kleine Georg Friedrich als erster Entzifferer der Keilschrift Weltruhm erlangen sollte. Auf den Tag zweihundert Jahre danach ließ deshalb die Stadt Göttingen eine Ehrentafel an dem Haus in der Gotmarstraße anbringen, das die Stätte seiner genialen wissenschaftlichen Pioniertat bezeichnete.
Die Mutter Sophie Regine geb. Wolff, Tochter auch eines Schuhmachermeisters, drang darauf, daß der junge Georg Friedrich die höhere Schule besuchte. Mit zwanzig Jahren (1795) bezog er die Universität Göttingen und studierte zunächst Theologie und Philosophie. Schon damals gewann er die Zuneigung und Förderung bedeutender Gelehrter (Tychsen, Heyne, Heeren). Bereits nach vier Semestern (1797) wurde Georg Friedrich Grotefend als Lehrer für Latein und Griechisch am Göttinger Gymnasium angestellt. Sein Gehalt, 46 Taler jährlich, ermöglichte ihm die Fortsetzung seiner Studien. Nach acht Semestern (1799) veröffentlichte er eine lateinische Abhandlung über eine Schrift, die allen Völkern verständlich sein sollte. Hier ahnt man schon Grotefends besondere Begabung. Sie befähigte ihn im Jahre 1802, in Göttingen als erster Keilschrift zu entziffern. Er war damals 27 Jahre alt.
Schon ein Jahr danach erhielt Grotefend einen Ruf als Prorector an das Gymnasium in Frankfurt am Main. Nach zwei weiteren Jahren, 1805, verheiratete er sich mit der Göttinger Kaufmannstochter Christiane Bornemann, die ihm fünf Söhne und zwei Töchter gebar. Im Jahre 1820 ernannte ihn die Göttinger Akademie der Wissenschaften zum korrespondierenden Mitglied. Ein Jahr darauf wurde er als Direktor an das Lyceum nach Hannover berufen.
Als Grotefend am 2. Februar 1848 dort sein goldenes Dienstjubiläum begehen konnte, wurde er zum Schulrat ernannt, was damals noch ein höchst seltener Titel war. Die Stadt Hannover machte ihn zu ihrem Ehrenbürger. Fünfundfünfzig Jahre hindurch war Grotefend wissenschaftlich und literarisch tätig gewesen. Die Universität Marburg hatte ihn zum Dr. phil. ehrenhalber promoviert. Auch war er von gelehrten Gesellschaften in Berlin, London, Dublin und Kopenhagen zum Mitglied gewählt worden. Besondere Verdienste errang sich Grotefend durch seinen Anteil an Gründung und Entfaltung der Gesellschaft für ältere deutsche Geschichtskunde, welche seit 1819 die berühmten *Monumenta Germaniae Historica* herausgibt, eine umfassende Sammlung der Quellen zur Geschichte des deutschen Mittelalters.
Doch trotz seiner zahlreichen Veröffentlichungen

blieb Grotefends Ruhm bei Mit- und Nachwelt an der Großtat vom Jahre 1802 in Göttingen haften – an dem ersten geglückten Versuch, Keilschrift zu entziffern. Grotefend starb am 15. Dezember 1853 in Hannover im Alter von 78 Jahren.

Grotefends genialer Entzifferungsversuch

In den Museen und Sammlungen der Welt lagern aus archäologischen Grabungen schätzungsweise eine halbe Million Tontafeln mit Keilschrifttexten. Dieser ungeheure Quellenstoff zu Geschichte und Kultur des Altertums würde bis heute nutzlos – weil unentziffert – verstauben, wäre nicht seinerzeit Darius der Große auf den Gedanken verfallen, seine Inschriften *dreisprachig* in Stein meißeln zu lassen, nämlich auf Persisch, Elamisch[16] und Babylonisch. Ohne Darius wüßten wir somit so gut wie nichts von Sumerern und Babyloniern, von Assyrern und Hethitern, von Elamern und Persern.
Denn anders als bei der Entzifferung der ägyptischen Hieroglyphen kam den Keilschriftforschern keine Urkunde mit griechischer Übersetzung zu Hilfe. Es wäre aber völlig unmöglich gewesen, die babylonisch-assyrische Keilschrift mit ihren Hunderten von Silben- und Wortzeichen *aus sich heraus* zu entziffern. Auch die aus ihr abgeleitete elamische Keilschrift mit ihren rund 140 Zeichen hätte sich einem solchen Versuch entzogen.
Zum Glück für die Wissenschaft hatte es Darius verdrossen, daß die Perser seines Weltreiches zur Zeit, da er die Macht an sich brachte, noch immer keine eigene Schrift besaßen. Daher gab er im Jahre 520 v. Chr. seiner Kanzlei Befehl, unverzüglich auch eine persische Keilschrift zu ›erfinden‹. Verblüfft über diesen Auftrag setzten sich seine elamischen und aramäischen Schreiber zusammen und entwarfen hastig eine neue, künstliche Keilschrift, einen unbefriedigenden Zwitter aus Silben- und Buchstabenschrift. Sie hatte aber den Vorzug, aus nur 37 Zeichen zu bestehen, und diese verhältnismäßig einfache persische Keilschrift konnte dann im 19. Jahrhundert tatsächlich aus sich heraus entziffert werden. Dadurch gelang es dann in zäher Forschungsarbeit, auch alle anderen, verwickelten Keilschriften zu entschlüsseln. Der erste, der sich mit Erfolg an die Entzifferung der persischen Keilschrift wagte und damit zum Pionier aller Keilschriftwissenschaft wurde, war, wie oben schon erwähnt, Georg Friedrich Grotefend in Göttingen.
Das ganze hatte mit einer Art Wette begonnen. An einem Julitag des Jahres 1802 machte Grotefend einen Spaziergang – wir dürfen annehmen: im Hainberg – mit seinem Freunde Rafaello Fiorillo, dem Sekretär der Königlichen Bibliothek zu Göttingen. Die beiden gerieten in einen Wortstreit darüber, ob es möglich sei, eine Inschrift zu entziffern, von der weder Schrift noch Sprache noch Inhalt bekannt sind.
Grotefend, der sich gerne mit Rätseln, Rebus und Geheimschriften abgab, behauptete, solches sei möglich. Da erwiderte Fiorillo lebhaft: »Das kannst du mir am besten dadurch beweisen, daß du zum Beispiel eine der Keilschriften entzifferst! . . .« Obwohl Grotefend keine orientalistische Ausbildung besaß, nahm er die Herausforderung an unter der Bedingung, daß Fiorillo ihm alle dazu nötigen Unterlagen zur Verfügung stelle. Dieser willigte freudig ein. »Nachdem dies geschehen war«, so berichtet Grotefend in der Einleitung zu seiner ersten Abhandlung über seinen Entzifferungsversuch, »habe ich mit Hilfe meines Freundes jene Schriftart, welche bereits der hochberühmte O[luf] G[erhard] Tychsen [Professor in Rostock] zu lesen versucht hatte, als die leichteste von allen in Angriff genommen.« Diese leichteste der drei Keilschriften war wie erwähnt die altpersische.
Grotefend wohnte damals im Hause Nr. 518 in der Gotmarstraße, das dem Universitäts-Procurator G. A. Oppermann gehörte. Dorthin schleppte nun Fiorillo die benötigten Unterlagen, darunter als wichtigste den Reisebericht von Carsten Niebuhr. Dieses Werk enthält sehr schön gezeichnete Keilinschriften aus Persepolis, darunter auch die S. 63

[16] Elamisch war die Sprache der Vorbewohner Südirans vor der Einwanderung der Perser um 700 v. Chr.

wiedergegebene Inschrift B (Tab. XXIV). Das Haus, in welchem im August 1802 zum erstenmal auf der Welt Keilschrift entziffert wurde, ist allerdings 1932 abgerissen worden; der Neubau, jetzt Gotmarstraße 8, beherbergt einen Teil der Göttinger Stadtverwaltung. Wenige Häuser weiter wohnte Professor Thomas Chr. Tychsen, ein Namensvetter des Rostocker Orientalisten; er war der Vater der damals sechsjährigen Cecilie, die später als ›bezauberte Rose‹ gefeiert wurde – darauf verweist noch heute eine Tafel am Hause Gotmarstraße 3. In Thomas Tychsen hatte Grotefend anscheinend einen Gönner gefunden, denn er hat am 4. September 1802 dessen ersten vorläufigen Bericht über seinen Entzifferungsversuch der Göttinger Akademie der Wissenschaften vorgetragen. Auch hat Thomas Tychsen zwei Wochen später einen deutschen Auszug daraus in den ›Göttingischen Gelehrten Anzeigen‹ (Seite 1481–87) veröffentlicht. Die lateinische Abhandlung Grotefends freilich – in der Abschrift des Sekretärs Johannknecht – hat die Akademie erst neunzig Jahre später in Druck gegeben. Die von W. Meyer 1893 besorgte Ausgabe »G. Fr. Grotefends erste Nachricht von seiner Entzifferung der Keilschrift« ist 1972 von der Wissenschaftlichen Buchgesellschaft in Darmstadt als handliches Bändchen neu herausgebracht worden.

Nun aber zurück zu Grotefends Wette. In einem Zeitraum von knapp sechs Wochen gelang es ihm tatsächlich, die Grundzüge der altpersischen Keilschrift zu entziffern.

Wie war Grotefend dieser geniale Wurf geglückt? Ausgegangen war er hauptsächlich von der hier wiedergegebenen Inschrift B aus dem Tafelwerk des Orientreisenden Carsten Niebuhr. Aus dessen »Reisebeschreibung nach Arabien und anderen umliegenden Ländern« (Band II, Kopenhagen 1778, Seite 138) wußte Grotefend, daß die Inschrift aus Persepolis nördlich von Schiras stammte und sich über dem Relief eines Königs an einer Türlaibung befand. Daraus folgerte er, daß es sich bei dieser Inschrift sehr wahrscheinlich um die eines Königs aus dem Herrscherhaus der Achämeniden (550–330 v. Chr.) handelte.

Die eigentliche Entzifferungsarbeit begann bei Grotefend mit seiner aus dem Studium zahlreicher Inschriften gewonnenen Einsicht, daß die Keilschrift *von links nach rechts* zu lesen ist. Also muß man auch in unserer Inschrift B (Abb. 43) links oben beginnen. Schon vor Grotefend hatten Oluf Tychsen in Rostock und Frederik Münter in Kopenhagen in dem alleinstehenden schrägen Keil (z. B. am Ende der ersten Zeile unserer Abbildung) einen *Worttrenner* erkannt. Die erste Zeile enthält somit *zwei* Wörter. So weit, so gut.

Ich möchte Sie als Leser oder Leserin dazu ermuntern, sich in die Lage Grotefends zu versetzen und wie er zu versuchen, dem Geheimnis der persischen Keilschrift auf die Spur zu kommen. Denn an diesem Punkt unserer Überlegungen angelangt, sind die Voraussetzungen dafür für Sie dieselben, wie damals, 1802, für Grotefend.

Am besten nehmen Sie einen Stift zur Hand und bringen eine erste Ordnung in das Chaos der Keilzeichen, indem Sie die sieben Keilzeichen der zweiten Hälfte von Zeile 1 mit einem Kästchen umrahmen – also das zweite Wort in Zeile 1. Wenn Sie das gemacht haben, dann lassen Sie Ihr Auge über die zweite Zeile schweifen. Dabei werden Sie unfehlbar merken, daß das von Ihnen eingerahmte Wort auch in dieser zweiten Zeile vorkommt, ziemlich genau in der Mitte, zwischen zwei Worttrennern oder Schrägkeilen. Stimmt es? Dann rahmen Sie auch in der zweiten Zeile unser Wort ein. Aber damit ist die Sache mit diesem Wort nicht erledigt, denn Sie werden beobachten, daß auch die letzten drei Zeichen von Zeile 2 zu unserem Wort gehören. Dieses setzt sich zu Beginn der Zeile 3 fort. Allerdings zählt es jetzt nicht mehr nur – wie bisher – sieben Zeichen, sondern es sind bis zum schließenden Worttrenner volle elf Zeichen. Mit anderen Worten: an unser Wort ist jetzt offenbar noch eine aus vier Zeichen bestehende Endung hinzugetreten. Nach besagtem Worttrenner, ziemlich genau in der Mitte von Zeile 3, folgt unser Wort abermals, abgeschlossen durch einen Worttrenner ganz am Ende von Zeile 3.

Was kann das für ein Wort gewesen sein, das in drei Inschriftzeilen viermal vorkommt? In seiner richtigen Deutung liegt der Schlüssel für die gesamte

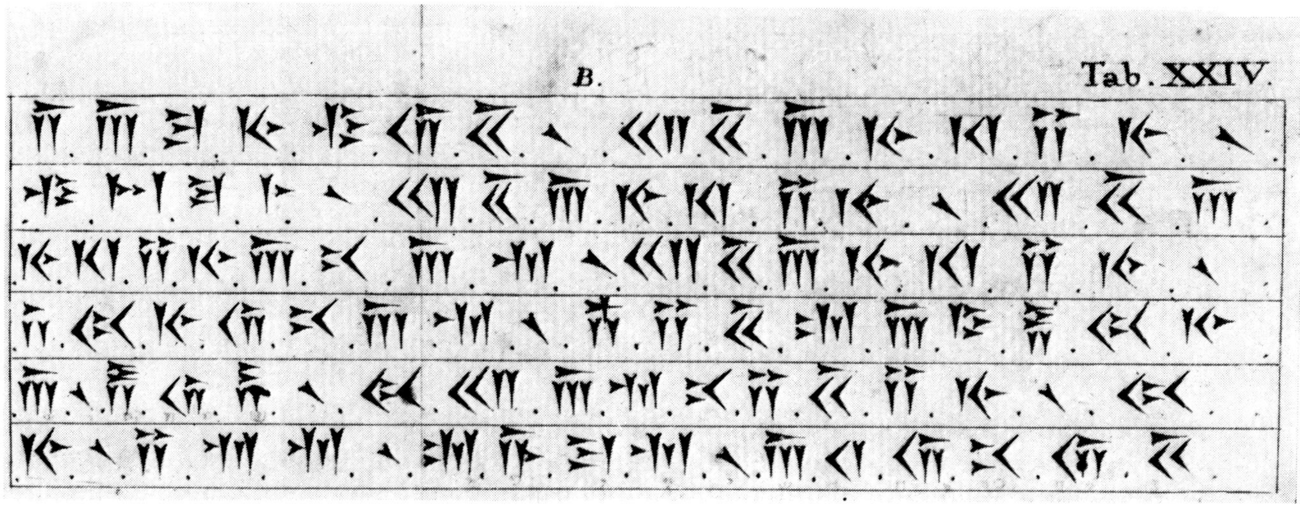

Abb. 43 Inschrift B des Darius aus Persepolis

Entzifferung. Was würden Sie für dieses so häufig auftauchende Wort ansetzen?
Bei seinen Überlegungen kam Grotefend die Inschrift eines Sasanidenherrschers aus dem 3. nachchristlichen Jahrhundert zu Hilfe. König Schapuhr I. hatte in einem Felsrelief in der Nähe von Persepolis auf sein Roß eine dreisprachige Inschrift meißeln lassen – auf mittelpersisch, parthisch und griechisch. Darin kommt anschließend an den Namen des Herrschers sein Titel ›König der Könige‹ vor . . . Schon Frederik Münter war um Haaresbreite für unser Problemwort an die richtige Schlußfolgerung herangekommen, hatte sie dann aber verworfen. Grotefend jedoch wurde angesichts dieses persischen Königstitels blitzartig klar, daß unser so oft vorkommendes Wort aus sieben Keilzeichen nur das altpersische Wort für ›König‹ sein konnte! Da, wo es zweimal hintereinander erscheint, mußte also der altehrwürdige persische Titel ›König der Könige‹ gemeint sein.
So (scheinbar) einfach war die alles weitere bedingende Erkenntnis der Bedeutung unseres Problemwortes. Der nächste Schritt mußte folgerichtig darin bestehen, in unserer Inschrift B in der ersten Zeile, vor dem ersten Vorkommen des Wortes ›König‹, den Namen des Herrschers zu ermitteln, der die Inschrift in seinem Palast zu Persepolis hatte anbringen lassen. Doch schon ehe Grotefend daran ging, war ihm klar geworden, daß der Inhalt der Inschrift ungefähr so lauten mußte: »X, der mächtige(?) König, König der Könige, König der . . ., Sohn des Y.« Bald darauf erkannte ein sachverständiger Bekannter Grotefends, dessen Namen wir nicht kennen, daß an die Stelle der Pünktchen wahrscheinlich das Wort ›Völker‹ (genauer: ›Länder‹) zu setzen war. So vermochte Grotefend tatsächlich, den ungefähren Inhalt der Inschrift B – ihren Schluß ausgenommen – richtig zu deuten, *noch ehe er ein einziges Keilzeichen entziffert hatte. . . .*
Den Lautwert der einzelnen Keilzeichen zu ermitteln, konnte indes nur dann gelingen, wenn die in der Inschrift genannten Personen richtig bestimmt waren. Fest stand jedenfalls soviel, daß die Inschrift B mit dem Namen eines Achämeniden-Königs begann. Durch scharfsinnige vergleichende Untersuchungen fand Grotefend heraus, daß dafür kein anderer als Darius in Frage kam. Jetzt aber stellte sich ihm die heikle Aufgabe, herauszufinden, wie dessen Name auf altpersisch gelautet haben mochte. Denn dafür kam weder lateinisch *Darius* noch griechisch *Dareios* in Frage. Nach langem Grübeln verfiel Grotefend auf eine Namensform *Dârheûsch.* Diese lehnte sich zwar ungefähr an die biblische Form *Dârjâwesch* an, doch leider nicht

genau genug: er meinte nämlich, der vierte Buchstabe in diesem Namen müsse ein *h* sein, und das war verfehlt.

Immerhin: entsprechend seiner Namensform *Dârheûsch* las Grotefend nun das erste Zeichen unserer Inschrift B als *d*, das zweite als *â*, das dritte als *r*, das sechste als *u*, das siebte, letzte als *sch* – und das war tatsächlich richtig! Er irrte lediglich bei den Zeichen vier und fünf. Allein, er konnte ja nicht wissen, daß der altpersische Name des Darius eben nicht *Dârheûsch* lautete, sondern *Dârayavahusch.* Auch konnte er nicht ahnen, daß in der so unzulänglichen persischen Keilschrift *h* vor *u* nicht geschrieben wird, und es stellte sich auch erst viel später heraus, daß in dieser Schrift die Zeichen im allgemeinen wohl als Buchstaben zu lesen sind, vielfach aber zugleich auch als Silben. So steht zum Beispiel das Zeichen *n* auch für die Silben *na* und *ni.* Gleichwohl war es Grotefend auf Anhieb gelungen, von den sieben Zeichen des Darius-Namens fünf zu entschlüsseln – eine beachtliche Leistung!

Das entscheidend Wichtige dabei war, daß diese Versuche grundsätzlich in die richtige Bahn wiesen. Es gelang Grotefend im Jahre 1802, insgesamt zehn altpersische Keilzeichen zu entziffern, nämlich außer den fünf schon erwähnten noch *f, ch, p, s* und *t,* sowie das Wortzeichen für ›König‹; dazu kam im Jahr 1815 noch das Zeichen *k(u).* Es bedurfte der mühsamen Forschungen von zehn weiteren Gelehrten, um schließlich auch die übrigen 26 Zeichen der altpersischen Keilschrift und deren vier weitere Wortzeichen zu entziffern. Diese Arbeit war erst 1847 abgeschlossen.

Grotefends bleibendes Verdienst ist es, fast ein Drittel der Zeichen der altpersischen Keilschrift entschlüsselt und damit der Entzifferung aller Keilschriften erfolgreich den Weg gewiesen zu haben.

Für den an Keilschrift interessierten Leser füge ich hier noch (als Probe) die erste Zeile unserer Inschrift B in heutiger Umschrift an: d â r y v u sch : ch sch â y th i y (wobei *th* dem englischen Laut in *think* entspricht) = *Dârayavahusch : chschâyathiya* = ›Darius der König‹.

Walther Hinz

Rollsiegel

Siegel sind in Mesopotamien schon lange Zeit vor der Erfindung der Schrift in Gebrauch gewesen. Sie dienten zur Kennzeichnung des Eigentums und später auch zur Bestätigung von Dokumenten, hierin also nicht so sehr dem heutigen Gebrauch von Siegelringen vergleichbar als vielmehr unserer Unterschrift. Die frühesten mesopotamischen Siegel sind die amulettartigen Stempelsiegel des nordmesopotamischen Raumes aus der Steinkupferzeit. Das Rollsiegel, das noch vor der Erfindung der Schrift aufkam, verdrängte das Stempelsiegel fast völlig.

Erst vom 9. Jh. v. Chr. an werden wieder Stempelsiegel benutzt, da sie zum Siegeln von Papyrusdokumenten, die damals zusammen mit der aramäischen Schrift Verbreitung gewannen, wesentlich geeigneter sind als die Rollsiegel. In der Perserzeit (etwa ab der Mitte des 6. Jh. v. Chr.) erleben die Stempelsiegel schließlich ihre weiteste Verbreitung. Das Rollsiegel hat die Form eines Zylinders, der – außer in ganz früher Zeit – mit einer Längsdurchbohrung versehen ist. Das Siegel konnte somit an einem Band um den Hals getragen werden wie ein Schmuckstück; vielleicht hatte es zu Zeiten auch die Funktion eines beschützenden Amulettes. Das Rollsiegel hatte gegenüber dem Stempelsiegel den Vorteil, daß es, wenn man es auf feuchtem Ton abrollte, viel größere Flächen bedecken konnte als dieses und daher zum Siegeln noch ungebrannter oder ungetrockneter Tontafeln oder zum Versiegeln von Krugverschlüssen aus Ton und bei ähnlichen Gelegenheiten wesentlich praktischer war.

Als Material zur Herstellung von Rollsiegeln verwendete man vor allem Stein, der an sich schon in dem steinlosen Schwemmland Mesopotamiens einen gewissen Wert besaß, aber auch Halbedelsteine und andere wiederstandsfähige Materialien wie Knochen, Horn, Metall, Muschel, Elfenbein oder auch künstliche Stoffe, wie z. B. Glaspaste (Fritte), Glas und natürlich auch einfach gebrannten Ton.

Abb. 44 Fragment eines Tonklumpens mit antiker Siegelabrollung, der als eine Art »Plombe« diente. Die Inschrift erwähnt Schudurul, den letzten König von Akkad (ca. 2200 v. Chr.)

Die äußere Fläche der Siegelzylinder wurde gewöhnlich mit einer spiegelverkehrt und vertieft eingeschnittenen bildhaften oder ornamentalen Darstellung versehen. Ebenso wie die Technik der Steinschneidekunst wechselte auch die Vorliebe für bestimmte Motive im Laufe der Zeit. Am häufigsten findet man Tiermotive oder Tierszenen und Themen aus der Mythologie der Sumerer, Babylonier und Assyrer. Solche Szenen sind uns oft noch nicht völlig verständlich, da unsere Kenntnis der altorientalischen Mythen und Sagen naturgemäß unvollständig ist.

Gerne arbeitete man auch Inschriften in das Siegelbild ein. Sie konnten den Namen des Besitzers und eventuell seinen Titel enthalten, oder auch eine Anrufung an eine Gottheit, unter deren besonderem Schutz der Träger des Siegels stehen wollte. Der künstlerische Stil der Bildgestaltung machte mannigfache Entwicklungen durch, die in der hier gezeigten Auswahl nur angedeutet werden können. Regionale und zeitliche Besonderheiten erlauben es dem Fachmann, ein Rollsiegel auch ohne Kenntnis des archäologischen Fundzusammenhanges zu datieren und einem bestimmten Herkunftsgebiet zuzuweisen.

Ebenso wie Privatleute führten auch Könige und sogar die Götter ein Siegel, letztere wohl vertreten durch die Priesterschaft der Tempel. Vom 2. Jahrtausend an waren Rollsiegel so häufig, daß man auf eine regelrechte Massenproduktion schließen kann. Der griechische Schriftsteller Herodot, der Babylon im 5. Jh. v. Chr. aufsuchte, berichtet, daß jedermann in Babylonien ein Siegel führte.

Das Rollsiegel ist eine ganz eigentümliche Schöpfung der altmesopotamischen Kultur, ein Bereich der Kleinkunst von hohem Reiz. Vor allem im 2. Jahrtausend war das Rollsiegel weit über die Grenzen Mesopotamiens hinaus verbreitet. So wurden auch in Syrien und Palästina, Kleinasien und sogar in Griechenland Rollsiegel gefunden, die von den weitreichenden Handelsbeziehungen der altorientalischen Staaten ebenso Zeugnis ablegen wie von dem Einfluß der mesopotamischen Kultur auf die benachbarten Länder.

Literatur:
Standardwerke über die mesopotamischen Rollsiegel sind: H. FRANKFORT, *Cylinder Seals,* London 1939 (Reprint 1965) und A. MOORTGAT, *Vorderasiastische Rollsiegel,* Berlin 1940 (Nachdruck 1966). – Für die Siegel der Akkad-Zeit, der einige der hier gezeigten Stücke angehören, ist grundlegend R. M. BOEHMER, *Die Entwicklung der Glyptik während der Akkad-Zeit,* Berlin 1965.

Wolfgang Schramm

Die Keilschrift

Die altmesopotamische Schrift hat ihren Namen von den keilförmigen Eindrücken des kantigen Schreibgriffels im Ton, dem im Zweistromland überall verfügbaren Schreibmaterial. Für die Anfänge der Schrift ist die Bezeichnung »Keilschrift« freilich irreführend, da die frühesten bekannten Texte aus der Stadt Uruk, dem biblischen Erech, zumeist bildhafte, oft aus durchgezogenen Linien geformte Zeichen verwenden, die noch nicht das eckige Asssehen der späteren Keilschriftzeichen haben (siehe Abb. 45).
Diese frühesten Texte sind Aufzeichnungen der Wirtschaftsverwaltung aus der Zeit um 3200 v. Chr., abgefaßt wahrscheinlich in sumerischer Sprache. Lesbar sind die Täfelchen für uns noch nicht: wir erkennen zwar die Zahlzeichen (längliche oder runde Eindrücke) und die Wortzeichen für die gezählten Gegenstände, ohne jedoch über die Aussprache der Zeichen Bescheid zu wissen. Der Grund hierfür liegt vor allem in der Tatsache, daß diese frühesten (archaischen) Texte nur den Begriff notieren, nicht aber die Lautung. Ganz ähnlich verhält es sich übrigens auch noch mit unseren heutigen »Zahlzeichen«: Die Ziffer »2« kann auch »two«, »deux«, »due« usw. ausgesprochen werden, während die Buchstabenfolge »zwei« die Lautung eindeutig festlegt. Das eben beschriebene System der Schreibung mit Wortzeichen ist für die Niederschrift einfacher Buchungsvorgänge, z. B. Lieferungs- oder Eingangsvermerke und Quittungen, ausreichend, sofern nur eine genügend große Anzahl von Wortzeichen für die zu notierenden Gegenstände zur Verfügung steht. Dies war in der Anfangsphase der altmesopotamischen Schrift offenbar der Fall; man schätzt den damaligen Bestand auf ca. 2000 Zeichen. Die Schrift wurde also erfunden, um den Bedürfnissen der komplexen Wirtschaftsverwaltung zu entsprechen.
Eine Schrift, die nur aus Wortzeichen besteht, hat jedoch große Nachteile. Abgesehen davon, daß die Anzahl der benötigten Zeichen immer größer wird, die Schrift also immer schwerer zu erlernen und zu beherrschen ist, lassen sich Eigennamen, abstrakte Begriffe und vor allem die grammatischen Endungen von Wörtern nur sehr schwer wiedergeben. Dadurch ist die Aufzeichnung zusammenhängender Texte nicht ohne weiteres möglich. Folgerichtig entwickelte die altmesopotamische Schrift bereits im frühen 3. Jahrtausend die Möglichkeit, bestimmte Zeichen auch ihrer Aussprache – und nicht mehr nur ihrer Bedeutung – nach in den Text einzufügen. So konnte z. B. das Zeichen »TI« (»Pfeil«) zum Ausdruck des ähnlich klingenden Wortes »TI(L)« (»leben«) eingesetzt werden. Damit verfügte man über Silbenzeichen, die eine lautliche Fixierung der Sprache zuließen. Die mesopotamische Keilschrift ist bis zuletzt dem hiermit gefundenen Prinzip der kombinierten Wort- und Silbenschrift treu geblieben.
Parallel zu dieser Veränderung des Schriftsystems vollzog sich eine Veränderung der Schriftform. Hatte man die Zeichen zunächst, rechts auf dem Täfelchen beginnend, von oben nach unten geschrieben, so drehte man nunmehr die Tafel um 90° nach links, so daß die Zeichen gleichsam liegend in links beginnende Zeilen gesetzt wurden. Diese Drehung der Schriftrichtung dürfte praktische Gründe gehabt haben: beim Beschriften größerer Tafeln wurde nämlich die ursprüngliche Handhabung offenbar zu umständlich. Die Erinnerung an die alte, senkrechte Anordnung der Zeichen bleibt jedoch noch lange erhalten, so daß sogar im 2. Jahrtausend noch monumentale Inschriften auf Stein gelegentlich in dieser alten Anordnung beschriftet wurden, wie z. B. die Stele mit den Gesetzen des altbabylonischen Königs Hammurapi (18. Jh. v. Chr.). Aber auch die Form der Zeichen selbst änderte sich. Man ging ebenfalls schon im frühen 3. Jahrtausend davon ab, die gekrümmten Linien der Zeichen in den Ton zu ritzen, da dies nur relativ langsam zu bewerkstelligen ist, und zerlegte solche gekrümmten Linien in einzelne Eindrücke des Griffels. Da die Spitze des Griffels, der einen annähernd dreikantigen Querschnitt hat, hierbei am tiefsten in den Ton eindringt, entstehen nun die charakteristischen keilförmigen Eindrücke, die der altmesopotamischen Schrift zu ihrem Namen ver-

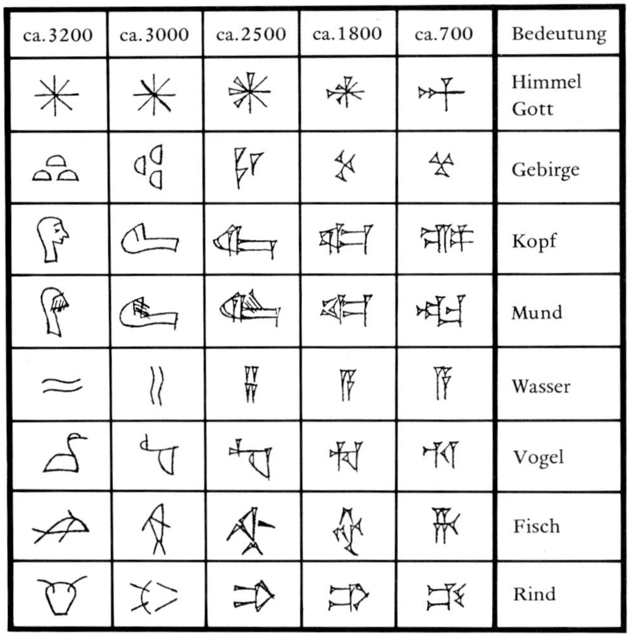

Abb. 45 Entwicklung einiger Keilschriftzeichen

halfen. Die »Keile«, die man auch in Inschriften auf Stein, Metall oder anderen Werkstoffen findet, sind also stets Nachahmungen der auf Ton geschriebenen Zeichenformen. Für die Entwicklung der Schrift spielten jene anderen, relativ selten verwendeten Materialien keine Rolle. Natürlich entfernte sich das Aussehen der Zeichen nun stark von der ursprünglichen, oft bildhaften Form. Auch im weiteren Verlauf der Geschichte der Keilschrift hielt die Tendenz zur allmählichen Vereinfachung der Zeichenformen an. Bis zur Mitte des 3. Jahrtausends war man dann in der Lage, weit mehr als simple Wirtschaftstäfelchen abzufassen. Vielmehr erlaubte es die Wort- und Silbenschrift, auch so komplexe Texte wie Königsinschriften, Epen, Hymnen und Beschwörungen niederzuschreiben, um nur einige der schon früh bezeugten Textgattungen zu nennen. Sie sind in sumerischer Sprache abgefaßt, setzten ihrer Lesung und ihrem Verständnis allerdings noch erhebliche Schwierigkeiten entgegen.

Als die Dynastie von Akkad (ca. 2330–3200 v. Chr.) Mesopotamien unter ihrer Herrschaft vereinte, wurde die Keilschrift auch zur Abfassung von Texten in der Sprache dieser Herrscher herangezogen. Es ist dies das Akkadische, die Sprache des semitischen Bevölkerungsteils im alten Mesopotamien. Und als auch das benachbarte Land Elam, im Südosten des heutigen Iran, unter akkadische Oberherrschaft geriet, übernahmen die Elamer die mesopotamische Keilschrift, obgleich sie bis dahin ein eigenes, vielleicht durch Anregung aus dem Zweistromland geschaffenes Schriftsystem hatten. Die Keilschrift blieb in Elam über das Ende des elamischen Reiches (7. Jh. v. Chr.) hinaus in Gebrauch und fand noch in der Kanzlei der altpersischen Großkönige Anwendung. Die elamische Keilschrift wurde im wesentlichen in Richtung auf eine Silbenschrift hin vereinfacht, doch entwickelte sich die Form der Zeichen anders als in Babylonien, so daß man tatsächlich von einer – eigens zu studierenden – »elamischen Keilschrift« sprechen kann. Außer dem Sumerischen, dem Akkadischen und dessen Nachfolgesprachen Assyrisch und Babylonisch, sowie dem Elamischen wurden vor allem im 2. Jahrtausend v. Chr. noch andere Sprachen des Vorderen Orients in Keilschrift geschrieben. Zu erwähnen sind insbesondere das Hethitische, das aus zahlreichen Texten der Archive von Hattusa (Boghazköy), der Hauptstadt des Hethiterreiches in Anatolien, bekannt ist, und das Hurritische, die Sprache der Bevölkerung des Mitanni-Reiches im nördlichen Mesopotamien (ca. 1600–1300 v. Chr.). Auch in diesen Fällen durchlief die Keilschrift eine eigene Entwicklung, die sie deutlich von der mesopotamischen Keilschrift abhebt. In der zweiten Hälfte des 2. Jahrtausends v. Chr. war das Akkadische zur internationalen Verkehrssprache geworden, wodurch auch die Keilschrift ihre weiteste Verbreitung über den ganzen Vorderen Orient bis hin nach Ägypten erlangte.

Im 1. Jahrtausend übernahmen die Urartäer, die nördlichen Nachbarn der Assyrer, von diesen die Keilschrift und verfaßten Texte in urartäischer Sprache (ca. 900–600 v. Chr.). Doch zu dieser Zeit vollzog sich im Mutterland der Keilschrift selbst bereits ein Wandel, der auch das Schriftsystem erfaßte und den Gebrauch der Keilschrift allmählich zurückdrängte. Ursache war die Ausbreitung aramäischer Stämme in Babylonien und Assyrien seit dem Ende des 2. Jahrtausends. Die Aramäer benutzten für ihre Sprache nicht die mesopotamische Keilschrift, sondern die aus Palästina/Syrien stammende Buchstabenschrift. Diese Schrift, die man etwas genauer auch als »Konsonantenschrift« bezeichnen könnte, da die Vokale zumeist nicht notiert werden, ist mit ihren ca. 22 Zeichen etwa so leicht zu erlernen wie unser heutiges Alphabet. Sie wurden mit Rohrfeder und Tinte auf Papyrus geschrieben. Der Keilschrift mit ihren etwa 1000 oft kompliziert geformten Wort- und Silbenzeichen war die aramäische Schrift natürlich bei weitem an Praktikabilität überlegen. So ging der Gebrauch der Keilschrift allmählich zurück und war in den beiden letzten Jahrhunderten vor der Zeitenwende auf einige Städte in Südbabylonien beschränkt. Am längsten hielt sie sich unter den babylonischen Astronomen, da sich ihr Zahlensystem (Sexagesimalsystem) sehr gut für astronomische Berechnungen eignete. So ist auch der späteste bisher bekannte Keilschrifttext eine Tafel mit astronomischen Aufzeichnungen aus dem Jahre 74/75 n. Chr.

Die äußere Form der Keilschrift hat in verschiedenen Epochen zur Erfindung neuer Schriften angeregt, die zwar ganz anders als sie strukturiert waren, jedoch den keilförmigen Eindruck als Grundelement der äußeren Schriftform beibehielten. Es war dies zum einen die sogenannte ugaritische Alphabetschrift, die in der syrischen Hafenstadt Ugarit (Ras Schamra) im 14. und 13. Jh. v. Chr. in Gebrauch war. Sie folgt weitgehend dem Prinzip der syrisch-palästinensischen Konsonantenschrift, verwendet jedoch Tontafel und Griffel wie die Keilschrift. Die Form der Zeichen hat keine Beziehung zur mesopotamischen Keilschrift.

Die zweite außermesopotamische Keilschrift ist die altpersische, die wohl 520 v. Chr. auf Veranlassung Darius I. als Monumentalschrift geschaffen wurde. Repräsentative Inschriften konnten nunmehr nicht nur in babylonischer und elamischer, sondern auch in altpersischer Sprache verfaßt werden. Darius selbst machte von der Möglichkeit, in drei der Sprachen seines Reiches schreiben zu können, bereits vielfachen Gebrauch und auch seine Nachfolger hinterließen eine ganze Reihe dreisprachiger Inschriften.

Die altpersische Schrift hat nur 37 Zeichen; sie ist eine Silbenschrift, die gewisse Ähnlichkeiten mit der semitischen Konsonantenschrift aufweist. Sie unterscheidet sich schon hierdurch beträchtlich von der mesopotamischen Keilschrift, doch ist auch der formale Unterschied augenfällig. Die altpersischen Zeichen weisen keine Ähnlichkeit mit den babylonischen auf, sondern wurden ohne erkennbares System aus den Formelementen der Keilschrift, dem »Keil« und dem »Winkelhaken« aufgebaut. Die altpersische Schrift kann somit als die »leichteste« der drei Schriften angesehen werden, die die altpersischen Könige in ihren Inschriften verwendeten. Sie war dann auch die erste Keilschriftart, deren Entzifferung gelang.

Nachdem der Orientreisende Carsten Niebuhr in seiner »Reisebeschreibung nach Arabien und anderen umliegenden Ländern« (Bd. II, Kopenhagen 1778) sehr genaue Nachzeichnungen von Keilinschriften aus Persepolis veröffentlicht hatte, gelang es im Jahre 1802 dem Göttinger Gymnasiallehrer Georg Friedrich Grotefend, zehn Zeichen der altpersischen Keilschrift zu entziffern, indem er auf höchst scharfsinnige Weise den Namen des Königs Darius und den Titel »König der Könige« in einer dieser Inschriften erkannte. Erst Jahrzehnte später und durch die weiterführenden Arbeiten anderer Gelehrter gelang es, auch die restlichen Zeichen und schließlich die anderen beiden Schriftarten zu entschlüsseln. Bahnbrechend waren hierbei vor allem die Arbeiten von Henry Creswicke Rawlinson. Bedenkt man, daß die mesopotamische Keilschrift in ihrer Kompliziertheit und auch die von ihr abgeleitete elamische Keilschrift – trotz ihrer beträchtlichen Vereinfachung – nicht aus sich selbst heraus hätten entziffert werden können, so mag es wie eine leise Ironie der Geschichte anmuten, daß es gerade die späteste und am wenigsten gebräuchliche Ausprägung der Keilschrift war, die die Entzifferung des ältesten Schriftsystems der Menschheit ermöglichte.

Die altmesopotamische Literatur

Die Erfindung der Schrift markiert einen wichtigen Einschnitt in der Geistesgeschichte der Menschheit. Sie erst ermöglichte es, sprachliche Äußerungen aufzuzeichnen und so für die Zukunft zu bewahren. Handelte es sich bei den frühesten Schriftdokumenten nur um Wirtschaftstexte, die im täglichen Leben Verwendung fanden, so entwickelte sich doch schon im frühen 3. Jahrtausend v. Chr. eine »literarische« Verwendung der Keilschrift. Ist es allerdings schon schwer genug, zu definieren, was denn Literatur heute sei, und was nicht, so wäre eine solche Definition für den Bereich der altmesopotamischen Kultur noch weit schwieriger. Wir können jedoch dieses Problem für unsere Zwecke auf sich beruhen lassen und uns hier darauf beschränken, alle nicht unmittelbar dem Wirtschafts- oder Verwaltungsbereich zugehörigen Texte als »Literatur« zu bezeichnen. Damit schließen wir freilich – dessen müssen wir uns wohl bewußt sein – rund 90 % aller Keilschrifttexte aus unserer Betrachtung aus: was bleibt, sind Texte aus den Bereichen des Mythos, der Religion, der Geschichte und der altorientalischen »Wissenschaften«, und nicht zuletzt die Briefe.

Sumerer, Babylonier und Assyrer unterhielten während ihrer langen und wechselvollen Geschichte viele Kontakte zu benachbarten Regionen. Kriegerische oder friedliche, ökonomische oder diplomatische Beziehungen förderten den Austausch von Gedanken und Kenntnissen über die Grenzen hinweg. Daß wir bei vielen dieser kulturellen Kontakte die altmesopotamische Kultur als die gebende zu erkennen glauben, mag in einigen Fällen mit der Quellenlage zusammenhängen, die uns besser über eben diese Kultur informiert als über die mancher Nachbarvölker. Dennoch kann ein weitreichender Einfluß der altmesopotamischen Literatur nicht bestritten werden. Dieser Einfluß basiert nicht zuletzt auf der Tatsache, daß sie als erste schriftlich fixiert wurde und nicht mehr allein auf die mündliche Überlieferung angewiesen blieb. Die Ausbreitung der Keilschrift über den ganzen Alten Orient und die Verwendung des Akkadischen als internationale Verkehrssprache im 2. Jahrtausend v. Chr. hatte auch die Vermittlung mesopotamischer Literatur zur Folge. Die Keilschrift war nämlich, anders als unsere heutige Buchstabenschrift, nicht als reine Technik erlernbar, sondern nur über das gleichzeitige Studium der Literatur. Die Ausbildung zum Schreiber war somit zugleich eine Ausbildung zum Gelehrten. Keilschriftliche Schreiber im Hethiterreich, in Syrien und Palästina oder in Elam waren also auch – mehr oder weniger gute – Kenner und Vermittler der sumerisch-akkadischen Literatur.

Während im 3. Jahrtausend das Sumerische die Schriftsprache war, wurde von der Akkad-Zeit an (etwa ab 2350 v. Chr.) die Sprache des semitischen Bevölkerungsteils in Mesopotamien, das sogenannte Akkadische, vorherrschend. Nachdem während der Herrschaft der 3. Dynastie von Ur (ca. 2160–2000 v. Chr.) das Sumerische noch einmal im Vordergrund stand, setzte sich danach das Babylonische im Süden und das Assyrische im Norden durch. Beide Sprachen werden im wissenschaftlichen Sprachgebrauch mit der Bezeichnung »Akkadisch« zusammengefaßt; die Unterschiede zwischen ihnen sind nur gering. Gleichwohl behielt das Sumerische auch noch im 2. und 1. Jahrtausend seinen Platz in der Literatur, vor allem im Bereich der Religion und der gelehrten Literatur, hierin etwa der Rolle des Lateinischen im Mittelalter und der frühen Neuzeit vergleichbar.

Die Sumerer haben ihre vielfältige Literatur nur in verhältnismäßig geringem Umfang selbst aufgezeichnet; die Hauptmasse der literarischen Texte stammt aus der altbabylonischen Zeit, in der das Sumerische als gesprochene Sprache auszusterben begann. Manche Texte wurden damals in das Akkadische übersetzt und zusammen mit dieser Übersetzung weiter tradiert.

Die älteste literarische Gattung ist die der Königsinschriften, die vom 27. Jahrhundert bis in die Seleukidenzeit hinein dokumentiert ist und einen großen Quellenwert für die Geschichte besitzt. Zuerst nur den Namen und manchmal auch den Titel des Herrschers enthaltend, entwickelt sie sich allmählich zu längeren Berichten über die Regierungs- und insbesondere die Bautätigkeit des Königs. Eine Neuerung der assyrischen Königsinschriften ist es, daß sie seit dem 14. Jahrhundert auch die militärischen Erfolge des Königs in den Kanon der überliefernswerten Taten aufnahmen. Die Ereignisse wurden chronologisch aneinandergereiht, ein Gestaltungsprinzip, das in der Zeit der Sargoniden (8./7. Jh.) zugunsten einer überwiegend geographisch angeordneten und literarisch anspruchsvollen Darstellungsweise aufgegeben wird (vgl. hierzu die Prismeninschrift Asarhaddons, Nr. 133).

Ebenfalls in das 3. Jahrtausend reichen die ersten Zeugnisse religiöser Literatur zurück, worunter Hymnen auf Götter und Tempel, Gebete, Beschwörungen gegen Dämonen, Rituale und andere in der kultischen Praxis angewandte Texte zu verstehen sind. Seine Stellung als Kultsprache sicherte dem Sumerischen hier die längste Nachwirkung. Aber auch eine große Anzahl akkadischer Neuschöpfungen steht neben den sumerischen Texten. Zahlreiche Gebete an Götter sind z. B. im 1. Jahrtausend für assyrische Könige verfaßt worden. In einem Hymnus preist Assurbanipal (668–629 v. Chr.) den babylonischen Hauptgott Marduk:

»Ich huldige deinem Namen, Marduk, überlegen-starker unter den Göttern, Deichgraf von Himmel und Erde, der schön erzeugt ward, ganz allein hoch ist. Du bist Träger (. . .) der Herrschaft und des Königstums, du vereinigst alle Weisheit, vollkommener an Kraft! Gehegter Berater, hocherhabener Herrscher, allgewaltiger, überaus großer, (. . .) im Himmel bist du hocherhaben, auf der Erde König, kunstreicher, überlegtester der Götter, der allen Wohnstätten Bestand gibt, den Gesamtumfang des Firmaments und der Erdfeste umfaßt . . .«

Großen Einfluß auf die benachbarten Literaturen des Alten Orients hatten die sumerischen und akkadischen Mythen und Epen. Der sumerische Gilgamesch-Zyklus diente als Vorlage für das spätere, zwölf Tafeln umfassende akkadische Gilgamesch-Epos. Wie wir aus vereinzelten Fragmenten ersehen können, war das Epos auch im hurritischen und im hethitischen Kulturkreis sowie in Palästina bekannt. Das Gilgamesch-Epos ist das älteste große Epos der Weltliteratur. Es durchlief mehrere Stadien der Niederschrift; die gewissermaßen klassische Fassung ist die aus der Bibliothek des assyrischen Königs Assurbanipal (7. Jh. v. Chr.). Gilgamesch, der nach der »Sumerischen Königsliste« König von Uruk war, dürfte tatsächlich gelebt haben (etwa 1. Hälfte des 3. Jahrtausends). Eigene Inschriften, die seine Historizität bestätigen könnten, sind von ihm bisher noch nicht gefunden worden. Um seine Person rankten sich wohl schon bald zahlreiche Sagen, die aus späteren sumerischen Niederschriften bekannt sind. Nachdem der Stoff in altbabylonischer Zeit in die akkadische Literatur übernommen worden war, wurde er um 1200 v. Chr. von einem gewissen Sin-liqe-unnini, einem der wenigen namentlich bekannten altorientalischen Schriftsteller, zu einem Epos umgeformt, in dem von der Tragik eines Helden berichtet wird, der große Heldentaten vollbringt, Ruhm und Macht erringt und der schließlich durch den Tod seines Freundes Enkidu veranlaßt wird, die Suche nach der Unsterblichkeit aufzunehmen und hierbei scheitert. Die Sinnlosigkeit seines Strebens wird ihm, dem Heroen, von einer Wirtin, einer Angehörigen der unteren Schichten des Volkes, drastisch vor Augen geführt:

»Gilgamesch, wohin läufst du? Das Leben, das du suchst, wirst du nicht finden! Als die Götter die Menschen erschufen, teilten den Tod sie der Menschheit zu, nahmen das Leben für sich in die Hand. Du, Gilgamesch – dein Bauch sei voll, ergötzen magst du dich Tag und Nacht! Feiere täglich ein Freudenfest! Tanz und spiel bei Tag und Nacht! Deine Kleidung sei rein, gewaschen dein Haupt, mit Wasser sollst du gebadet sein! Schau den Kleinen an deiner Hand, die Gattin freu' sich auf deinem Schoß! Solcher Art ist das Tun der Menschen!«

Themen der sumerischen und akkadischen Mythologie finden sich auch im Alten Testament wieder, so – als bekanntes Beispiel – in der Sintfluterzählung, die auf eine akkadische, in verschiedenen Fassungen erhaltene Dichtung über Atrachasis, den babylonischen Noah, zurückgeht. Der Anfang des Werkes schildert den Zustand der Welt vor der Erschaffung der Menschen:

»Als die Götter Mensch waren, leisteten sie Fronarbeit, trugen das Ziegelbrett – da das Ziegelbrett der Götter groß war, war die Fronarbeit schwer, viel gab es an Mühsal, wobei die großen Anunnaku(-Götter) siebenfach die Igigu(-Götter) die Fronarbeit verrichten ließen«.

Bald jedoch rebellierten die niederen Götter, da ihnen die Arbeit zu viel wurde und man beschloß, daß Ea, Gott der Weisheit, und Mama, die Muttergöttin, den Menschen erschaffen sollten. Dies geschah unter Zuhilfenahme einer Figur aus Lehm sowie Fleisch und Blut eines Gottes, der getötet werden sollte. Leider ist der Text hier noch lückenhaft, so daß manches unklar bleibt. Jedoch vermehren sich später die Menschen, die nun die Arbeit für die Götter verrichten und für deren Unterhalt zu sorgen haben, so sehr, daß ihr Lärm die Götter empfindlich stört. Der Hauptgott Enlil beschließt daher, die Menschen durch eine Flut zu vernichten. Ea jedoch erteilt Atrachasis den Rat, ein Schiff aus Rohrbündeln zu bauen. Nachdem sich Atrachasis mit seiner Familie und seinen Haustieren eingeschifft hat, geht die übrige Menschheit in der Flut zugrunde. Nach sieben Tagen und Nächten hört der Regen auf und das Schiff kommt zur Ruhe. Einer anderen Fassung der Sintflutgeschichte, die als 11. Tafel in das Gilgamesch-Epos aufgenommen wurde, verdanken wir die Kenntnis eines Details, das auch im biblischen Sintflutbericht vorkommt: Atrachasis vergewissert sich durch das Aussenden dreier Vögel davon, daß bereits wieder trockenes Land existiert, da der dritte Vogel nicht zurückkehrt. So ist die Menschheit gerettet, doch wird auch deutlich, daß die Götter durchaus auf die Menschen angewiesen sind. Neue Regeln sollen daher für die Zukunft das Zusammenleben erträglicher machen.

Weniger bekannt ist, daß auch das Motiv der Himmelfahrt Henochs von einer sumerischen Überlieferung über die Sieben Weisen herrührt, die in der Zeit vor der Sintflut in Gestalt von Mischwesen aus Fisch und Mensch (vgl. Nr. 141) dem Meer entstiegen und den Menschen die Kultur brachten. Einer dieser Weisen ist Utuabzu, »der zum Himmel emporgestiegen ist«. Leider kennen wir diesen Mythos nicht genauer; vielleicht ließe sich dann die schon lange beobachtete Ähnlichkeit der Berichte über die Urväter in der Bibel und über die vorsintflutlichen Könige in der »Sumerischen Königsliste« weiter bestätigen.

Die sumerische Literatur, die ihrer thematischen Vielfalt und ihrer sprachlichen Gestaltung wegen als die vorklassische Literatur schlechthin bezeichnet werden kann, befaßte sich auch mit »weltlichen« Themen in unterhaltsamer und zumeist belehrender Weise. Hierher gehören z. B. die »Schulsatiren«, Werke, in denen die Schreiber ihrem Schulalltag einen satirischen Spiegel vorhielten. Hierzu rechnen wir auch die Sammlungen von Sprichwörtern, die Fabeln und Streitgedichte, in denen mythologische, historische oder naturkundliche Fragen in Gesprächsform abgehandelt werden. Jüngere Werke der Weisheitsliteratur sind auch in akkadischer Sprache bekannt; einige gehen auf sumerische Vorlagen zurück.

Aus den Keilschrifttafeln der Babylonier und Assyrer sind uns nicht nur die Werke ihrer Literatur, sondern auch die Produkte ihrer Wissenschaften (dieser Begriff ist natürlich nicht im modernen Sinn zu verstehen) bekannt geworden. Einige dieser Disziplinen haben weit über den Alten Orient hinaus gewirkt und sollen daher hier noch kurz vorgestellt werden. In Rom warnte der ältere Cato (gest. 149 v. Chr.) seine Landsleute davor, in Fragen der Landwirtschaft einen »Chaldäer« (d. h. Babylonier) zu befragen. Chaldäer steht hier, wie auch in Griechenland, für den Sterndeuter, den Astrologen. Die Babylonier waren für diese Kunst so berühmt (und berüchtigt), daß man sie kurzerhand mit den Vertretern dieser Zunft gleichsetzte. So lesen wir z. B. in einem astrologischen Text unter dem Stichwort »Wassermann«:

»Bewässerungsgraben und Kanal werden nicht in Ordnung sein. Wenn Mars lichtstark ist, wird Weizen und Emmer im Lande zugrunde gehen. Für Saturn, Venus, Merkur und Jupiter gilt aber: sie werden gedeihen«.

Tatsächlich gehört die Astrologie, wie überhaupt die Deutung der Zukunft aus Vorzeichen, die Mantik, zu den auffälligsten Zügen der babylonisch-assyrischen Kultur. Als Vorzeichen konnte, wie es scheint, fast jede irgendwie augenfällige Erscheinung dienen, sei sie am Sternenhimmel, im Bereich des Wetters, in der Umwelt des Menschen in Stadt und Land oder im Tierreich beobachtet worden. Eine Omensammlung, die über 100 Tafeln umfaßte, beginnt mit diesen Worten: »Wenn eine Stadt auf einer Anhöhe liegt, wird es dem, der in dieser Stadt wohnt, nicht gut gehen«. Darüber hinaus war die Deutung der Zukunft aus den Eingeweiden von Opfertieren, insbesondere der Leber von Schafen, möglich. Dieses Verfahren war in Kleinasien bei den Hethitern und in Italien bei Etruskern und Römern bekannt; es dürfte auf Einflüsse aus Mesopotamien zurückgehen.

Aus und neben der Astrologie entwickelte sich, vor allem in der Spätzeit, eine wissenschaftlich betriebene Astronomie von beachtlichem Standard, deren Ergebnisse Eingang in die griechische Astronomie gefunden haben. Daß uns die Nachwirkungen dieser altmesopotamischen Astronomie buchstäblich in jeder Sekunde berühren, soll im folgenden noch kurz ausgeführt werden.

Das Jahr hatte, wie bei uns, zwölf Monate. Man teilte nun die Kreisbahn, die die Sonne in einem Jahr scheinbar am Himmel durchläuft, in zwölf Teile, deren jeder einem Monat entspricht. Diese Teilstrecken (genannt Tierkreiszeichen) wurden nach charakteristischen Sternbildern der jeweiligen Himmelsregion benannt, den Tierkreisbildern. Die Namen der Tierkreisbilder, die uns aus den Horoskopen in Zeitungen und Zeitschriften wohl bekannt sind, tauchen z. T. schon zu Anfang des 2. Jahrtausends in einem sumerischen Text auf; weitere werden in späteren Texten genannt. Das vollständige System der Tierkreiszeichen, wie wir es heute noch kennen, ist erst aus den letzten drei vorchristlichen Jahrhunderten überliefert. In der ersten Hälfte des 2. Jahrtausends begannen die Babylonier, ihre astronomischen Daten für die Deutung der Zukunft zu verwenden. Dahinter steht wohl die Anschauung, daß die Sternbilder, die Sonne, der Mond, die Planeten, überhaupt die Sterne, Gottheiten seien, die mit ihrer göttlichen Macht das Schicksal der Welt und der Menschen bestimmen. Zahlreiche »Handbücher« entstanden daher zu dem Zweck, alle möglichen astronomischen und meteorologischen Erscheinungen zu deuten. Aus solchen allgemeinen Vorhersagen entstand die Horoskopie, die Deutung des Schicksals eines einzelnen Menschen aufgrund der Stellung der Planeten, der Sonne und des Mondes zur Zeit seiner Geburt oder Zeugung. Man kann also mit Recht behaupten, daß die Astrologie die einzige heute noch lebendige babylonische »Wissenschaft« ist.

Die Beschäftigung der Babylonier mit der Himmelskunde führte aber auch zu praktischen Ergebnissen, die noch heute in sinnvollem Gebrauch stehen. Wir erwähnten bereits die Einteilung des Jahres in zwölf Monate, und zwar Mondmonate zu jeweils 30 Tagen. Die Differenz zum Sonnenjahr wurde durch Schaltmonate ausgeglichen. Das Verhältnis 1 Jahr = 12 Monate = 360 Tage wurde nun auf den Tag (d. h. Lichttag + Nacht) übertragen: 1 Tag = 12 »Doppelstunden« = 360 »Minuten« (die babylonische »Minute« entspricht also 4 modernen Minuten). Da nun Sonne und Mond die Erde jeden Tag einmal umkreisen (vom Standpunkt des Betrachters auf der Erde aus gesehen), läßt sich ihre tägliche Kreisbahn dementsprechend in 360 Teile unterteilen, analog zu den 360 »Minuten« des Tages. Damit war die Gradeinteilung des Kreises erfunden. Unsere Unterteilung des Tages in 24 Stunden zu je 60 Minuten entstand aus ägyptischen und babylonischen Elementen der Zeitrechnung: die Ägypter teilten Tag und Nacht in jeweils 12 Stunden, die allerdings von der wechselnden Tageslicht- bzw. Nachtdauer abhängig waren und somit in ihrer Länge schwankten. Von den Babyloniern dagegen stammt das Prinzip der gleichen Länge jeder einzelnen Stunde, unabhängig von der Jahreszeit. Aus diesen beiden Komponenten entstand in hellenistischer Zeit die Einteilung des Tages in 24 Stunden gleicher Länge. Die Unterteilung der Stunde in 60 Minuten und dieser in 60 Sekunden beruht auf dem sumerischen, für mathematische Zwecke verwandten Zahlensystem, das auf der Grundzahl 60 basierte (Sexagesimalsystem). Das Zeichen für »1« steht, je nach seiner Position, auch für 60, 60^2 usw. oder den jeweiligen Kehrwert, also 1/60, $1/60^2$ usw. Somit kann jede Einheit »1« (hier: 1 Stunde) mühelos in Sechzigsteln (hier: Minuten) ausgedrückt werden; dasselbe läßt sich für die Minute und darüber hinaus beliebig wiederholen. Dieses babylonische Verfahren nach dem Sexagesimalsystem wurde im 4. Jahrhundert n. Chr. erstmals von einem griechischen Astronomen auf die Zeiteinheit »Stunde« angewandt und hat sich bis heute erhalten. Wenn wir bei der Ermittlung beispielsweise von Rekordzeiten im Sport Zehntel-, Hundertstel- und Tausendstelsekunden verwenden, so ist dies eigentlich inkonsequent, da wir das alte sexagesimale mit dem modernen dezimalen System verquicken.

Aus den oben beschriebenen Einzelheiten wird freilich auch hinreichend deutlich, daß die Babylonier als erste die Mathematik zur exakten Beschreibung der Natur angewandt haben. Dies aber ist das Prinzip, das, von Griechen und Arabern weiterentwickelt, die Grundlage der modernen Naturwissenschaft darstellt.

Unsere Skizze verfolgte den Zweck, einige charakteristische Züge der altmesopotamischen Kultur vor dem Hintergrund der altorientalischen Welt aufzuzeigen und einige Aspekte ihres Nachlebens in älterer und neuerer Zeit zu beleuchten. Daß dies nur höchst unvollkommen geschehen kann, liegt auf der Hand: zu vieles ging verloren, zu vieles geriet schon früh in Vergessenheit und, vor allem, noch ist sehr viel zu tun, um unsere Kenntnis des Alten Orients zu ergänzen und zu vertiefen.

Literatur:

Kapitel über die Keilschrift enthalten die allgemein schriftkundlichen Bücher von J. FRIEDRICH, *Geschichte der Schrift unter besonderer Berücksichtigung ihrer geistigen Entwicklung,* Heidelberg 1966, und von I. J. GELB, *A Study of Writing,* Chicago 1952. – Über die Keilschrift in Mesopotamien und seinen Nachbargebieten orientiert, mit zahlreichen Literaturhinweisen, D. O. EDZARD, *Die Keilschrift,* in: U. HAUSMANN (Hrsg.), *Allgemeine Grundlagen der Archäologie, Handbuch der Archäologie,* München 1969, S. 214–221.

Übersetzungssammlungen aus der Keilschriftliteratur: A. FALKENSTEIN, W. VON SODEN, *Sumerische und Akkadische Hymnen und Gebete,* Zürich – Stuttgart 1953; zu den Königsinschriften ist zu nennen: A. K. GRAYSON, *Assyrian Royal Inscriptions,* 2. Bde., Wiesbaden 1972 und 1976; H. SCHMÖKEL, *Das Gilgamesch Epos,* 2. Aufl., Stuttgart – Berlin – Köln – Mainz – 1971; als Probe aus der Fülle der Wirtschaftstexte siehe: J. N. POSTGATE, *Fifty Neo-Assyrian Legal Documents,* Warminster 1976; zur allgemeinen Einführung in die Literatur des vorderen Orients empfiehlt sich J. B. PRITCHARD *Ancient Near Eastern Texts Relating to the Old Testament,* 3. Aufl., Princeton 1969 und derselbe, *The Ancient Near East in Pictures Relating to the Old Testament,* 2. Aufl., Princeton 1969 mit umfangreichen Literaturhinweisen.

Wolfgang Schramm

KARTE I Neolithikum bis Frühdynastische Zeit (9000–2350 v. Chr.)

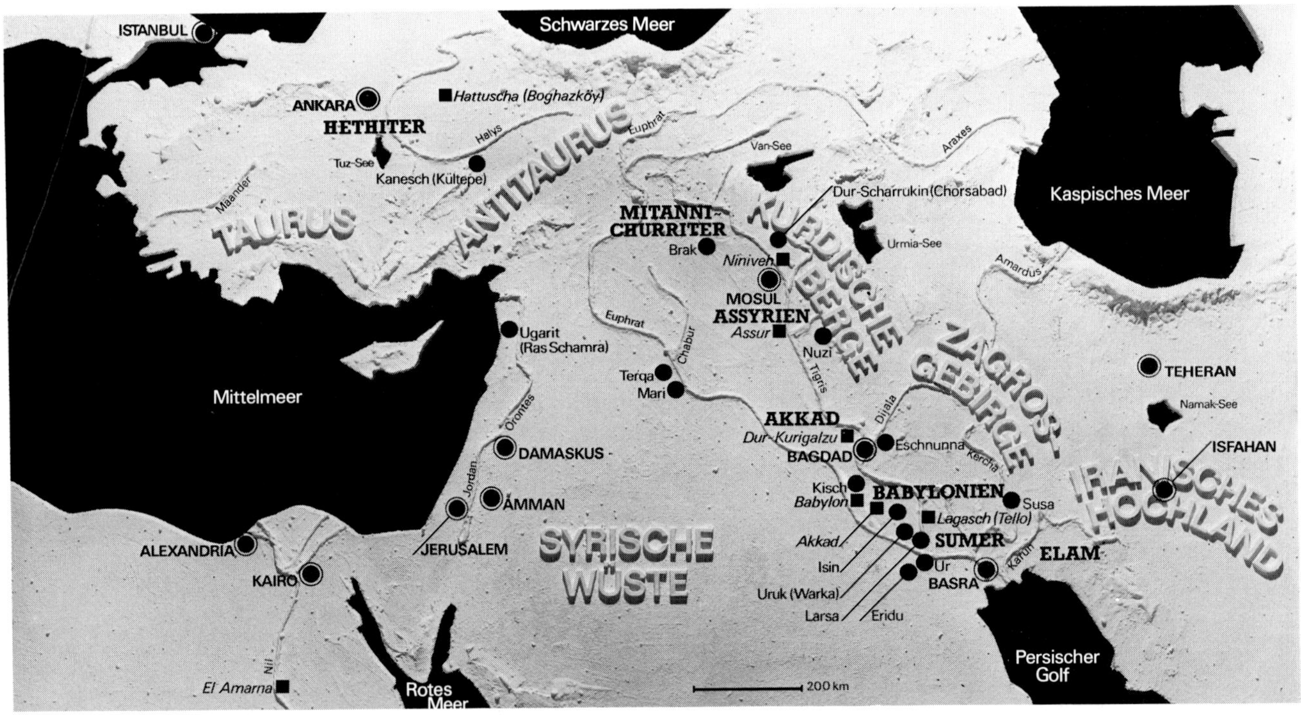

KARTE II Akkad-Zeit bis Kassitische Zeit (2350–1150 v. Chr.)

KARTE III Neuassyrische bis Achämenidische Zeit (ca. 900–330 v. Chr.)

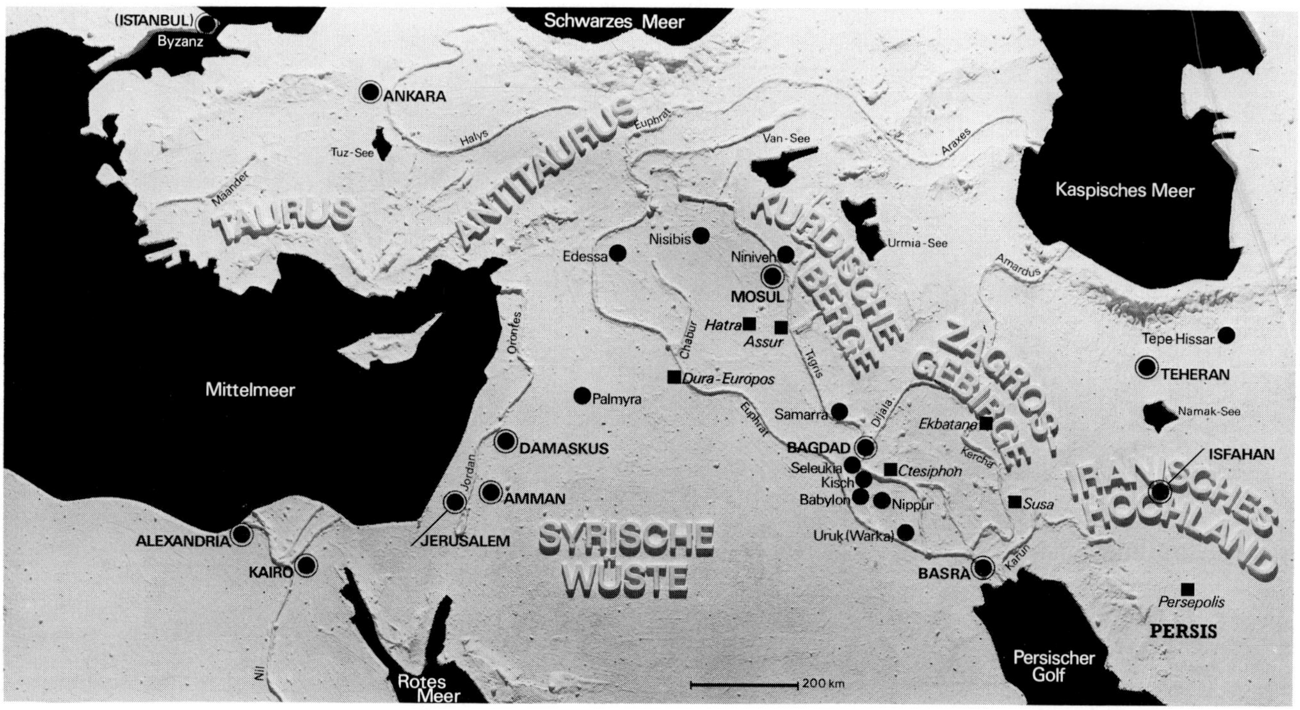

KARTE IV Parthische und sasanidische Zeit bis islamische Zeit (330 v. Chr. bis ca. 700 n. Chr.)

CHRONOLOGIE DES ZWEISTROMLANDES

Um etwa 50 000 v. Chr. lebte der Neandertaler als Jäger und Sammler in den Bergen des Zagros.

Um etwa 9000 v. Chr. beginnen diese Jäger seßhaft zu werden, Tierdomestizierung, Anbau von Kulturpflanzen und Entwicklung von Handelsbeziehungen sind festzustellen.

Ab ca. 5500 v. Chr. Ausbreitung und Anwachsen dörflicher Siedlungen; »Buntkeramik«-Periode.

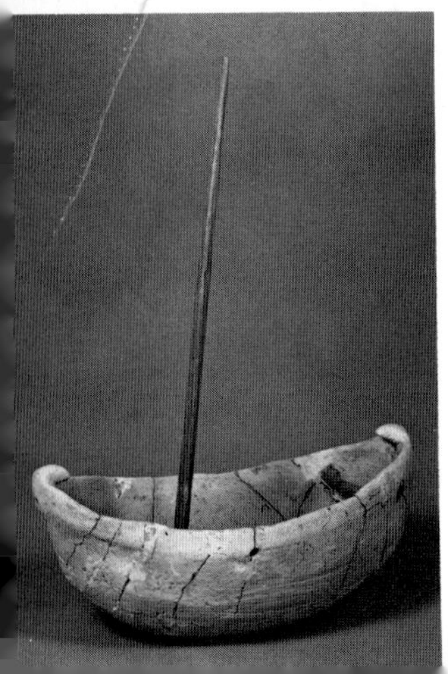

Ab etwa 3300 v. Chr. entsteht im südlichen Mesopotamien mit den Sumerern die erste Hochkultur; eines der Zentren dieser Kultur war die Stadt Uruk.

Um 3000 v. Chr. wichtigste Errungenschaft: die Entwicklung der Schrift.

Ab etwa 3000 v. Chr. Eindringen semitischsprechender Gruppen nach Sumer; »Frühdynastische« Zeit mit einer Vielzahl von größeren und kleineren Stadtstaaten.

CHRONOLOGIE DES ZWEISTROMLANDES

Ab etwa 2330 v. Chr. unter Sargon das erste Großreich des Alten Orients: das Reich von Akkad.

Zwischen 2100–2000 v. Chr. nochmals eine sumerische Renaissance mit dem Reich der 3. Dynastie von Ur.

Ab 2000–1600 v.Chr. altbabylonische Zeit – gleichzeitig mit altassyrischer Zeit – mit dem Höhepunkt der Herrschaft Hammurapis von Babylon (1792–1750 v. Chr.).

1594 Eroberung Babylons durch die Hethiter; nach deren Rückzug nach Kleinasien übernehmen die Kassiten die Herrschaft in Babylonien. Die »dunkle Periode« beginnt.

Neben Hethitern und Kassiten bildet das Reich der Mitanni-Churriter in Nordwest-Mesopotamien ab etwa 1600 v. Chr. die dritte neue Großmacht des Alten Orients.

Ab etwa 1350 v. Chr. erringt Assyrien durch den Verfall des Mitanni-Churriter-Reiches seine Unabhängigkeit. In dieser mittelassyrischen Zeit (ca. 1350–1100 v. Chr.) Aufstieg Assyriens zur Großmacht; 1234 v. Chr. erobert der Assyrerkönig Tukulti-Ninurta I. Babylon.

CHRONOLOGIE DES ZWEISTROMLANDES

Ab etwa 900–612 v. Chr. neuassyrische Periode: Höhepunkt der Macht der Assyrer mit den berühmten Hauptstädten Nimrud, Niniveh und Chorsabad.

612 Eroberung Ninivehs durch die Meder und Babylonier: Beginn des neubabylonischen Reiches.

539 v. Chr. zieht der Perserkönig Cyrus der Große in Babylon ein, ein neuer Abschnitt der damaligen Weltgeschichte beginnt: das Zentrum der Macht verlagert sich in den Iran. 331 v. Chr. Einnahme der Stadt Persepolis durch Alexander den Großen. Ab 312 v. Chr. nach Alexanders Tod Herrschaft der Seleukiden in Mesopotamien und im Iran.

Um 250 v. Chr. Beginn des parthischen Reiches; 141 v. Chr. Eroberung Mesopotamiens. Eine der bedeutendsten Partherstädte dort wird Hatra.

Um 224 n. Chr. besiegt der parthische Vasall Ardaschir den Partherkönig Artabanus V.; Beginn der letzten altpersischen und damit auch letzten altorientalischen Dynastie: der Sasaniden.

Ab etwa 650 n. Chr. Eroberung des Alten Orients durch die Araber; Abschluß der altorientalischen Geschichte, Beginn der islamischen Epoche.

Abkürzungsverzeichnis

Barnett	Barnett, R. D. u. a., *A Catalogue of the Nimrud Ivories with Other Examples of Ancient Near Eastern Ivories in the British Museum,* 2. Aufl., London 1975.
Barrelet	Barrelet, M.-Th., *Figurines et reliefs en terre cuite en Mésopotamie antique,* Bd. 1, Paris 1968.
Biggs	Biggs, R. D., *Inscriptions from Tell Abu Salabikh,* Chicago 1974.
Colledge	Colledge, M. A. R., *The Parthians, Ancient Peoples and Places,* London 1967.
Dalley, Walker und Hawkins	Dalley, St., Walker, C. B. F., Hawkins, J. D., *The Old Babylonian Tablets from Tell al Rimah,* London 1976.
Douglas van Buren	Douglas van Buren, E., *Clay Figurines of Babylonia and Assyria,* New Haven 1930.
El-Wailly	El-Wailly, F., *Tell as-Sawwan, Sumer* 20, 1964, S. 1 ff.
El-Wailly und Abu Es-Soof	El-Wailly, F. und Abu Es-Soof, B., *The Excavations at Tell es-Sawwan, Sumer* 21, 1965, S. 17 ff.
Erdmann	Erdmann, K., *Die Kunst Irans zur Zeit der Sasaniden,* 2. Aufl., Mainz 1969.
Falkenstein	Falkenstein, A. und von Soden, W., *Sumerische und akkadische Hymnen und Gebete,* Zürich/Stuttgart 1953.
Frankfort, *Cylinder Seals*	Frankfort, H., *Stratified Cylinder Seals from the Diyala Region,* Chicago 1955.
Frankfort, *Sculpture*	Frankfort, H., *Sculpture of the Third Millennium B. C. from Tell Asmar and Khafajah,* Chicago 1939.
Ghirshman I	Ghirshman, R., *Perse – Protoiraniens, Mèdes, Achéménides, L'univers des formes,* Paris 1963.
Ghirshman II	Ghirshman, R., *Iran – Parthes et Sassanides, L'univers des formes,* Paris 1962.
Homès-Frédéricq	Homès-Frédéricq, D., *Hatra et ses sculptures parthes, Étude stylistique et iconographique,* Istanbul 1963.
Ingholt	Ingholt, H., *Parthian Sculptures from Hatra, Memoirs of the Connecticut Academy of Arts and Sciences* 12, 1954.
Lenzen	Lenzen, H., *XVI. vorläufiger Bericht über die Ausgrabungen in Uruk-Warka,* Berlin 1960.
Mallowan	Mallowan, M. E. L., *Nimrud and its Remains,* London 1966.
Mallowan und Herrmann	Mallowan, M. E. L. u. Herrmann, G., *Furniture from SW. 7 Fort Salmaneser, Ivories from Nimrud,* Bd. 3, London 1974.
Mallowan und Rose	Mallowan, M. E. L. u. Rose, J. C., *Excavations at Tall Arpachiyah, Iraq* 2, 1935, S. 1 ff.
Maxwell-Hyslop	Maxwell-Hyslop, K. R., *Western Asiatic Jewellery,* London 1971.
Nagel	Nagel, W., *Djamdat Nasr-Kulturen und frühdynastische Buntkeramiker,* Berlin 1964.
Nöldeke	Nöldeke, A., u. a., *VII. vorläufiger Bericht über die in Uruk-Warka unternommenen Ausgrabungen,* Berlin 1936.
Oates	Oates, J., *The Baked Clay Figurines from Tell es-Sawwan, Iraq* 28, 1966, S. 146 ff.
Opificius	Opificius, R., *Das altbabylonische Terrakottarelief,* Berlin 1960.
Orthmann	Orthmann, W. u. a., *Der alte Orient, Propyläen Kunstgeschichte* 14, Berlin 1975.
Parrot, *Glyptique*	Parrot, A., *Glyptique mésopotamienne. Fouilles de Lagash (Tello) et de Larsa (Senkereh),* Paris 1954.
Parrot, *Tello*	Parrot, A., *Tello,* Paris 1948.
RE	Pauly-Wissowa, *Realencyclopädie der klassischen Altertumswissenschaft,* München.
RLA	*Reallexikon der Assyriologie und Vorderasiatischen Archäologie,* Berlin.
Schlumberger	Schlumberger, D., *L'Orient hellénisé, L'art grec et ses héritiers dans l'Asie non méditerranéenne,* Paris 1970.
Strommenger	Strommenger, E. u. Hirmer, M., *Fünf Jahrtausende Mesopotamien. Die Kunst von den Anfängen um 5000 v. Chr. bis zu Alexander dem Großen,* Berlin 1962.
van Ingen	van Ingen, W., *Figurines from Seleucia on the Tigris. University of Michigan Studies, Humanistic Series,* Bd. 45, 1939.
Woolley	Woolley, C. L., *The Royal Cemetery. Ur-Excavations,* Bd. 2, Oxford 1934.
Yasin	Yasin, W., *Excavations at Tell es-Sawwan, Sumer* 26, 1970, S. 3 ff.
Ziegler	Ziegler, Ch., *Die Terrakotten von Warka, Ausgrabungen der deutschen Forschungsgemeinschaft in Uruk-Warka,* Bd. 6, Berlin 1962.

1 Zwei Geräte aus Feuerstein

(siehe Chronologische Tabelle, S. 76)

Nord-Irak
Altsteinzeit, etwa 50 000 v. Chr.
Feuerstein
Länge 15 cm Breite 9 cm;
Länge 12,8 cm, Breite 8 cm
IM J. Ex 7

Verschiedene Grabungen nach dem Ende des 2. Weltkrieges im Nord-Irak, von denen die von Schanidar am bedeutendsten ist, haben unsere Kenntnisse der ältesten Menschheitsgeschichte sehr erweitert. Um etwa 50 000 v. Chr. hat hier der Neandertaler als Jäger und Sammler in kleineren Gruppen gelebt; er jagte das Ur, Wildschaf, Wildziege, Hirsch, Wolf und Bären. Jagd- und sonstiges Gerät wurde aus Stein hergestellt und war, wie die beiden Ausstellungsstücke zeigen, zwar sehr einfach, genügte aber den damaligen Ansprüchen und Zwecken.

Literatur: *Fischer-Weltgeschichte,* Band 1, (1966), S. 239 ff. Ralph S. Solecki, *Shanidar* (1971).

Die folgenden Ausstellungsstücke (bis Nr. 28, außer Nr. 27) stammen alle aus der Grabung Tell as-Sawwan (»Feuersteinhügel«) am Ostufer des Tigris in der Nähe der heutigen Stadt Samarra, ca. 90 km nördlich von Bagdad. Dort hat der irakische Antikendienst seit 1964 in acht Kampagnen bis 1972 eine der bedeutendsten Grabungen für die Erforschung der Vorgeschichte Mesopotamiens durchgeführt. Hatte man noch vor einiger Zeit vom Euphrat-Tigris-Tal für die Zeit des 6. Jahrtausends die vage Vorstellung von umherziehenden Nomaden, deren Existenz in erster Linie auf Jagd, Fischfang und dem Sammeln von Wildpflanzen basierte, so haben gerade die Ergebnisse von Tell as-Sawwan diese Ansicht grundlegend geändert.

Der Hügel von as-Sawwan ist oval und hat eine Länge von 230 m und eine Breite von 110 m. Insgesamt wurden fünf Siedlungsschichten freigelegt. Die älteste Schicht I kann etwa um 5500 v. Chr. datiert werden. Ist die Lehmziegelarchitektur noch

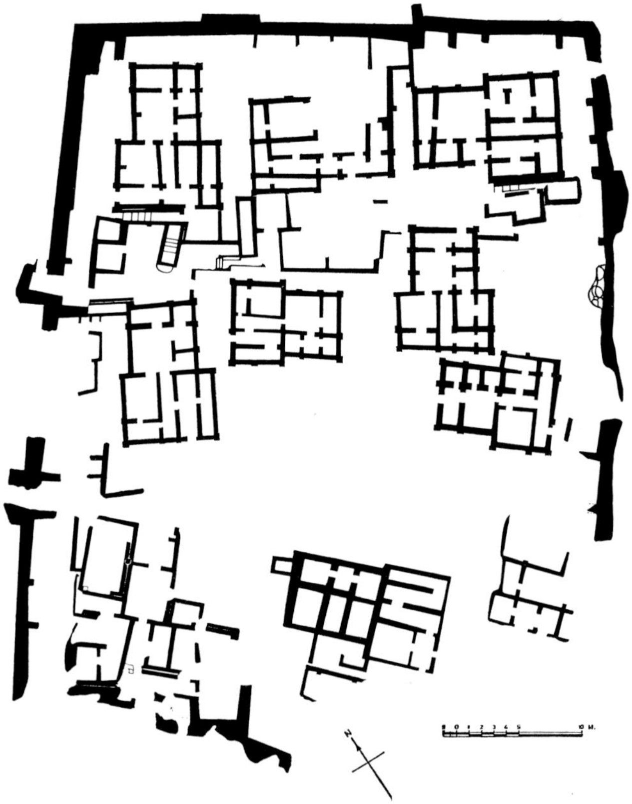

Tell as-Sawwan, Plan der Siedlung in Schicht III A mit T-förmigen Häusergrundrissen (5400–5300 v. Chr.)

recht einfach, – die Keramik besteht aus der Hassuna-Ware –, so haben wir in Schicht III (ca. 5400–5300) eine recht eindrucksvolle Siedlung mit T-förmigen Häusergrundrissen und einer starken Mauer um die ganze Siedlung. Die zahlreich vorhandenen Vorratsräume deuten auf größere Ernteerträge hin. Auffällig ist, daß in dieser Schicht die polychrome Samarra-Ware in größerer Menge auftaucht.

Gerade die beiden ältesten Schichten von Tell as-Sawwan haben großartige Funde geliefert. Es wurden allein über 130 Gräber unter dem Fußboden eines Hauses in Schicht I gefunden. Die Toten waren in Hockstellung beigesetzt und die Gräber enthielten reiche Beigaben wie Statuetten aus Alabaster und Terrakotta, Alabaster- und Tongefäße sowie Perlen. Solche Hausbestattungen sind zwar auch von anderen Fundplätzen des Alten Orients bekannt, aber die Qualität mancher dieser Grab-

funde von as-Sawwan ist überraschend und einmalig. Man darf daher für Tell as-Sawwan mit einer Konzentration von spezialisierten Handwerkern rechnen, eine Annahme, die noch vor einiger Zeit für das 6. Jahrtausend als undenkbar gegolten hätte. Ebenso überraschend sind auch einige Kupferobjekte – zum Teil Perlen – aus diesen beiden Schichten, die zeigen, daß Kupfer schon im 6. Jahrtausend bekannt war.
Die in dieser Ausstellung gezeigten Stücke, die alle bis auf Nr. 28 aus den beiden ältesten Schichten, vor allem aus Schicht I, stammen, dürften einen Eindruck von dem Können und den Fähigkeiten der Menschen im 6. Jahrtausend v. Chr. vermitteln.

Die beiden Löcher an den Unterarmen sowie die Augenhöhlen sind mit einem Bohrer ausgeführt worden. Die Augen sind aus Muschel in Bitumen (Asphalt) eingesetzt. Um den Hals trägt die Figur eine zweireihige Kette. Die Gräber, in denen diese Figuren lagen, bestanden aus flachen, ziemlich ovalen Gruben in einer Tiefe von 25–30 cm unter dem Fußboden der Häuser. Überwiegend handelt es sich bei den gefundenen Skeletten um solche von Kindern. Ein großer Teil dieser Skelette war fragmentarisch. Ob dies auf die durchaus bekannte Art einer Teilbestattung hindeutet oder ob äußere Einflüsse, etwa in Form von beutesuchenden Tieren, eine Rolle gespielt haben, kann anhand des Grabungsbefundes nicht entschieden werden. Die Ausgräber schließen die Möglichkeit nicht aus, daß die weiblichen Statuetten als Grabbeigaben eine Art Mutterersatz widerspiegeln, der den toten Kindern die Reise ins Jenseits erleichtern sollte.

Literatur: EL-WAILLY, S. 1 ff.

2 Stehende weibliche Figur

(siehe Farbabbildung S. 37, Abb. 22)

Tell as-Sawwan
6. Jahrtausend v. Chr.
Alabaster
Höhe 13,2 cm
IM 69077

Diesen Figurentyp, der oft als »Mutter-Gottheit« bezeichnet wird, kennen wir von vielen Fundstätten dieser Zeit. Gegenüber der gleichzeitigen Keramik sind diese Statuetten von wesentlich besserer Qualität. Da man auch unfertige Statuetten gefunden hat, ist anzunehmen, daß diese Stücke am Orte angefertigt wurden. Nachdem die Figur aus dem Stein herausgeschnitten war, wurde sie geglättet.

3 Hockende weibliche Figur

(siehe Farbabbildung S. 37, Abb. 22)

Tell as-Sawwan
6. Jahrtausend v. Chr.
Alabaster
Höhe 9,4 cm
IM 69079

Unter den in Tell as-Sawwan gefundenen Statuetten gibt es nur wenige in Hockstellung. Die Figur trägt ebenfalls eine Perlenkette. Entweder sind die Haare mit Bitumen geschwärzt oder – so anscheinend die Annahme der Ausgräber – es handelt sich um die Darstellung einer Kopfbedeckung.

Literatur: EL-WAILLY, S. 1 ff.

4 Stehende weibliche Figur

Tell as-Sawwan
6. Jahrtausend v. Chr.
Alabaster
Höhe 9,5 cm
IM 68857

5 Stehende weibliche Figur

Tell as-Sawwan
6. Jahrtausend v. Chr.
Alabaster
Höhe 8,4 cm
IM 74596

6 Stehende weibliche Figur

Tell as-Sawwan
6. Jahrtausend v. Chr.
Alabaster
Höhe 7,2 cm
IM 68873

7 Stehende weibliche Figur

Tell as-Sawwan
6. Jahrtausend v. Chr.
Alabaster
Höhe 6 cm
IM 69266

8 Sitzende weibliche Figur

Tell as-Sawwan
6. Jahrtausend v. Chr.
Alabaster
Höhe 6,4 cm
IM 71499

9 Stehende weibliche Figur

Tell as-Sawwan
6. Jahrtausend v. Chr.
Alabaster
Höhe 6,7 cm
IM 74136

Literatur: Yasin, Taf. 23, Fig. 40

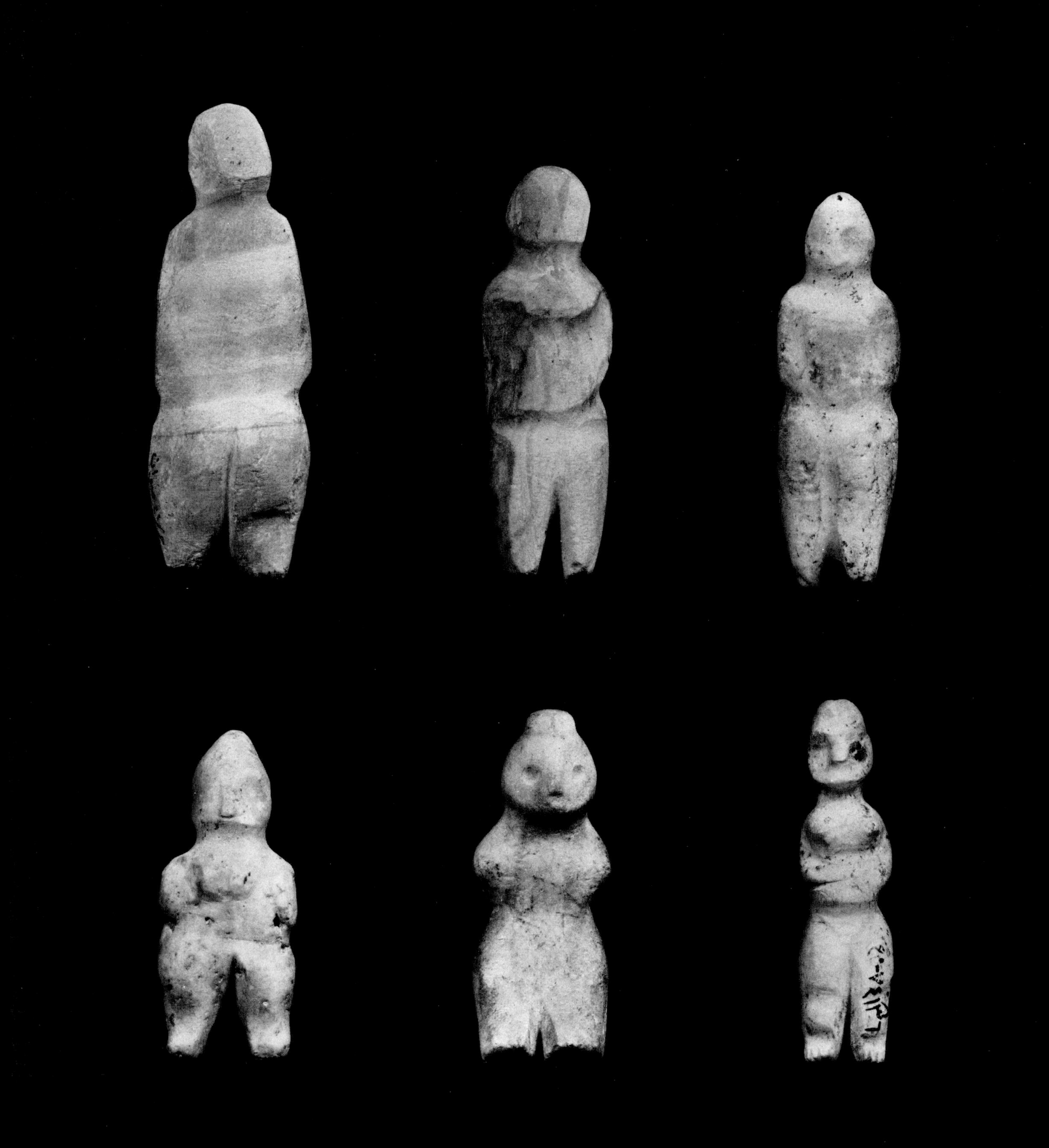

10 Sitzende weibliche Figur

(siehe Farbabbildung S. 37, Abb. 22)

Tell as-Sawwan
6. Jahrtausend v. Chr.
Alabaster
Höhe 5,2 cm
IM 71426

11 Stehende weibliche Figur

Tell as-Sawwan
6. Jahrtausend v. Chr.
Alabaster
Höhe 9,4 cm
IM 74147

12 Stehende weibliche Figur

(siehe Farbabbildung S. 37, Abb. 22)

Tell as-Sawwan
6. Jahrtausend v. Chr.
Alabaster
Höhe 9,3 cm
IM 74177

13 Stehende weibliche Figur

(siehe Farbabbildung S. 37, Abb. 22)

Tell as-Sawwan
6. Jahrtausend v. Chr.
Alabaster
Höhe 4 cm
IM 74582

14 Stehende weibliche Figur

Tell as-Sawwan
6. Jahrtausend v. Chr.
Alabaster
Höhe 5,3 cm
IM 71500

15 Stehende weibliche Figur

Tell as-Sawwan
6. Jahrtausend v. Chr.
Alabaster
Höhe 6,2 cm
IM 68513

16 Hockende weibliche Figur

(siehe Farbabbildung S. 37, Abb. 22)

Tell as-Sawwan
6. Jahrtausend v. Chr.
Alabaster
Höhe 5,3 cm
IM 68504

Diese Figur bildet im Vergleich zu den anderen eine Ausnahme. Sie wirkt nicht nur unvollendet, der Künstler dürfte seine Arbeit wirklich noch nicht vollendet gehabt haben. Die Ausgräber gehen jedenfalls von dieser Annahme aus und sehen darin einen Beweis dafür, daß diese Statuetten eine lokale Arbeit sind.

Literatur: EL WAILLY – ABU ES SOOF, S. 22.

17 Stein in Form einer sitzenden Figur

Tell as-Sawwan
6. Jahrtausend v. Chr.
Flußkiesel
Höhe 7,2 cm
IM J Ex 5

Auch dieses Stück fällt aus dem Rahmen. Lassen die Bearbeitungsspuren bei dem vorhergehenden Stück mit Sicherheit den Schluß zu, daß es von Menschenhand geschaffen worden ist, so dürfte es sich bei diesem Objekt um ein von der Natur geschaffenes Gebilde handeln, das durch Auswaschen im Fluß entstanden ist.

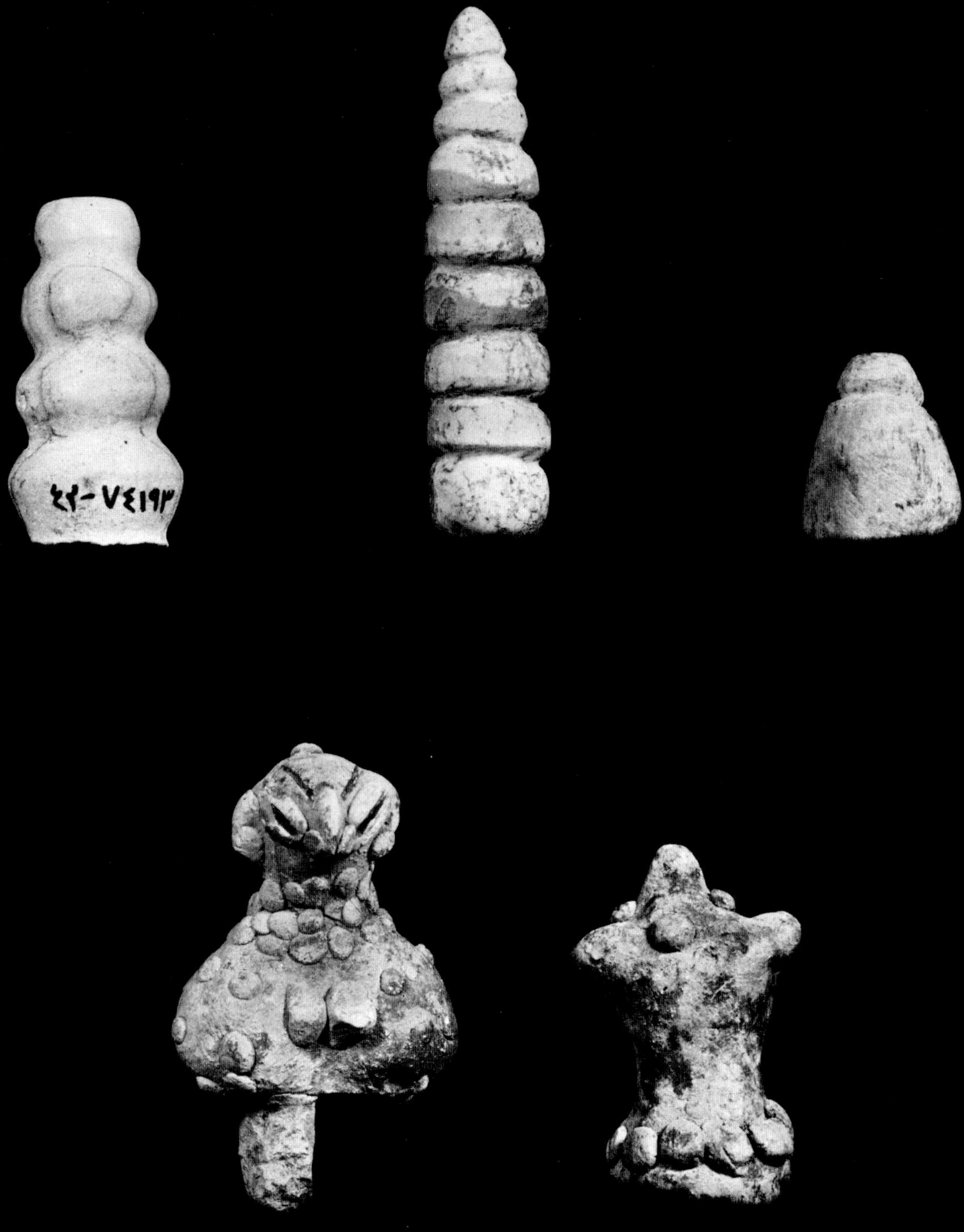

18 Konisches Objekt

(siehe Farbabbildung S. 37, Abb. 22)

Tell as-Sawwan
6. Jahrtausend v. Chr.
Alabaster
Höhe 4,3 cm
IM 74193

Über die Bedeutung dieses und der beiden nachfolgenden Objekte, die man ebenfalls in Gräbern gefunden hat, lassen sich nur Vermutungen anstellen. Eine gewisse Ähnlichkeit des Objektes Nr. 20 mit konischen Objekten aus Alabaster, die in Tepe Gaura (Grabungsplatz ca. 25 km nordöstlich von Mossul) in der Nähe der Hände eines Kindes gefunden wurden und deshalb von den Ausgräbern als Spielsteine gedeutet werden, läßt die Vermutung zu, daß es sich bei dem Objekt Nr. 20 ebenfalls um einen Spielstein handelt. Der Fund in Tepe Gaura datiert allerdings 2000 Jahre jünger.

19 Konisches Objekt

(siehe Farbabbildung S. 37, Abb. 22)

Tell as-Sawwan
6. Jahrtausend v. Chr.
Alabaster
Höhe 7,6 cm
IM 74159

20 Konisches Objekt

(siehe Farbabbildung S. 37, Abb. 22)

Tell as-Sawwan
6. Jahrtausend v. Chr.
Alabaster
Höhe 2 cm
IM 74577

21 Oberteil einer weiblichen Figur

Tell as-Sawwan
6. Jahrtausend v. Chr.
Terrakotta
Höhe 5,7 cm
IM 69450

Neben den Alabasterstatuetten hat man auch mehrere menschliche Figuren aus Terrakotta als Grabbeigaben gefunden. Es handelt sich fast ausschließlich um weibliche Darstellungen. Dies ist zwar nichts außergewöhnliches: auch an anderen Fundorten in Mesopotamien, Anatolien und Iran bilden männliche Darstellungen eine Ausnahme. Auffällig ist jedoch, daß bei dem überwiegenden Teil dieser weiblichen Statuetten der Kopf fehlt und daß auch keine einzelnen Köpfe bei den Ausgrabungen gefunden worden sind. Das könnte auf eine beabsichtigte Entfernung des Kopfes hindeuten.
Die Figur Nr. 21 muß man sich stehend vorstellen, der untere Teil der Figur fehlt. Die auf dem Körper angebrachten Tonscheiben stellen Schmuck dar.

Literatur: vgl. Oates, S. 146 ff.

22 Fragment einer weiblichen Figur

Tell as-Sawwan
6. Jahrtausend v. Chr.
Terrakotta
Höhe 4,1 cm
IM 69245

Literatur: vgl. Oates, S. 146 ff.

23 Schale

Tell as-Sawwan
6. Jahrtausend v. Chr.
Alabaster
Höhe 3,4 cm, Durchmesser 12,9 cm
IM 69059

Dieses sowie die drei folgenden Gefäße aus Alabaster sind ein weiteres Beispiel für das Können der Handwerker und den Lebensstandard der Bewohner von Tell as-Sawwan. Der überwiegende Teil der Gefäße stammt aus den beiden ältesten Schichten (I–II). Die Tatsache, daß wenig Keramikgefäße überhaupt gefunden wurden, läßt den Schluß zu, daß diese Alabastergefäße nicht allein als Grabbeigaben verwendet, sondern auch im täglichen Gebrauch benutzt wurden. Die Alabastergefäße sind dann durch die bemalte Samarra-Ware, die ab Schicht III auftaucht, verdrängt worden. Von dieser Zeit an fehlen solche Gefäße als Grabbeigaben.

24 Becher

Tell as-Sawwan
6. Jahrtausend v. Chr.
Alabaster
Höhe 8 cm, Durchmesser 5,7 cm
IM 69048

25 Topf

Tell as-Sawwan
6. Jahrtausend v. Chr.
Alabaster
Höhe 17,5 cm, Durchmesser 15,7 cm
IM 68481

25

24

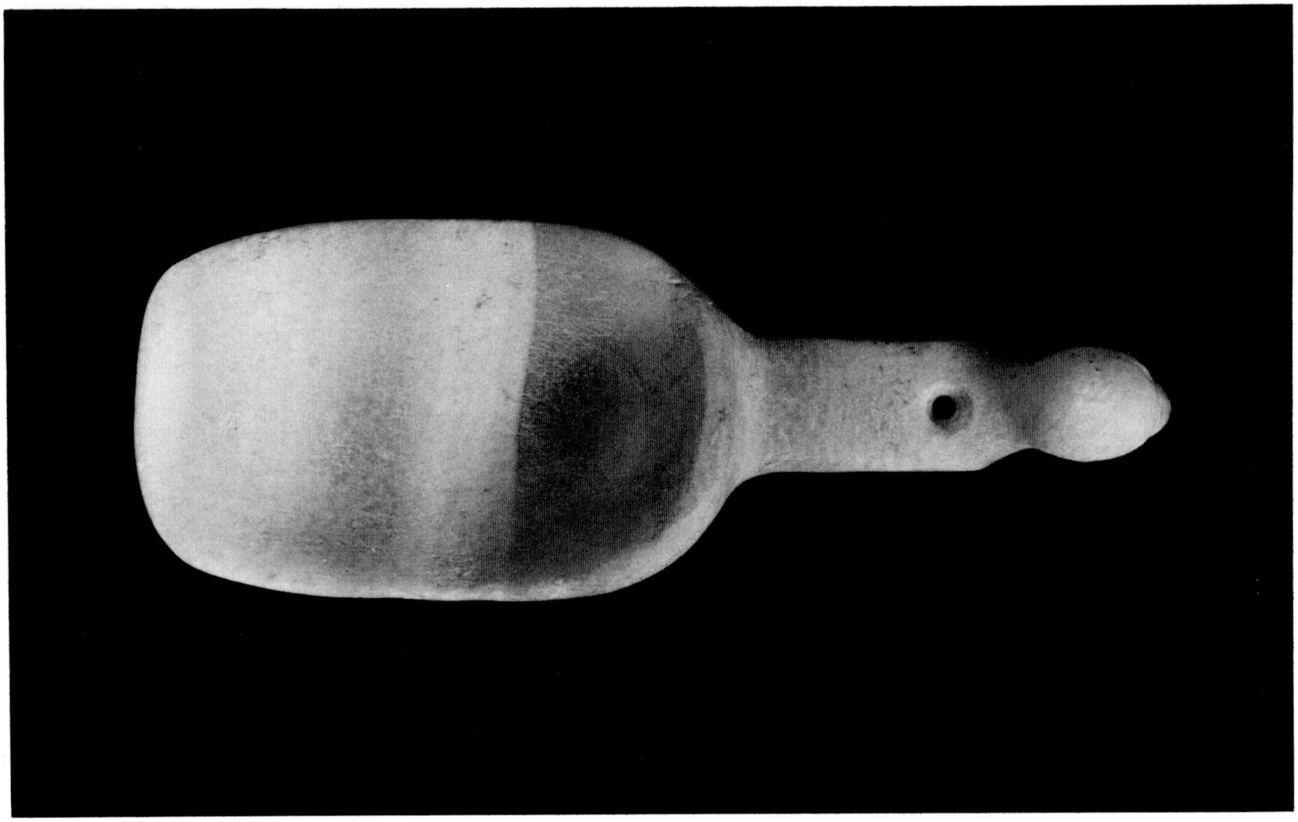

26 Schale mit Stiel

Tell as-Sawwan
6. Jahrtausend v. Chr.
Alabaster
Länge 13,8 cm, Breite 5,2 cm
IM 69060

Ein schönes Beispiel für die handwerklichen Fähigkeiten jener Zeit liefert auch diese Schale mit durchbohrtem Stiel, dessen Ende ein stilisierter Vogelkopf bildet.

27 Schüssel

Umm Dabaghiya
ca. 6000–5500 v. Chr.
Alabaster
Höhe 8,4 cm, Durchmesser 12,8–9,2 cm
IM 75185

Umm Dabaghiya in Nord-Irak liegt in der Nähe Hatras, einer der bedeutendsten Städte aus der Partherzeit; seit 1971 gräbt dort eine englische Mission. Es handelt sich um eine kleine Siedlung (100 m x 85 m), deren vier Schichten, die eine einheitliche Kultur repräsentieren, alle in die 1. Hälfte des 6. Jahrtausends gehören. Umm Dabaghiya ist somit die älteste Kultur, die wir in diesem Steppengebiet westlich des Tigris kennen.
Nach Ansicht der Ausgräber war Umm Dabaghiya, das an der Grenze zwischen Wüste und Steppe lag, wahrscheinlich eine Handelsstation, deren Bewohner sich neben der bescheidenen Landwirtschaft auf die Jagd von Onager (Wildesel) und Gazelle spezialisiert hatten, bzw. diese Tiere von umherziehenden Jägern erwarben, verarbeiteten und diese Produkte dann verhandelten. Zur Lagerung diente die große Anzahl der Vorratsräume, die das besondere Kennzeichen der Siedlung bilden. Ein besonderer Fund wurde in der Kampagne 1974 gemacht: in einem Raum, wahrscheinlich der Küche des Hauses, wurde eine Wandmalerei entdeckt. Dargestellt sind fünf Onager, die von mehreren hakenähnlichen Objekten umgeben sind.
Der Handel hat den Bewohnern von Umm Dabaghiya sicherlich zu einem gewissen Wohlstand verholfen, der sie in die Lage versetzte, Gefäße wie das hier ausgestellte zu erwerben.

Literatur: D. Kirkbride, *Iraq 35* (1973), S. 4, Taf. 2,1. 8b; dieselbe *Iraq 36* (1974), S. 85 ff.

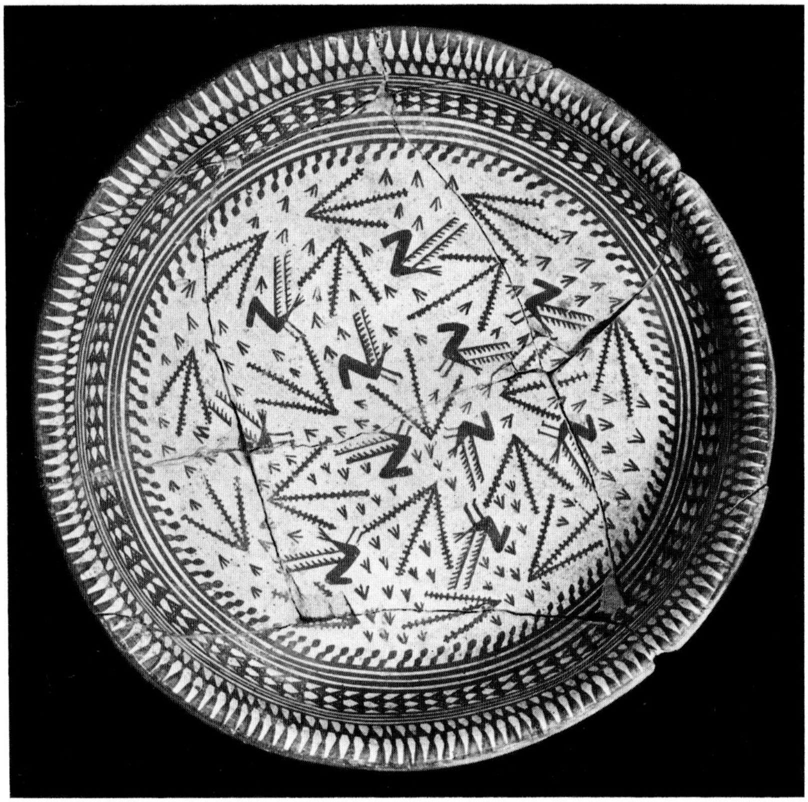

28 Bemalte Schale
(siehe Farbabbildung S. 22, Abb. 14)

Tell as-Sawwan
ca. 5000 v. Chr.
Keramik
Höhe 8,2 cm, Durchmesser 30 cm
IM 74594

Diese Schale, die aus einer der späteren Schichten von Tell as-Sawwan stammt, ist ein gutes Beispiel für die Samarra-Ware. Sie kommt ab Schicht III dort vor und dürfte ihre Produktionszentren am Tigris in der Gegend südlich von Mossul (in oder um Tell Hassuna) gehabt haben. Nach Osten findet sie sich bis zu den Zagros-Bergen und nach Westen bis in die Gegend des Chabur Flusses (Chagar Bazar, s. Karte I). Eines der bisher ungelösten Probleme der mesopotamischen Archäologie ist die Frage, welche Verbindungen zwischen den drei großen Keramikkreisen Hassuna, Samarra und Halaf, die teilweise zeitlich nebeneinander existierten, bestanden.

Literatur: F. Ippolitoni, *Mesopotamia* 5/6 (1970/71), S. 105 ff.

29 Bemalte Schale
(siehe Farbabbildung S. 23, Abb. 15)

Arpatschiya, Schicht 6
5000–4500 v. Chr.
Keramik
Höhe 9,1 cm, Durchmesser 32 cm
IM 17837

Diese Schale ist eines der schönsten Beispiele der Halaf-Ware, einem der bedeutendsten Keramikkreise des Chalkolithikums. Sie ist auf einem orangeroten Tongrund schwarz, rot und weiß bemalt. Die äußere Wandung ist mit roten Streifen und schwarzen Wellenlinien verziert. Ein solches Stück war natürlich ebenso wie die nachfolgenden Beispiele keine Ware für den täglichen Gebrauch, sondern Luxusobjekt.

Die Schale wurde schon 1933 bei einer englischen Grabung in Arpatschiya, in der Nähe von Mossul gefunden; sie war in mehrere Teile zerbrochen, konnte aber von den Ausgräbern wieder vollständig zusammengesetzt werden. Interessant ist ferner, daß es sich bei dem im Zentrum der Siedlung liegenden Haus, in dem dieses Gefäß gefunden wurde, um eine Töpferwerkstatt handelte. Nach den weiteren zahlreichen wertvollen Funden zu urteilen, muß es sich bei dem Besitzer um einen der wohlhabendsten Bewohner der Siedlung gehandelt haben.

In Arpatschiya sind eine große Anzahl von hervorragenden Beispielen der Halaf-Ware entdeckt worden, einer Ware, die noch nicht auf der Töpferscheibe geformt ist und die im Hinblick auf Qualität, Schönheit und Eleganz wohl den Höhepunkt der Buntkeramik-Epoche in Mesopotamien bildete.

Literatur: MALLOWAN-ROSE, S. 107, Titelbild und Taf. XIX,1; STROMMENGER, S. 48, Taf. II; B. HROUDA, *Artikel »Halaf-Ware«*, RLA Bd. 4 (1972), S. 55 ff.; M.-T. BARRELET, S. 5 ff. (hier finden sich interessante Einzelheiten über die Rolle des Töpfers im alten Mesopotamien und über die heutige soziale Stellung dieses Berufes im Vorderen Orient).

30 Schale mit hohem Fuß

Arpatschiya, Schicht 7–8
5000–4500 v. Chr.
Keramik
Höhe 18,5 cm, Durchmesser 20–6,6 cm
IM 14754

Dieses Stück stammt ebenfalls aus Arpatschiya und zeigt die Vielfältigkeit der Halaf-Ware: die Schale ist auf cremefarbigem Ton in glänzendem Schwarz bemalt. Die punktartige Musterung war bei den Töpfern von Arpatschiya sehr verbreitet. Die schachbrettartigen Muster an den Seiten betonen die ovale Form des Gefäßes.

Literatur: MALLOWAN-ROSE, S. 135 ff., Abb. 65,4, Taf. XXIc, XXII,5.

31 Schale

Arpatschiya
5000–4500 v. Chr.
Keramik
Höhe 10,5 cm, Durchmesser 25 cm
IM 14722

Ein weiteres schönes Beispiel für die Reichhaltigkeit der Halaf-Ware ist diese hochwandige Schale. Auf gelblichem Tongrund ist sie mit einem schachbrettartigen Muster in leuchtendem Rot bemalt.
Neuere naturwissenschaftliche Untersuchungen mittels der sogenannten »Neutronen-Aktivierungs-Analyse« – ein physikalisch-chemisches Verfahren, das Vergleiche über die Beschaffenheit von alter Keramik und heutigen Tonerde-Fundstellen durch Messung von Spurenelementen, die natürlicherweise in der Tonerde vorkommen, erlaubt –, haben interessante Einzelheiten über die Herstellung und den Handel mit der Halaf-Ware erbracht. In der späteren Halafzeit hat es danach einen regen Handel, vor allem von den Plätzen Tell Halaf und Chagar Bazar (beide im Gebiet des Chabur-Flusses) aus, mit dieser Qualitätsware gegeben: die Untersuchungen der Universität Edinburgh, England ergaben, daß viele an anderen Orten gefundene Scherben der Halaf-Ware aus Tonerde gemacht waren, die aus der unmittelbaren Umgebung der beiden genannten Plätze stammt. Dieses Verfahren, das noch verhältnismäßig neu ist, wird sicherlich in Zukunft manche interessanten Erkenntnisse über die Werkstätten und den Handel mit Keramik ermöglichen.

Literatur: Mallowan-Rose, S. 139, Abb. 66,7; T. E. Davidson–H. Muckerell, *Iraq* 38 (1976), S. 45 ff. (über die »Neutronen-Aktivierungs-Analyse«)

32 Modell eines Bootes

Eridu
4000–3500 v. Chr.
Terrakotta
Länge 26 cm, Breite 15,5 cm
IM 54900

Dieses älteste bisher bekannte Modell eines Segelbootes stammt aus Eridu im südlichen Mesopotamien, in der Nähe von Ur. Eridu ist einer der wichtigsten Fundplätze für die Vorgeschichte des südlichen Mesopotamiens. Es wurde in den Jahren 1946–1949 von einer irakisch/englischen Mission teilweise ausgegraben. Seine Geschichte beginnt ca. 5500 v. Chr. und reicht bis in die sumerische Zeit. Das Boot wurde in dem Grab eines Mannes aus der vorsumerischen Zeit gefunden. Die Löcher in den Bootswänden und der Sockel mittschiffs dienten zur Errichtung des Mastes und der Befestigung der Takelage.

Über den Zweck dieser Grabbeigabe kann man nur Vermutungen anstellen. Vielleicht war der Tote Fischer, Fährmann oder ähnliches, und man glaubte, daß er durch Mitgabe des Bootes seinen Beruf im Jenseits weiter ausüben könnte. Im südlichen Mesopotamien mit seinen Sümpfen, kleinen Wasserarmen und Kanälen, die von Tigris und Euphrat abzweigen, war in alten Zeiten und zum Teil auch heute noch das Boot ein wichtiges Verkehrsmittel. Überwiegend dürften diese Boote wegen der

Holzknappheit in diesem Gebiet aus Schilf angefertigt worden sein. Daß man auch mit solchen Booten größere Entfernungen zurücklegen kann, hat in diesen Tagen der Versuch des bekannten Forschers Thor Heyerdahl gezeigt, der mit einem Schilfboot, das nach alten Vorbildern angefertigt wurde, vom Schatt-el-Arab (Mündungsgebiet von Euphrat und Tigris bei Basra) bis weit in den Indischen Ozean fuhr.

Literatur: S. Lloyd–F. Safar, *Sumer* 4 (1948), S. 118, Taf. V

33 Figur eines Rindes

Uruk-Warka
4000–3500 v. Chr.
Terrakotta
Höhe 5,3 cm, Länge 10,3 cm
IM 66808

Dieser Typus von Tierterrakotten wurde sehr zahlreich in Uruk gefunden. Dieses Stück stammt wie die meisten anderen aus der vorsumerischen Zeit. Sie sind zwar mit der Hand geformt, die Herstellung erfolgte aber sicherlich in einer Art von früher Massenproduktion: man schnitt von walzenartig gerolltem Ton Stücke der gewünschten Tierlänge ab und formte dann den Körper. Kopf und Beine wurden extra gefertigt und angefügt; anschließend erfolgte das Brennen. Viele der Tiere, wie auch das vorliegende Beispiel, wurden bemalt. Die Fundlage dieses und anderer gleicher Objekte läßt leider keine Aussage über die Zweckbestimmung dieser Gattung zu. Möglicherweise hatten sie eine religiöse Funktion.

Literatur: Ziegler, S. 22 ff., 150 ff., Taf. 3

34 Oberkörper einer männlichen Statuette

(siehe Farbabbildung S. 41, Abb. 26)

Uruk-Warka
ca. 3300–3000 v. Chr.
Alabaster
Höhe 18 cm
IM 61986

Die leider stark beschädigte Statuette gehört mit zu den ältesten bisher bekannt gewordenen und plastisch in Stein dargestellten Menschenbildern. Auch hier erlaubt die Fundlage – das Stück war in einem Tongefäß in der Nähe eines sumerischen Tempels bestattet – keine genaue Datierung. Dennoch gehört das Stück in den Beginn der sumerischen Zeit. Die sorgfältige Bestattung läßt den Schluß zu, daß die Zerstörung der Statuette nicht erst bei der Bestattung geschehen ist: sie war schon vorher beschädigt. Vermutlich war sie Eigentum des in der Nähe liegenden Tempels und wurde als Inventar sorgfältig bestattet.
Der dargestellte Typus: bärtig, hochgebundenes Haar, bekleidet mit einem Rock, ist uns von Flachbildern und Rollsiegeln her bekannt. Es könnte sich um einen Fürsten handeln. Die Augäpfel bestehen aus weißem Muschelkern, in den die Pupillen mit Lapislazuli eingesetzt waren. Unklar ist für uns die Handhaltung: die Hände sind zu Fäusten geballt, über die der recht große Daumen hervorsteht. Die zeitlich etwas späteren »Beter-Figuren« werden überwiegend mit ineinandergelegten oder erhobenen Unterarmen dargestellt (vgl. Nr. 62).

Literatur: LENZEN, S. 37 ff., Taf. 17, 18, 24a; B. HROUDA, *Baghdader Mitteilungen* 5 (1970), S. 33 ff.; ORTHMANN, S. 161, Abb. 10

35 Stierfigur

Uruk-Warka
um 3000 v. Chr.
Kalkstein und Silber
Höhe 8 cm, Länge 8,3 cm
IM 22472

Der Stier, der zu den künstlerisch hervorragendsten Tierplastiken der sumerischen Zeit gehört, wurde im Winter 1934/35 in der Schicht III im Tempelbezirk von Eanna, dem der Stadtgöttin Inanna/Ischtar geweihten Haupttheiligtum, in einem Sammelfund entdeckt.

Der Körper und der Kopf sind aus Kalkstein gearbeitet. Besonders schön ist dabei der Stiernacken modelliert. Die Beine sind aus Silber angesetzt und ebenfalls, wie der Körper, schön durchmodelliert, so daß jeder Muskel deutlich hervortritt. Die fehlenden Hörner waren entweder aus Silber, vielleicht sogar aus Gold gearbeitet. Dasselbe dürfte für die anderen fehlenden Teile, Ohren, Schwanz und Geschlecht, gegolten haben. Der Tierkörper war, wie die Vertiefungen zeigen, ebenfalls ausgelegt: möglicherweise mit farbigen Steinen. In den Augen waren noch Spuren von Lapislazuli zu erkennen. Die Verwendung verschiedenartigen Materials findet sich häufig in der sumerischen Kunst. Ebenso ist der im rechten Winkel herausgekehrte Kopf ein in dieser Zeit häufig vorkommendes Merkmal.

Die Fundlage des Stückes im Tempelbezirk könnte darauf hindeuten, daß es als symbolisches Opfer dem Tempel vermacht wurde.

Literatur: H. LENZEN, in NÖLDEKE, S. 15 ff., Taf. 24b; ORTHMANN, S. 162, Abb. 14b

36 Tüllenkanne mit plastischem Dekor

Uruk-Warka
um 3000 v. Chr.
Kalkstein
Höhe 20,3 cm, größter Durchmesser 11,5 cm
IM 19169

Diese Tüllenkanne ist eine der typischen Gefäßformen jener Zeit. Auf der Schulter des Gefäßes stehen symmetrisch links und rechts neben der Tülle zwei vollplastisch gearbeitete kleine Löwenfiguren. Auf dem kegelförmigen Körper der Kanne sind die Figuren zweier Löwen, die zwei Stiere angreifen, angebracht, jedoch mit dem Unterschied, daß lediglich die Köpfe der Tiere vollplastisch sind; die Körper dagegen sind als Relief gearbeitet.
Die Kanne gehört zu einem Sammelfund, der eine Kampagne später als der Sammelfund mit der Stier-Figur Nr. 35 ebenfalls in Schicht III im Tempelbezirk von Eanna gemacht wurde. Ein solches Gefäß war sicherlich nicht für den täglichen Gebrauch bestimmt: mit ihm wurden im Tempel Trankopfer vollzogen.

Literatur: E. HEINRICH, *Kleinfunde aus den archaischen Tempelschichten in Uruk*, Berlin 1936, S. 35, Taf. 22, 23a; STROMMENGER, S. 56 ff., Taf. 26, 27

37 Schale mit plastischem Dekor

um 3000 v. Chr.
Kalkstein
Höhe 9 cm, Durchmesser 22 cm
IM 10786

Von diesem Stück sind leider weder die Fundumstände noch der Fundort bekannt. Vergleicht man es mit der Tüllenkanne Nr. 36, so ist bei dem Dekor die mindere Qualität deutlich zu erkennen. Sieben Schafe, über deren Rücken jeweils eine Rosette, das Symbol der Göttin Inanna, angebracht ist, schreiten nach rechts gewandt. Es fehlt aber die vollplastische Herausarbeitung der Köpfe. Auch ein solches Gefäß wurde wohl bei der Vollziehung von Opfern benutzt.

Literatur: E. DOUGLAS VAN BUREN, *Analecta Orientalia* 18 (1939), S. 66, Abb. 68

38 Szepterartiger Stab

Uruk-Warka
ca. 3300–3000 v. Chr.
Granit und Gold
Höhe 9,7 cm, Durchmesser 5 cm
IM 41150

Leider ist dieses Stück unvollständig. Dennoch beeindruckt es durch seine handwerkliche Qualität. Über einen runden, sehr fein polierten Schaft aus grauem granitartigem Stein ist eine Hülse aus Goldblech gezogen. Von oben sind Stab und Goldhülse angebohrt. Wahrscheinlich steckte auf dem Schaft noch ein bekrönendes Teil, wohl aus Metall. Es liegt nahe anzunehmen, daß dieses Gerät als Szepter diente.

Literatur: E. HEINRICH in: A. NÖLDEKE, *Neunter Vorläufiger Bericht über die in Uruk-Warka unternommenen Ausgrabungen,* Berlin 1938, S. 25 Taf. 29b

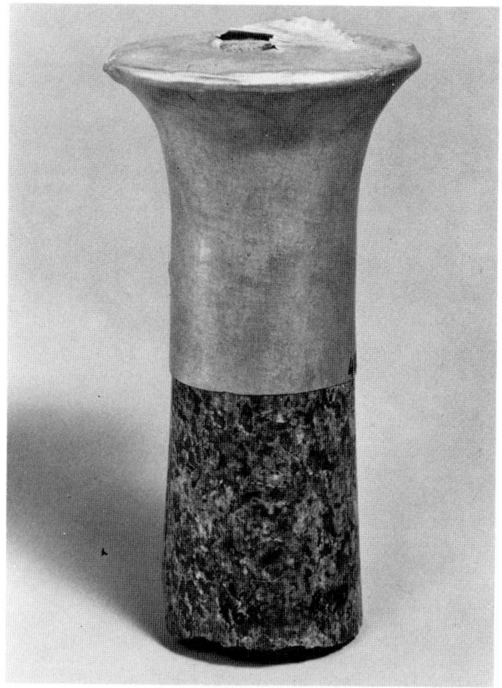

38

37

39 Stempelsiegel

Agrab
Dschemdet-Nasr-Zeit (ca. 3100-2900 v. Chr.)
Kalkstein
Länge 4,7 cm, Breite 2,9 cm
IM 27498

Das Siegel hat die Form eines liegenden Rindes. Die Unterseite ist flach und trägt die vertiefte Darstellung von drei Tieren, die – für diese Zeit ganz typisch – unter Verwendung eines Kugelbohrers hergestellt wurde. Diese Technik, die in der Dschemdet-Nasr-Zeit entwickelt wurde, erlaubte zwar eine rasche Produktion derartiger Siegel, doch sind die Abbildungen entsprechend undeutlich.

40 Stempelsiegel

Chafadsche
Dschemdet-Nasr-Zeit (ca. 3100–2900 v. Chr.)
Marmor
Länge 3,3 cm, Breite 2,3 cm
IM 24467

Auch dieses Siegel hat die Form eines liegenden Tieres, das jedoch nicht mit Sicherheit zu bestimmen ist. Die Unterseite zeigt ein aus zwei Tieren bestehendes Stempelbild.

41 Stempelsiegel

Agrab
Dschemdet-Nasr-Zeit (ca. 3100–2900 v. Chr.)
Kalkstein
Länge 3,1 cm, Breite 2,3 cm
IM 31522

Das Figürchen stellt ein liegendes Rind dar. Das Stempelbild wird wiederum von zwei nicht näher erkennbaren Tieren gebildet.

42 Stempelsiegel

al-Rimah
Dschemdet-Nasr-Zeit (ca. 3100–2900 v. Chr.)
Grünlicher Stein
Länge 4 cm, Breite 2,8 cm
IM 72565

Figur eines liegenden Rindes; die Stempelfläche zeigt zwei Tiere, die vielleicht ebenfalls als Rinder zu deuten sind.
In der Dschemdet-Nasr-Zeit ging der Gebrauch des Stempelsiegels stark zurück, da mit der Verbreitung der Schrift und der Tontafeln, worauf sie geschrieben wurde, das Rollsiegel aufkam und das Stempelsiegel ablöste (vgl. auch den Abschnitt »Rollsiegel« in diesem Katalog).

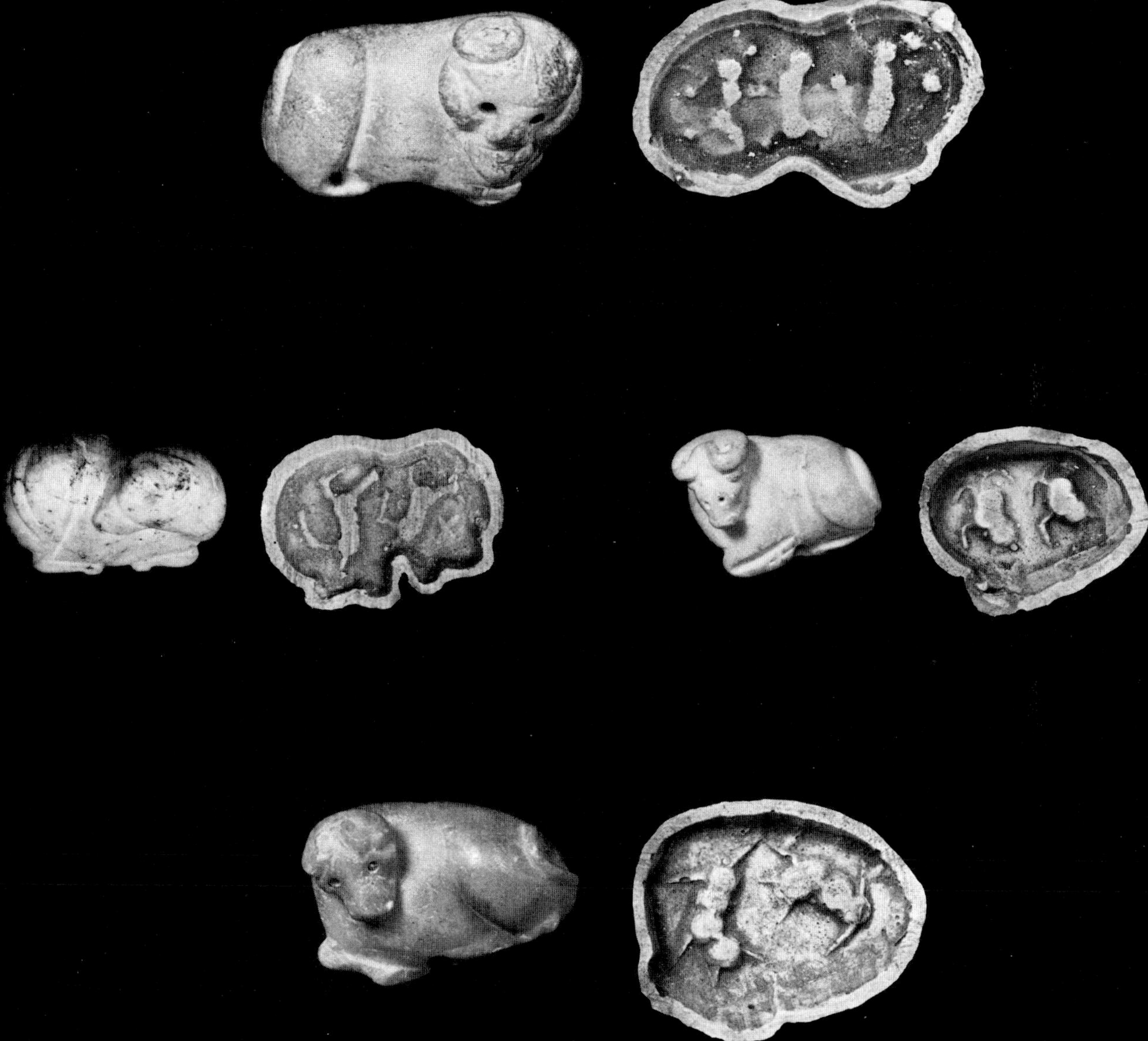

43 Rollsiegel

Warka (W. 19223)
Dschemdet-Nasr-Zeit (ca. 3100–2900 v. Chr.)
Serpentin (marmorartiger Stein)
Höhe 9 cm, Durchmesser 5 cm
IM 61984

Das Siegelbild stellt eine Jagdszene dar. Das Bildfeld ist in drei Zonen gegliedert, auf die die tief eingeschnittenen figürlichen Darstellungen verteilt sind. In der unteren Reihe erkennt man zwei Rinder, deren jedes von einem Löwen verfolgt wird. In der mittleren Reihe sieht man zwei Steinböcke oder Antilopen, die jeweils von einem Hund verfolgt werden. In der obersten Reihe schließlich ist ein hockender Mensch dargestellt, der durch den Bogen in seiner ausgestreckten Hand als Jäger gekennzeichnet wird. Vor ihm stehen drei große Vögel, die wohl als Raubvögel zu deuten sind.

Literatur: Lenzen, S. 47 und Tf. 25a.

44 Rollsiegel

Chafadsche
Dschemdet-Nasr-Zeit (ca. 3100–2900 v. Chr.)
Weißer Stein
Höhe 2,3 cm, Durchmesser 1,9 cm
IM 31435

Die schlichte Darstellung zweier Gazellen in vollem Lauf wirkt gerade durch ihre nur skizzenhafte Ausarbeitung. Die Anordnung von Tieren zu Bändern dieser Art war bis in die Akkad-Zeit hinein ein beliebtes Motiv der Siegelschneidekunst.

Literatur: Frankfort, *Cylinder Seals,* Pl. 7, Nr. 38.

45 Rollsiegel

Warka (W 15842)
Dschemdet-Nasr-Zeit (ca. 3100–2900 v. Chr.)
Rötlicher Kalkstein
Höhe 3,5 cm, Durchmesser 1,2 cm
IM 22496

Das Siegelbild zeigt die Vorderfront einer Hütte aus Schilfgeflecht, in deren Mitte sich eine Türe befindet. Solche Hütten dürften vor allem in dem lagunenreichen Mündungsgebiet von Euphrat und Tigris sehr häufig gewesen sein. Daneben sieht man drei halbkreisförmige Gebilde, deren oberstes Strahlen aussendet.

Literatur: von Haller bei Nöldeke, S. 45 und Tf. 38, h.

46 Rollsiegel

Agrab
Dschemdet-Nasr-Zeit (ca. 3100–2900 v. Chr.)
Steatit
Höhe 4,1 cm, Durchmesser 1,5 cm
IM 27315

Dieses Siegel zeigt ein ziemlich einfaches Dekor aus gravierten Linien, die dachartig in zwei Bändern angeordnet sind. Siegel dieser Art, die nicht eben Kostbarkeiten dargestellt haben dürften, wurden von Privatleuten benutzt.

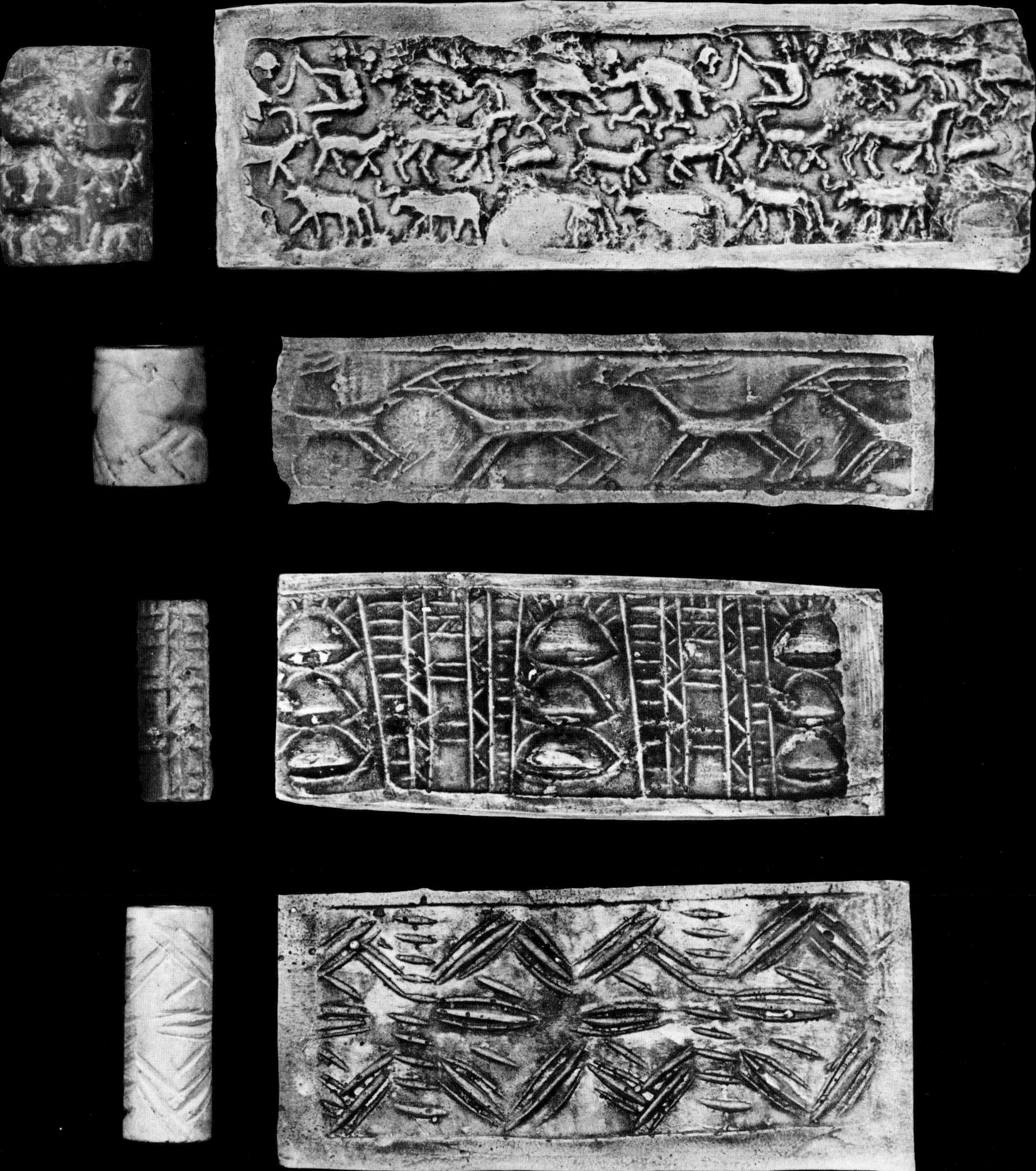

47 Rollsiegel

Chafadsche
Dschemdet-Nasr-Zeit (ca. 3100–2900 v. Chr.)
Schwarzer Stein
Höhe 3,7 cm, Durchmesser 1,1 cm
IM 24377

Aus rein geometrischen Formen aufgebaut, wirkt das Siegelbild vor allem durch die sorgfältige Ausführung. Welche Bedeutung die einzelnen Figuren hatten, z. B. das »Malteserkreuz« in der Mitte, ist unbekannt (vgl. dazu S. 9).

Literatur: Frankfort, *Cylinder Seals,* S. 8 und 18, Pl. 30, Nr. 297.

48 Rollsiegel

Tello
Frühdynastische Zeit (ca. 2900–2350 v. Chr.)
Muschel
Höhe 3,3 cm, Durchmesser 2 cm
IM 9381

Thema und Durchführung dieses Siegelbildes sind exemplarisch für den älteren frühdynastischen Stil. Sehr schmale, durch die Betonung der Linien nahezu filigranhaft wirkende und eng nebeneinander gestellte Figuren füllen die Bildfläche wie mit einem Ornament. Tiere werden gewöhnlich auf den Hinterbeinen aufgerichtet dargestellt und erreichen so dieselbe, an den Rand der Bildfläche grenzende Höhe wie die Menschen. Tierkampfszenen wie die auf diesem Siegel sind ein neu aufkommendes Motiv von späterhin weiter Verbreitung. Im Mittelpunkt stehen überkreuzt zwei auf den Hinterbeinen aufgerichtete, angreifende Löwen, von denen der linke eine Ziege, der rechte ein Rind angreift. Beide Tiere werden von einem Mann mit erhobenem Dolch verteidigt. Die Szene versinnbildlicht den Schutz der Herden durch einen Heroen.

Literatur: De Genouillac, *Fouilles de Tello II,* Paris 1936, S. 80 f. und Tf. 117 Nr. 3; Parrot, *Tello,* S. 116 und Tf. IX.

49 Rollsiegel

Asmar
Akkad-Zeit (ca. 2330–2200 v. Chr.)
Muschel
Höhe 3,4 cm, Durchmesser 2 cm
IM 15637

In der Zeit von Akkad löst sich die ältere, ganz in den Bildstreifen eingepaßte Tierkampfszene oft in einzelne Gruppen auf, ohne daß das Thema als solches an Beliebtheit verloren hätte. Hier sind zwei dieser Gruppen nebeneinandergestellt: links ein Mann, der mit einem Stier kämpft, rechts ein Kampf zwischen Löwe und Stier. Die beiden Gruppen sind durch eine stilisierte Pflanze und durch einen fliegenden Vogel voneinander getrennt.

50 Rollsiegel

Ur (U. 10764)
Akkad-Zeit (ca. 2330–2200 v. Chr.)
Schwarzer Steatit
Höhe 3,5 cm, Durchmesser 2,2 cm
IM 8083

Die überwiegend symmetrische Anordnung der Tierkampfszene wird in der Akkad-Zeit um die Figur des Helden zentriert, so daß oft eine Fünfergruppe entsteht. In der Mitte steht der Held, der rechts und links je eine Gazelle gegen einen angreifenden Löwen verteidigt. Von der rechten Seite tritt eine zweite Gestalt an die Gruppe heran. Durch ein Pflanzenornament wird die Szene begrenzt, so daß bei der Abrollung kein »endloses« Bildband entstehen kann.

Literatur: Woolley, S. 561 und Tf. 203, Nr. 145.

51 Rollsiegel

Kisch
Akkad-Zeit (ca. 2330–2200 v. Chr.)
Muschel
Höhe 3,5 cm, Durchmesser 1,8 cm
IM 2780

Ähnlich wie auf dem Siegel Nr. 49 besteht auch hier die Tierkampfszene aus zwei Gruppen: ein Heros kämpft mit einem Stier, während ein Löwe einen Hirsch angreift.

52 Rollsiegel

Kisch
Akkad-Zeit (ca. 2330–2200 v. Chr.)
Muschel
Höhe 4,2 cm, Durchmesser 2,3 cm
IM 13239

Eine weitere Variante der Tierkampfszene wird mit diesem Siegelbild vorgestellt. Ein Löwe, der ein nach links gewandtes Rind attackiert, wird seinerseits von einem Mann im langen Rock am Schwanz ergriffen. Das Bildfeld wird von einer stilisierten Pflanze abgegrenzt.

Literatur: F. Basmadschi, *Landschaftliche Elemente in der mesopotamischen Kunst,* Basel o. J., S. 138 und Tf. VIII, Nr. 226.

53 Rollsiegel

Tello (T. 604)
Akkad-Zeit (ca. 2330–2200 v. Chr.)
Rötlicher Stein
Höhe 3,4 cm, Durchmesser 1,5 cm
IM 9709

Auch dieses Siegelbild gehört in den Motivkreis der Tierkampfszenen, die in der Akkad-Zeit überaus beliebt waren. Hier greift ein Adler einen Steinbock (links) und eine Gazelle (rechts) an. Die symmetrisch angeordnete Darstellung wird von einer Pflanze begrenzt.

Literatur: Parrot, *Tello,* Tf. XXIX Nr. 604; Parrot, *Glyptique,* S. 5 und Tf. I Nr. 11.

54 Rollsiegel

Kisch
Akkad-Zeit (ca. 2330–2200 v. Chr.)
Diorit
Höhe 3,4 cm, Durchmesser 2,2 cm
IM 10958

Die Personen, die hier zu einer Szene gruppiert sind, stellen Götter dar. Dies wird aus ihrer Hörnerkrone deutlich, eines der Hauptinsignien altmesopotamischer Götter. Links thront Schamasch, der Sonnengott, der durch die Strahlen charakterisiert ist, die von seinen Schultern und Armen ausgehen. Vor ihm stehen drei Götter geringeren Ranges mit ineinander verschränkten Händen, dem Gestus der Ehrerbietung. Die Darstellung zeigt, daß man sich die Götter in durchaus menschlicher Gestalt (anthropomorph) vorstellte.

55 Rollsiegel

Asmar (As 31:853)
Akkad-Zeit (ca. 2330–2200 v. Chr.)
Schwarzer Steatit
Höhe 2,2 cm, Durchmesser 1,2 cm
IM 14679

Wiederum steht der Sonnengott Schamasch (vgl. auch Nr. 54) im Mittelpunkt einer Szene, die ihn beim Emporsteigen über dem östlichen Gebirge zeigt, dem Ort des Sonnenaufgangs für den Bewohner Mesopotamiens. In der linken Hand trägt er eine Keule, in der rechten eine Säge. Sie verkörpert den ersten morgendlichen Sonnenstrahl, der die Finsternis durchschneidet, wenn Schamasch das Himmelstor passiert. Vor Schamasch kniet ein anderer Gott, der einen Menschen vor den Sonnengott führt. Diese sogenannte »Einführungsszene« ist, auch in geringfügig anderer Form (vgl. Nr. 59), eines der häufigsten Motive der mesopotamischen Siegelbilder.

Literatur: Frankfort, *Cylinder Seals,* Tf. 61 Nr. 647

56 Rollsiegel

Ur (U. 15318)
Akkad-Zeit (ca. 2330–2200 v. Chr.)
Steatit
Höhe 1,9 cm, Durchmesser 1 cm
IM 11962

Eine Gottheit, die auf einem Thron sitzt, hält in der rechten Hand einen Trinkbecher. Weitere Speisen (?) stehen vor ihr auf dem Tisch. Dies sind wohl die Opfergaben des links vor dem Tisch stehenden Menschen, der eine Hand anbetend erhoben hat. Hinter der sitzenden Gottheit sind noch die Reste einer (gelöschten?) Inschrift zu erkennen, vielleicht ein Indiz dafür, daß das Siegel von einer anderen Person als dem ursprünglichen Besitzer weiterverwendet wurde.

Literatur: Woolley, S. 592 und Tf. 211, Nr. 283.

57 Rollsiegel

Ur (U. 9503)
Akkad-Zeit (ca. 2330–2200 v. Chr.)
Muschel
Höhe 2,5 cm, Durchmesser 1,5 cm
IM 14309

Zwei einander gegenüberstehende Skorpione berühren sich mit ihren Zangen. Zwischen diesen sieht man einen achtstrahligen Stern, der vielleicht als Symbol der Göttin Ischtar, der Liebesgöttin, zu deuten ist. Skorpione, die auf zahlreichen bildlichen Darstellungen des Alten Orients zu finden sind, gelten als Sinnbilder der Fruchtbarkeit. Links daneben steht eine menschliche Gestalt mit einer Standarte in der rechten und einem nicht erkennbaren Gegenstand in der linken Hand. Ihre Bedeutung ist unbekannt.

Literatur: L. Legrain, *Seal Cylinders. Ur Excavations* 10, Oxford 1951, Tf. 31, Nr. 484.

58 Rollsiegel

Tello (T. 1615)
Ur III-Zeit (ca. 2160–2000 v. Chr.)
Grünlicher Steatit
Höhe 1,9 cm, Durchmesser 1 cm
IM 16279

Die Siegelabrollung ergibt ein »endloses« Bildband von Schwänen über einer durch die Wellenlinie dargestellten Wasserfläche.

Literatur: Parrot, *Glyptique,* S. 8 und Tf. II Nr. 25.

59 Rollsiegel

Tello (T. 358)
Ur III-Zeit (ca. 2160–2000 v. Chr.)
Grünlicher Stein
Höhe 2,7 cm, Durchmesser 1,5 cm
IM 9697

Das Siegelbild zeigt eine der vielen Einführungsszenen (vgl. auch Nr. 55): Eine Gottheit sitzt auf

einem Thron, vor dem eine Göttin im Faltenrock erscheint, die einen Menschen herbeiführt. Ein Adler und eine Mondsichel (links) sind als Embleme hinzugefügt. Die dreizeilige Inschrift nennt Namen und Beruf des Besitzers: »Urnigingar, Sohn des Erenda, Kaufmann«.

Literatur: PARROT, *Tello,* S. 259, Abb. 52c; PARROT, *Glyptique,* S. 29 und 80, Tf. VIII Nr. 130.

60 Gefäß mit Kerbschnittverzierung

Yarimya, südlich von Niniveh
ca. 2900/2700 v. Chr.
Keramik
Höhe 16,5 cm
IM 25864

Dieses Gefäß stammt aus dem Beginn der frühdynastischen Zeit, also der Periode, in der neben den Sumerern auch semitisch sprechende Gruppen in Mesopotamien existieren. Gleichzeitig können wir eine Vielfalt größerer und kleinerer Stadtstaaten registrieren. Das Gefäß wurde in der Nähe von Niniveh gefunden. Die Kerbschnittverzierung ist typisch für die Keramik dieser Zeit im Gebiet von Niniveh; sie taucht um 2900 zusammen mit Rollsiegeln, die ebenfalls mit dieser Kerbschnittornamentik versehen sind, zum ersten Mal auf.

Literatur: R. C. THOMPSON – M. E. L. MALLOWAN, *Annals of Archaeology and Anthropology issued by the Institute of Archaeology,* Bd. 20, Liverpool, 1933, S. 174, Taf. 63; vgl. NAGEL, S. 23 ff. Taf. 48.

61 Bemaltes Gefäß

(siehe Farbabbildung S. 23, Abb. 15)

Agrab
ca. 2900–2700 v. Chr.
Keramik
Höhe 43 cm, größter Durchmesser 34 cm
IM 27899

Dieses Gefäß ist ein sehr charakteristisches Beispiel für die vor allem im Diyala-Gebiet (östlich und nordöstlich von Bagdad) auftauchende »Scharlach-Ware«, so genannt nach der verwendeten scharlachroten Farbe. Hier kommt sie seit Beginn der frühdynastischen Zeit vor. Die Ausgrabungen, die das berühmte »Oriental-Institute« der Universität Chicago im Diyala-Gebiet an verschiedenen Plätzen (Tell Asmar, Chafadsche, Tell Agrab und Ischtschali) in den Jahren 1930–1938 durchführte, zählen zu den Höhepunkten der Archäologie in Mesopotamien.

Dargestellt sind Ziegenböcke, Ziegen und ein Zicklein sowie Vögel und Fische in einer Schilflandschaft. Der Künstler hat zwei Arten der Darstellung gewählt: während die drei großen Tiere auf dem Gefäßkörper zweifarbig dargestellt sind, wurden für die anderen Tiere, besonders auf der Gefäßschulter, nur die Farbe Schwarz verwandt. Diese Ware dürfte in der damaligen Zeit sicherlich nur als Luxusware oder für sakrale Zwecke gebraucht worden sein. Auf die sakrale Verwendung dieses Gefäßes weist der Fundort an einer Tempelmauer hin.

Literatur: P. Delougaz, *Pottery from the Diyala-Region,* Chicago 1952, S. 66, Taf. 11, 56, b, vgl. Nagel, S. 14 ff. Taf. 17 ff.

62 Statuette eines Mannes

(siehe Frontispiz)

Tell Asmar
ca. 2700–2500 v. Chr.
Gipsstein
Höhe 72 cm
IM 19752

Diese Figur, die aufgrund ihrer Handhaltung als »Beter-Figur« bezeichnet wird, wurde zusammen mit zahlreichen ähnlichen Figuren in Tell Asmar, dem antiken Eschnunna (Stadtstaat in frühdynastischer Zeit), in einem Tempel, der dem Fruchtbarkeitsgott Abu geweiht war, gefunden. Die insgesamt zwölf Statuetten waren 60 cm tief unter dem Fußboden des Hauptraumes des Tempels sorgfältig bestattet worden. Da dieser Abu-Tempel oft umgebaut und erweitert worden ist, nehmen die Ausgräber an, daß bei einem solchen Umbau auch das Inventar des Tempels, zu dem die Statuetten gehören, erneuert und das alte Inventar sorgfältig begraben wurde.

Die Statuette stellt vielleicht den Gott Abu dar: zu dieser Annahme berechtigt vor allem die Größe, die alle anderen gefundenen Figuren übertrifft und das Relief auf dem Sockel: ein Adler mit Löwenköpfen, ein sogenannter Imdugud, das Symboltier dieses Gottes, schwebt über zwei Gazellen. Es besteht aber auch die Möglichkeit, in dieser Figur den Fürsten von Eschnunna zu sehen, der einen Bittgang tut, um den Gott günstig zu stimmen.

Auffällig bei dieser Figur sind die großen Augen, die dem Unsichtbaren zugewandt scheinen. Man hat den Eindruck, als stünde die Figur unter Hypnose. Der Becher in den Händen der Figur scheint auf die Teilnahme an einer kultischen Versammlung oder einem Mahl hinzudeuten.

Haar und Bart sind mit Asphalt geschwärzt; die Augen sind aus Muschel und schwarzem Kalkstein in Asphalt eingelegt.

Literatur: FRANKFORT, *Sculpture*, S. 22, Taf. 1–3. 5A, 6A, 25C; P. DELOUGAZ – S. LLOYD, *Presargonic Temples in the Diyala Region*, Chicago 1942, S. 189 ff., Abb. 148–151; STROMMENGER, S. 64, Taf. 51, 53, 54; ORTHMANN, S. 163, Abb. 18.

63 Statuette einer Frau

(siehe Frontispiz)

Tell Asmar
ca. 2700–2500 v. Chr.
Gipsstein
Höhe 59 cm
IM 19751

Auch diese Figur gehört zu dem unter Nr. 62 geschilderten Sammelfund. Es ist die zweitgrößte der gefundenen Statuetten. Die Ausgräber bezeichnen sie daher als Muttergottheit. Neben der Größe verweisen sie im Zusammenhang mit dieser Deutung auf die fragmentarische kleine Figur, die in die Basis eingelassen war: dargestellt war wohl ein Kind, der Sohn der Göttin; leider sind nur noch die Beine erhalten. Möglich wäre auch hier allerdings, daß es sich um die Fürstin der Stadt handelt. Im Vergleich mit Nr. 62 wirkt diese Figur plumper und hat nicht die gleiche Ausstrahlungskraft wie ihr männliches Gegenstück. Ansonsten ist die Figur in ähnlicher Weise hergestellt. Der Becher in ihren Händen weist auch hier auf eine Teilnahme an einer kultischen Versammlung hin.

Neben diesen beiden herausragenden Figuren enthielt dieser Sammelfund weitere Statuetten, die kleiner waren und die sicherlich »normale Sterbliche« darstellen sollten. Sie waren Votivgaben, die den Gott gnädig und dem Stifter dieser Figur gegenüber wohlwollend stimmen sollte.

Wenn man diese frühdynastischen Skulpturen insgesamt betrachtet, muß man sich wundern, welches Risiko der Künstler einging: nicht nur sind die Arme frei herausgearbeitet, manchmal sogar auch die Füße. Dieses Risiko führte sicherlich zu den vielen Bruchstellen, die man an den Figuren beobachten kann. Stein war in Mesopotamien zu kostbar, als daß man bei einem Bruch einfach das angefangene Stück hätte »wegwerfen« können. So erklären sich sicherlich manche antiken Ausbesserungen. Ganz im Gegensatz dazu steht Ägypten: dort kennt man von den Kunstwerken kaum solche Reparaturen.

Literatur: FRANKFORT, *Sculpture*, S. 22 Taf. 4, 5B, C; STROMMENGER, S. 64, Taf. 51, 52; ORTHMANN, S. 164 Abb. 19.

64 Stehende weibliche Figur

(siehe Farbabbildung S. 45, Abb. 30)

Chafadsche
ca. 2500–2300 v. Chr.
Kalkstein
Höhe 33 cm
IM 19653

Auch dieses Stück gehört in die Gruppe der »Beter-Figuren«; es stammt allerdings aus dem Tell Asmar benachbarten Fundort Chafadsche, dem antiken Tutub, wo es in einem dem Mondgott Sin geweihten Tempel gefunden wurde.
Interessant ist der Mantel, das sogenannte »Zottengewand«, der auch vielfach als Rock getragen wurde und auch schon bei Nr. 62 angedeutet ist. Aus welchem Gewebe er bestand, ist umstritten. Vielfach mag es Schaffell mit langen Zotten gewesen sein, die schematisch dargestellt wurden.

Literatur: FRANKFORT, *Sculpture*, S. 31 ff., 51, 53; Taf. 77, A–C, 85 C, D; STROMMENGER, S. 65, Taf. 61.

65 Dudu der Schreiber

(siehe Farbabbildung S. 48, Abb. 31)

aus dem Kunsthandel
um 2500 v. Chr.
Dunkelgrauer Stein
Höhe 45 cm
IM 55204

Bedauerlicherweise wissen wir nicht, woher diese Figur, die eines der bedeutendsten Werke der frühdynastischen Kunst ist, stammt. Sie wurde 1949 vom Bagdader Museum aus dem Kunsthandel erworben. Vielfach wird Lagasch – ein Stadtstaat im südlichen Mesopotamien – als vermutlicher Fundort genannt. Nach der auf dem Rücken der Statuette befindlichen Inschrift handelt es sich bei dem Dargestellten um den »Schreiber« Dudu. Die sumerische Inschrift lautet wie folgt:

> »Dem (Gott) Ningirsu hat Dudu, der Schreiber, zwei (Bildnisse des) Anzu geschenkt«.

Anzu, ein löwenköpfiger Adler, verkörperte für die Sumerer den Gewittersturm. Er war als solcher zugleich auch eine Erscheinungsform von Ningirsu, dem Hauptgott des sumerischen Stadtstaates Lagasch. Der Beruf des Schreibers war in jenen Zeiten sehr angesehen. Es gab damals sogar viele hochstehende Persönlichkeiten, die nicht schreiben konnten.
Diesen freundlich lächelnden »Bourgeois« mit glattrasiertem Kopf scheinen Welten zu trennen von den zeitlich kaum wesentlich älteren »Beter-Figuren«. Die Hände sind in der üblichen Gebetshaltung zusammengelegt.

Literatur: STROMMENGER, S. 70, Taf. 86, 87; ORTHMANN, S. 167, Taf. 29.

66 Fragment eines reliefierten Gefäßes

Nippur
ca. 2800–2600 v. Chr.
Steatit, Muschel, farbiger Stein
Höhe 14,2 cm, Durchmesser 12,5 cm
IM 66071

Dieses Gefäß wurde in Nippur, dem »Vatikan« Sumers, in dem Tempel der Göttin Inanna gefunden. Nippur, der Kultort des großen Gottes Enlil, war das religiöse Zentrum Sumers.
Dieses Stück war sicherlich ein Weihgeschenk an den Tempel. Im unteren Rand ist ein mit einer Schlange kämpfender Panther dargestellt. Zwischen den Schwänzen der beiden Tiere sind Keilschriftzeichen angebracht, die »Inanna und die Schlange« lauten. Das Fell und die Haut der beiden Tiere sind durch Einlagen von Muscheln und farbigem Stein hervorgehoben. Das Interessante aber ist das Material: Steatit. Solche Gefäße sind uns zwar schon lange aus Mesopotamien und dem Iran sowie der Industal-Kultur bekannt, aber über die Herkunft wurde in der Forschung heftig diskutiert. An Mesopotamien als Herstellungsgebiet mochte man eigentlich nie so recht glauben. Jetzt haben amerikanische Ausgrabungen in Tepe Yahya im Ostiran, 225 km südlich der Stadt Kerman große Mengen von Steatitfunden ans Tageslicht gebracht, vor allem mit Motiven, die sich auf mesopotamischen Steatitgefäßen wiederfinden, so daß man annehmen muß, daß Tepe Yahya einer der wichtigsten Fabrikationsorte für die in Mesopotamien gefundenen Steatitgefäße war, zumal sich in der Nähe von Tepe Yahya eine riesige Steatitmine befindet.

Literatur: ORTHMANN, S. 184–185, Abb. 76a.

67 Fragment eines reliefierten Gefäßes

Chafadsche
ca. 2800–2600 v. Chr.
Steatit
Erhaltene Höhe 23 cm
IM 19675

Von diesem schönen Gefäß, das ebenso wie Nr. 64 aus dem Tempel des Gottes Sin in Chafadsche stammt, sind leider nur zwei Fragmente erhalten. Das größere hier gezeigte wurde von amerikanischen Ausgräbern gefunden. Vor ihnen müssen aber schon Grabräuber am Werk gewesen sein, denn später wurde dem »Oriental Institute« in Chicago ein weiteres kleineres Fragment dieses Gefäßes zum Kauf angeboten und auch erworben. Dieses zweite Fragment ist bei unserem Ausstellungsstück in Gips ergänzt.
Das Dekor des Gefäßes zeigt unten ein typisches Motiv dieser Steatitgefäße, das von Mesopotamien über den Iran bis zum Industal sehr häufig auftaucht: eine sich wiederholende Darstellung einer Art von Schilfhütte, – vielleicht eine Tempelfassade –, die sich als Fries um das Gefäß herumzieht. Der Gefäßteil darüber ist mit einander kämpfenden oder verschlungenen Tier- und Menschengestalten ausgefüllt: so ergreift ein Raubvogel zwei Ziegen und ein Stiermensch packt zwei Löwen. Eine Deutung der Darstellungen ist wegen der fehlenden Teile leider nicht möglich. Da manche Fragmente mit ähnlichen Darstellungen in Tempeln gefunden wurden, liegt eine kultische Verwendung eines solchen Gefäßes nahe.

Literatur: P. DELOUGAZ–S. LLOYD, *Presargonic Temples in the Diyala Region,* Chicago 1942, S. 69, Abb. 63; ORTHMANN, S. 185–186, Abb. 77.

68 Ringergruppe

Chafadsche
ca. 2700–2600 v. Chr.
Kupfer
Höhe 10,2 cm
IM 41085

Diese bemerkenswerte Gruppe wurde ebenfalls in Chafadsche im Tempel der Göttin Nintu gefunden. Zwei Männer, auf deren Köpfen sich Gefäße befinden, ringen miteinander, wobei einer den anderen am Gürtel packt.

Die Fragen, was diese Ringer bedeuten, wen sie darstellen oder auf welches Ereignis sich diese Darstellung bezieht, können nicht mit Sicherheit beantwortet werden. Im Zusammenhang mit dem Fundort »Tempel« und mit ähnlichen Darstellungen auf Rollsiegeln und Weihplatten (siehe Nr. 69) kann man höchstens annehmen, daß hier eine kultische Handlung dargestellt ist.

Literatur: H. Frankfort, *More Sculptures from the Diyala Region,* Chicago 1948, S. 12, Taf. 54; Strommenger, S. 64, Taf. 48 oben; Orthmann, S. 169, Abb. 35.

69 Fragment einer Stele

Badra/Der
ca. 2800–2600 v. Chr.
Stein
Höhe 85 cm
Breite 33 cm, Dicke 25 cm
IM 75208

Diese Stele ist erst anfang der 70er Jahre in den Besitz des Museums in Bagdad gelangt. Sie wurde in der Nähe von Badra (nordöstlich von Kur), dem antiken, aus sumerischen Texten bekannten Ort Der gefunden. Bedauerlicherweise ist das Stück nur teilweise erhalten; der obere Teil fehlt. Dargestellt ist eine Kulthandlung: Auf den verschiedenen Feldern der Breit- und Schmalseiten sind Männer in Gebetshaltung, Opfernde mit Schafen sowie Ringer und Musikanten abgebildet. All diese verschiedenen Handlungen: Gebet, Opfer, Musik und Ringkampf dürften sich auf ein großes kultisches Fest beziehen.

Literatur: F. SAFAR, *Sumer* 27 (1971), S. 15 ff. (arabischer Text), Taf. 1 ff.; S. A. RASHID, *Sumer* 31 (1975) S. 39 ff. (arabischer Text), Abb. 1.

Mit dem Stück Nr. 70 beginnt sicherlich einer der faszinierendsten Teile dieser Ausstellung: die Funde aus dem »Königsfriedhof« von Ur. Die Geschichte des Stadtstaates Ur beginnt schon um 4300 v. Chr. und reichte mindestens bis in die neubabylonische Zeit (7./6. Jahrhundert v. Chr.). Einige Jahrhunderte nach der Anlage des »Königsfriedhofes«, zwischen 2100 und 2000 v. Chr. sollte diese Stadt in ihrer historischen Bedeutung ihre Vorgänger weit übertreffen: Sie wurde die Hauptstadt des Reiches der Ur III-Dynastie.

Die Funde stammen aus der späten frühdynastischen Zeit, als Ur einer der reichsten Stadtstaaten war. Er verdankte seinen Reichtum überwiegend der günstigen geographischen Lage: Ur war eine Hafenstadt, die wahrscheinlich bis ins Industal einen regen Überseehandel betrieb und somit über große Einnahmequellen verfügte.

Der »Königsfriedhof« wurde im Jahre 1922, am Anfang einer 13 Jahre andauernden Grabung entdeckt. Woolley grub aber nicht weiter, weil er noch nicht genügend Grabungserfahrung für Mesopotamien, speziell für Friedhöfe besaß und weil er fürchtete, die Arbeiter könnten manche Funde stehlen. Erst 1926/27 begann er, den »Königsfriedhof« freizulegen und arbeitete bis 1931 an dieser Stelle.

Der Friedhof besteht aus zahlreichen Gräbern – Woolley legte 1850 Gräber frei – von denen 16 durch Größe und Bauweise herausragten. Dies sind die Königsgräber, große Grabschächte mit einer oder mehreren Kammern, in denen die Herrscher von Ur und ihre Angehörigen mit vielen kostbaren Beigaben und ihrem Hofstaat beigesetzt wurden (siehe Abb. 5, 6). Vermutlich wurden die Diener, Knechte und Soldaten – in einer Gruft fanden sich nicht weniger als 80 Gefolgsleute – durch Gift getötet. Bei jeder Person fand sich nämlich ein Becher in der Nähe der Arme. Zeichen äußerer Gewaltanwendung waren bei den Toten nicht festzustellen.

Das Inventar dieser Königsgräber ist für die Kenntnis von Kunst und Kunsthandwerk dieser Zeit das wohl bedeutendste Zeugnis.

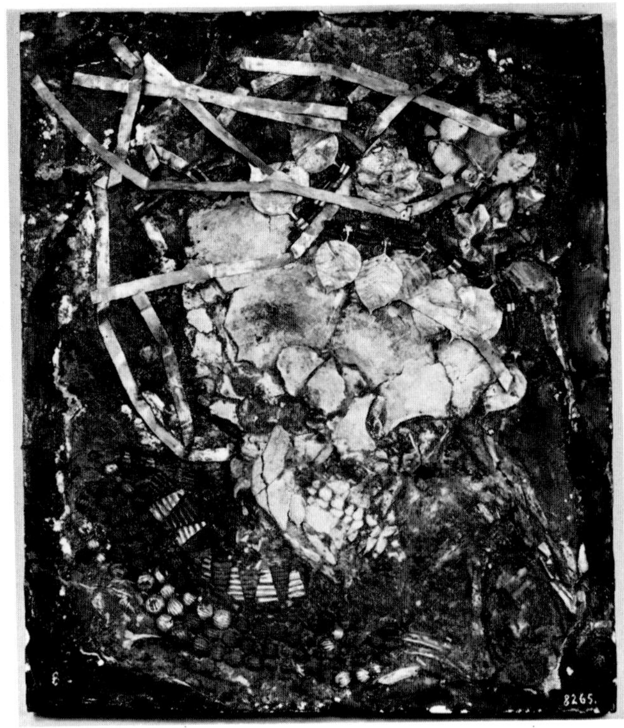

70 Frauenschädel und Schmuck

(siehe Farbabbildung S. 11, Abb. 4 und vgl. Abb. 5, 6)

Ur
ca. 2600–2400 v. Chr.
Knochen, Gold, Lapislazuli
IM 8265

Hier hat man den Schädel eines der zahlreichen Frauenskelette konserviert. Zusammen mit dem Goldschmuck vermittelt er einen gewissen Eindruck von dem, was die Ausgräber vorfanden. Der Kopf der Frau war mit einem goldenen Haarnetz geschmückt, darunter erkennt man einen Blattkranz aus Gold. Um den Hals trug die Tote ein Band und Ketten. Diese Grabkammer enthielt 74 Tote, davon waren 68 Frauen. Die Grabung ergab, daß schon lange vor Woolley, wahrscheinlich in antiker Zeit, Grabräuber eingedrungen waren.

Literatur: Woolley, S. 116, Taf. 148; Strommenger, S. 69, Farbtaf. 18; E. Strommenger – M. Hirmer, *Ur*, München 1964, S. 11 ff., Abb. 7.

71 Halsschmuck

Ur
ca. 2600–2400 v. Chr.
Gold, Karneol, Lapislazuli
Länge 41 cm
IM 8811

Dieser Schmuck ist ein besonders gutes Beispiel für den hohen Stand der handwerklichen Fähigkeiten der damaligen Zeit. Es handelt sich um eines der ältesten Beispiele für die Filigrantechnik. Bei diesem Verfahren werden Golddraht, Kügelchen oder auch Plättchen in verschiedenen Mustern in einen Rahmen eingearbeitet oder auf eine feste Unterlage aus gleichem Material aufgeschweißt. Die Schwierigkeit für den Goldschmied liegt nicht nur in der Zerbrechlichkeit und Feinheit des Materials, sondern vor allem darin, daß sich beim Löten die feinen Drähte verbiegen oder schmelzen.

Literatur: vgl. WOOLLEY, S. 366 ff., Taf. 134; J. BOESE – U. RÜSS, Artikel »*Gold*«, Abschnitt »*Goldschmiedetechniken*«, RLA Bd. 3, S. 519 ff.

72 Halskette

Ur
ca. 2600–2400 v. Chr.
Lapislazuli
Länge 65 cm
IM 8016

Wie bei dem Gold erhebt sich auch bei dieser Kette aus Lapislazuliperlen die Frage: woher bekamen die Sumerer diesen Stein, der in Ur reichlich verwandt wurde – in etwa 300 Gräbern in Ur hat man Beigaben aus Lapislazuli gefunden.
Eine der wichtigsten Minen lag im Gebiet von Badachschan im heutigen Afghanistan, beinahe 2500 km von Mesopotamien entfernt. Die Handelswege von dort nach Mesopotamien sind nur annähernd zu rekonstruieren. Eine Route dürfte über Turkmenistan und den Ostiran (Provinz Chorasan), südlich des Kaspischen Meeres und dann weiter auf der großen Straße Hamadan-Kermanschah durch die Zagrosberge nach Mesopotamien verlaufen sein. Diese Route scheint später »angezapft« worden zu sein, indem der Weg durch die Täler von Luristan, einem Gebiet in den Zagrosbergen, nach Elam und weiter nach Mesopotamien ging.
Schließlich ist nach den neuen Grabungen in Tepe Yahya und Schahr-i Suchte im Ostiran auch eine Route über dieses Gebiet in Richtung Mesopotamien festzustellen, entweder über den Persischen Golf oder über Land. Allerdings darf man sich keinen direkten Handel zwischen dem Ostiran, geschweige Afghanistan und Mesopotamien vorstellen: es waren vielmehr mehrere größere Handelskreise an diesem indirekten Handel beteiligt.

Literatur: Vgl. Woolley, S. 366 ff., Taf. 131; G. Herrmann, *Iraq* 30 (1968), S. 21 ff.; C. C. Lamberg-Karlovsky – M. Tosi, *East and West* 23 (1975), S. 21 ff.

73 Halskette

Ur
ca. 2600–2400 v. Chr.
Gold, Karneol, Lapislazuli
Länge 71 cm
IM 3931

Bei diesem Stück sehen wir ein weiteres Material, das neben Gold und Lapislazuli häufig für Schmuck verwandt wird: Karneol. Als mögliche Bezugsquellen kommen vor allem Nordwest-Indien und Gebiete am Persischen Golf in Betracht.

Literatur: vgl. Woolley, S. 366 ff.

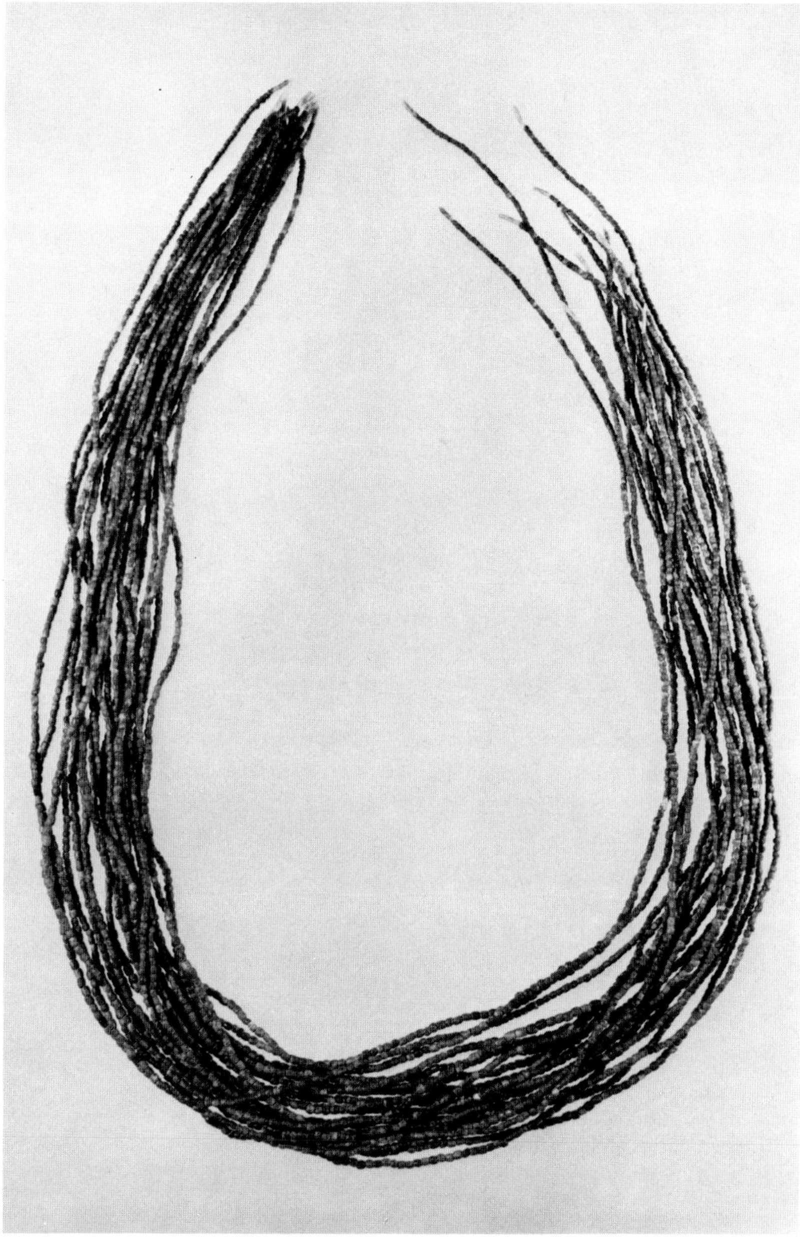

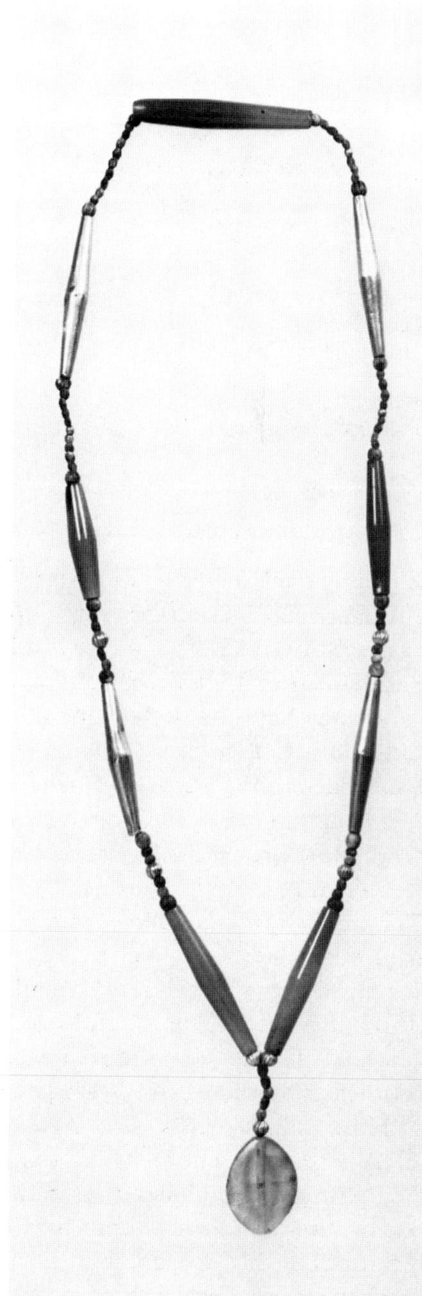

74 Halsschmuck

Ur
ca. 2600–2400 v. Chr.
Gold, Lapislazuli, Karneol
Länge 21 cm
IM 3958 und 3933

Dieser Typ von Halsschmuck, bei Woolley als »Hundehalsband« (»dog-collar«-necklace) bezeichnet, findet sich häufig in der Frühdynastischen Zeit. Dreiecke aus Goldkugeln gebildet wechseln mit Dreiecken aus Lapislazuli und Karneol ab. Interessant ist der Anhänger, der in der »Cloisonné«-Technik (Zelleinschuß-Technik) hergestellt worden ist. Es handelt sich dabei um ein Verfahren zur Herstellung von bunten Einlagen auf Goldgrund; diese Technik ist seit dem 3. Jahrtausend v. Chr. im Vorderen Orient bekannt. Das hier gezeigte Stück ist eines der ältesten uns bekannten Beispiele für diese Cloisonné-Arbeit; es wurde in einem einfachen Erdgrab zusammen mit einigen anderen Grabbeigaben gefunden.

Literatur: WOOLLEY S. 150, Taf. 133, 220; J. BOESE – U. RÜSS,, Artikel *»Gold«*, Abschnitt *»Goldschmiedetechniken«*, RLA Bd. 3 (1957–1971), S. 527 ff.; MAXWELL-HYSLOP, S. 6 ff.

75 Halskette

Ur
ca. 2600–2400 v. Chr.
Karneol
Länge 45 cm
IM 16480

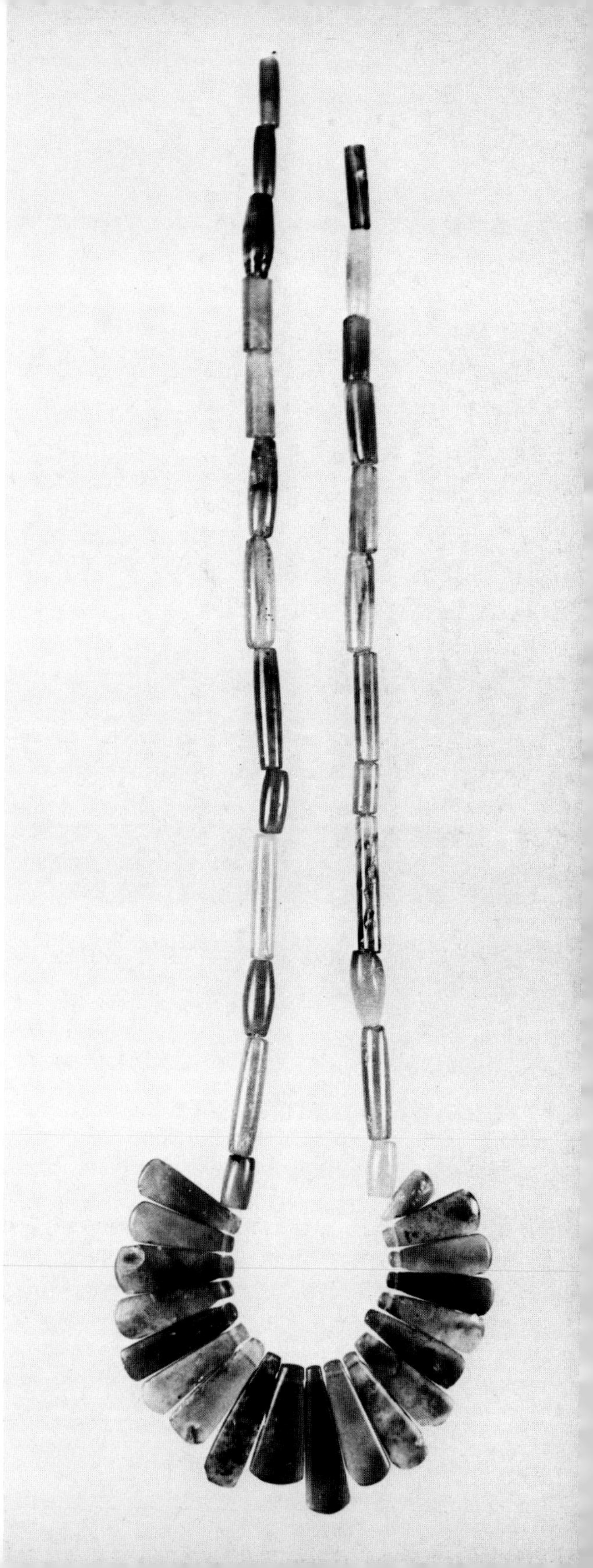

76 Halskette

Ur
ca. 2600–2400 v. Chr.
Gold
Länge 27 cm
IM 3685

Diese Halskette wie auch die vielen anderen zahlreichen Goldfunde lassen die Frage aufkommen, woher das Edelmetall kam. Sicherlich stammt es nicht aus Mesopotamien. Eines der wichtigsten Gebiete, aus dem Gold importiert wurde, war der Südosten der Türkei; auch im Iran kennen wir Goldvorkommen und schließlich kommt noch Afghanistan als Quelle in Betracht. Auch hier kann man mit Hilfe der Naturwissenschaften weitere Aufschlüsse erwarten. In England hat man jetzt ein Halsband aus dem »Königsfriedhof« in Ur untersucht und hofft, durch weitere Analysen heutiger Goldvorkommen die Quelle bzw. die Quellen sumerischer Goldarbeiten zu lokalisieren.
Was die Techniken der damaligen Goldschmiedekunst anbetrifft, so kann man feststellen, daß die Goldschmiede der sumerischen Zeit, besonders aber die in Ur, alle uns heute bekannten Bearbeitungstechniken nicht nur beherrschten, sondern auf einer so hoch entwickelten Stufe standen, wie sie kaum jemals wieder erreicht wurde.

Literatur: Vgl. WOOLLEY, S. 295 ff.; Artikel *»Gold«*, *RLA* Bd. 3, S. 504 ff.; R. MAXWELL – HYSLOP, *Iraq* 39 (1977), S. 83 ff.

77 Halsschmuck

Ur
ca. 2600–2400 v. Chr.
Gold, Lapislazuli, Karneol
Länge 29 cm
IM 7534

Dieser Schmuck ist insofern außergewöhnlich, als für das Mittelstück der Kette zwei gebleichte, mit Ornamenten versehene Karneolperlen verwendet wurden. Solche Perlen sind nicht häufig in Ur gefunden worden. Die Erklärung dafür ist wohl, daß dieses Bleichen, das u. a. mittels Natriumkarbonat geschah, keine in Mesopotamien angewandte Technik war, sondern aus Indien stammte. Hiermit besitzen wir einen weiteren Hinweis auf den ausgedehnten Handel dieser Zeit.

Literatur: vgl. WOOLLEY, S. 373 ff., Taf. 133, 134.

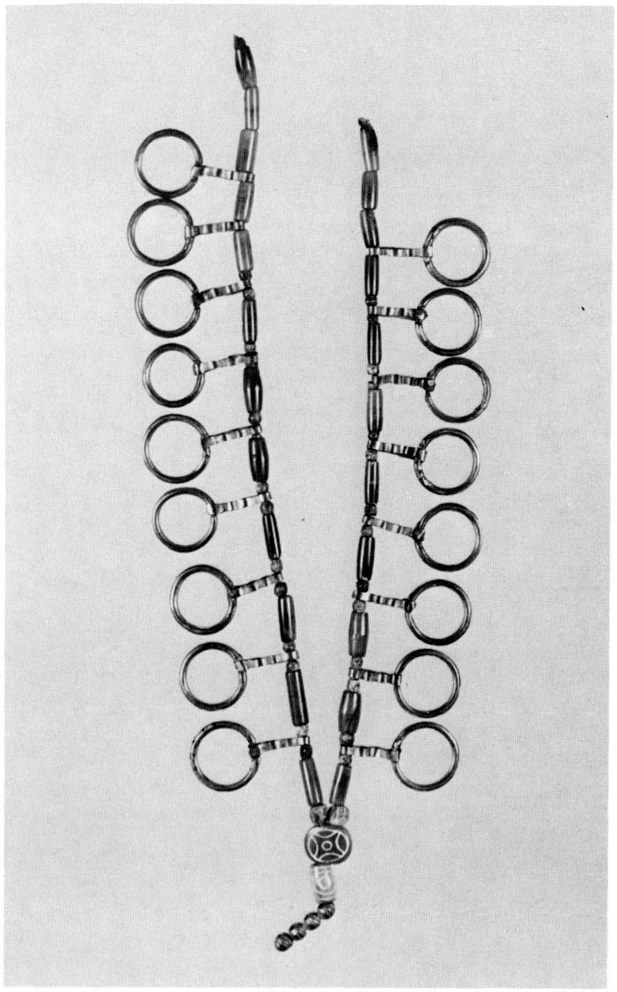

78 Halsschmuck

Ur
ca. 2600–2400 v. Chr.
Gold, Lapislazuli, Karneol
Länge 26,5 cm
IM 7641

Zu beachten ist, daß bei dieser Art von Schmuck Gold oder Silber nie als einziges Material verwendet wurde, sondern immer in Verbindung mit Lapislazuli, Karneol oder ähnlichen Steinen, wobei die Qualität etwa des Goldes oder des Lapislazuli sehr unterschiedlich ist; auch die Größe, Farbe und Bearbeitung der Steine richtete sich wohl nach dem Reichtum des oder der Verstorbenen.

Literatur: vgl. WOOLLEY, S. 369 ff., Taf. 134.

79 Perlen

Ur
ca. 2600–2400
Gold
Länge 4 cm
IM 8251

Dieser Fund stammt aus dem berühmten Grab Nr. 580; es ist das erste damals entdeckte Königsgrab. Vier konisch geformte Perlen sind zusammengelötet und in Filigrantechnik (siehe auch Nr. 71) mit geometrischen Mustern verziert.

Literatur: WOOLLEY, S. 371, Taf. 146a

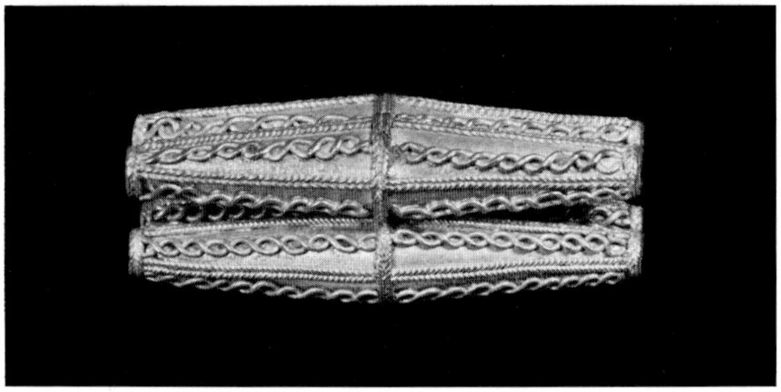

80 Armreifen

Ur
ca. 2600–2400 v. Chr.
Gold
Durchmesser 7 cm
IM 9136

Literatur: WOOLLEY, S. 202, Taf. 147

81 Kleiner Reifen

Ur
ca. 2600–2400 v. Chr.
Gold
Durchmesser 3,9 cm
IM 8020

Der geringe Durchmesser dieses Reifens läßt eine Verwendung als Armreif kaum zu; vielleicht gehörte er als Anhänger zu einem größeren Schmuckstück.

Literatur: Vgl. WOOLLEY, Taf. 135

82 Toilettenbesteck und Etui

Ur
ca. 2600–2400 v. Chr.
Gold
Länge des Etuis 8 cm
IM 4303, 9526

Diese kleinen »Verschönerungsgeräte« hat man in Frauen- und Männergräbern gefunden. Das Etui war häufig aus Kupfer mit Leder verziert, aber es gab auch, wie hier, solche aus Gold, das dazu noch in Filigrantechnik verziert war. Das Etui wurde in dem schon genannten Königsgrab Nr. 580 (siehe Nr. 79) zusammen mit einem Dolch an einem Ledergürtel hängend gefunden; in ihm befand sich an einem silbernen Ring befestigt das Besteck, bestehend aus Pinzette, Messer und Ohrreiniger.

Literatur: Woolley, S. 51, 310, Taf. 151, 137b.

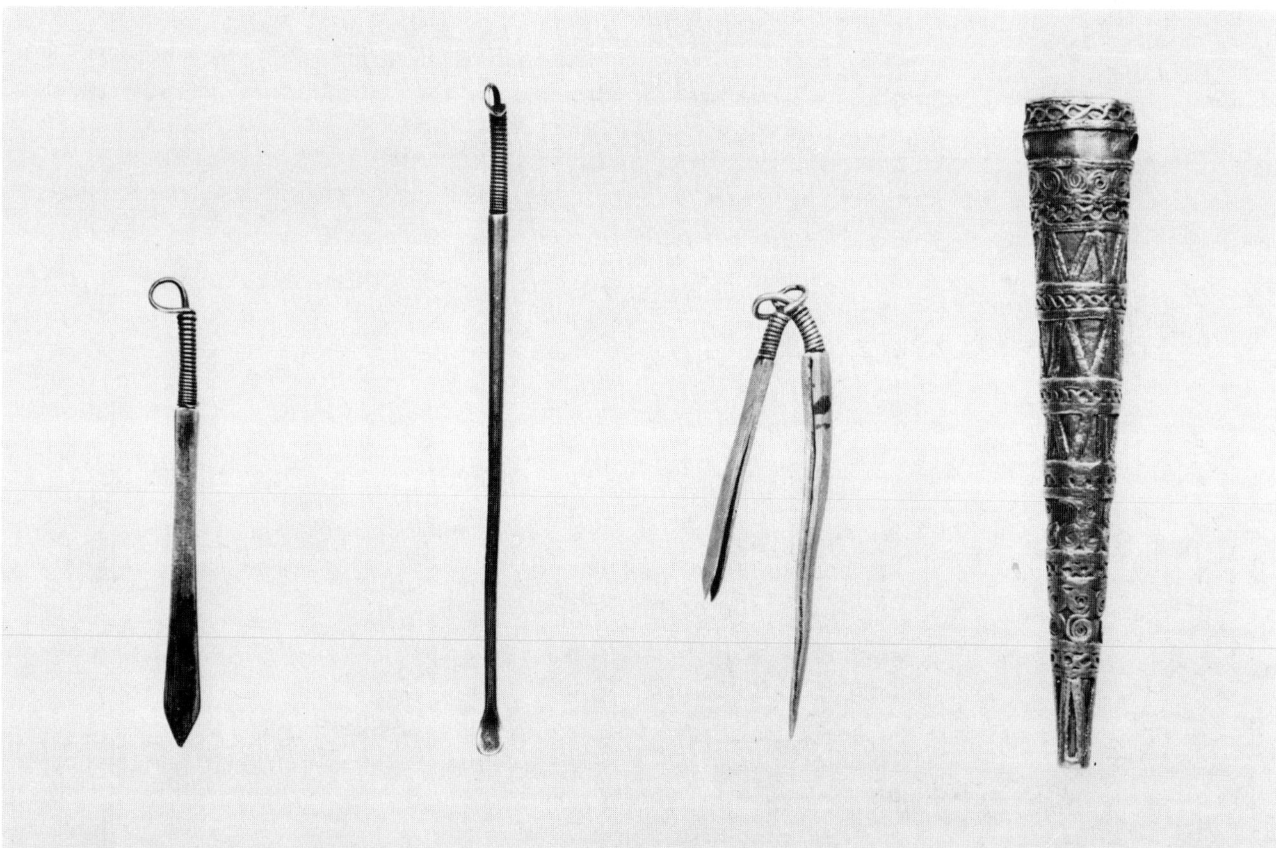

83 Becher
(siehe Farbabbildung S. 44, Abb. 29)

Ur
ca. 2600–2400 v. Chr.
Gold
Höhe 13,5 cm, Durchmesser 5 cm
IM 8255

Der Boden des ziselierten Bechers, der im Königsgrab 1054 gefunden wurde, ist mit einer Rosette verziert. Das wohl kultische Trinkgefäß hielt eine Frau in den Händen, die nach den übrigen Beigaben zu urteilen die wichtigste hier bestattete Person war.

Literatur: WOOLLEY, S. 106, Taf. 157c; STROMMENGER, 69, Taf. XVII oben.

84 Schale
(siehe Farbabbildung S. 44, Abb. 29)

Ur
ca. 2600–2400 v. Chr.
Gold
Höhe 5 cm, Länge 14,5 cm, Breite 10 cm
IM 8921

Die bootförmige Schale stammt aus dem Grab der Königin Puabi (Nr. 800), einem der reichsten Gräber innerhalb des »Königsfriedhofes«; die beiden Ösenhenkel dienten zur Befestigung eines Griffes.

Literatur: WOOLLEY, S. 91, Taf. 164.

85 Schale

Ur
ca. 2600–2400 v. Chr.
Silber
Höhe 10 cm, Länge 24,5 cm, Breite 14,3 cm
IM 8918

Überwiegend sind Gefäße wie diese Schale aus einem Stück Metall gearbeitet; bei einigen größeren in Ur gefundenen Metallschalen sind die Wandungen manchmal geschweißt.

Literatur: vgl. WOOLLEY, S. 302, Taf. 232.

8918.

86 Lampe

Ur
ca. 2600–2400 v. Chr.
Schneckengehäuse, Perlmutt, Lapislazuli, Bitumen, rötlicher und weißer Kalkstein
Höhe 8 cm, Länge 21 cm
IM 3798

Dieses ungewöhnliche Stück wurde in einem einfachen Erdgrab gefunden. Das Schneckengehäuse dient zur Darstellung des Vogelkörpers, die Flügel sind aus Lapislazuli und Perlmutt; ein Mosaikmuster aus rötlichem Kalkstein ist mit Asphalt befestigt. Der Kopf schließlich ist aus weißem Kalkstein. Die Zweckbestimmung dieses Vogels ist nicht klar, vielleicht diente er als Öllampe.

Literatur: Woolley, S. 283, Taf. 102a.

87 Dolch

(siehe Farbabbildung S. 44, Abb. 29)

Ur
ca. 2600–2400 v. Chr.
Gold
Länge der Klinge 23,5 cm
IM 8260

Der Dolch stammt, wie der Goldbecher Nr. 83, aus dem Königsgrab Nr. 1054, welches die am besten erhaltene Grabanlage auf dem Königsfriedhof in Ur ist. Er fand sich in einem Raum oberhalb der eigentlichen Grabkammer; zusammen mit einem weiteren Exemplar wurde er in einer kleinen Holzkiste liegend entdeckt. Der Dolch, dessen goldene Klinge mit einem feinen Mittelgrat versehen ist, ist der Standardtyp für die in Ur gefundenen anderen Dolche. Die Klinge schließt mit einem schmalen, geschwungenen Steg ab. Der anschließende Griff ist am unteren Ende mit goldenen Nägeln verziert; das Griffende war nicht mehr vorhanden und ist später restauriert worden. Eine solche Waffe war sicherlich nicht für den Kampf bestimmt. Vielmehr läßt die kostbare Ausführung darauf schließen, daß hier die hohe Stellung des Besitzers sichtbar gemacht werden sollte.

Literatur: Woolley, S. 98, 307 ff., Taf. 50a, 157b.

88 Anhänger

Chafadsche
ca. 2900–2350 v. Chr.
Gold
Länge 2,1 cm
IM 15570

89 Zwei Ohrringe

Ur
ca. 2000–1800 v. Chr.
Gold
2,1 x 1,7 cm
IM 8250

Diese Ohrringe sind ein hervorragendes Beispiel für granulierte Goldarbeiten. Die Granulation ist eine der schwierigsten Goldtechniken überhaupt: kleine Goldkügelchen werden als Dekor auf die Oberfläche eines goldenen Gegenstandes aufgeschmolzen. Diese Technik ist seit dem 3. Jahrtausend in Mesopotamien bekannt.

Literatur: WOOLLEY, S. 241, Taf. 138.

90 Halsschmuck

Agrab
ca. 2900–2350 v. Chr.
Silber, Lapislazuli, Karneol
Länge 44 cm
IM 27426

91 Armband

Tell Asmar
ca. 2900–2350 v. Chr.
Gold, Lapislazuli
Länge 19 cm
IM 19792

Die hier abgebildeten Schmuckstücke aus Gold bzw. Silber mit Edelsteinen zeigen, daß sich diese Edelmetalle seit ältester Zeit großer Beliebtheit erfreuten. Die frühesten Goldarbeiten kennt man in Mesopotamien aus dem Ende des Chalkolithikums, etwa aus der Zeit um 3500 v. Chr. Die vorzügliche Bearbeitung des Metalls dieser Funde, etwa aus Tepe Gaura, läßt vermuten, daß die Verarbeitung von Gold schon einige Jahrhunderte früher begann.

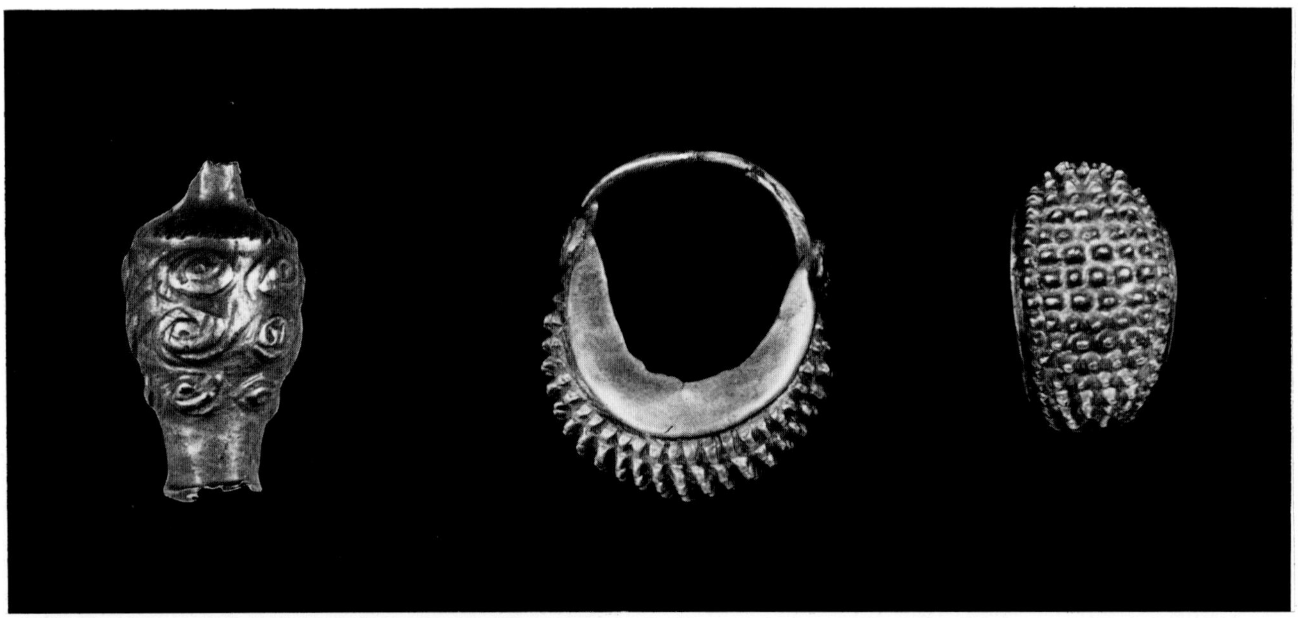

88 89

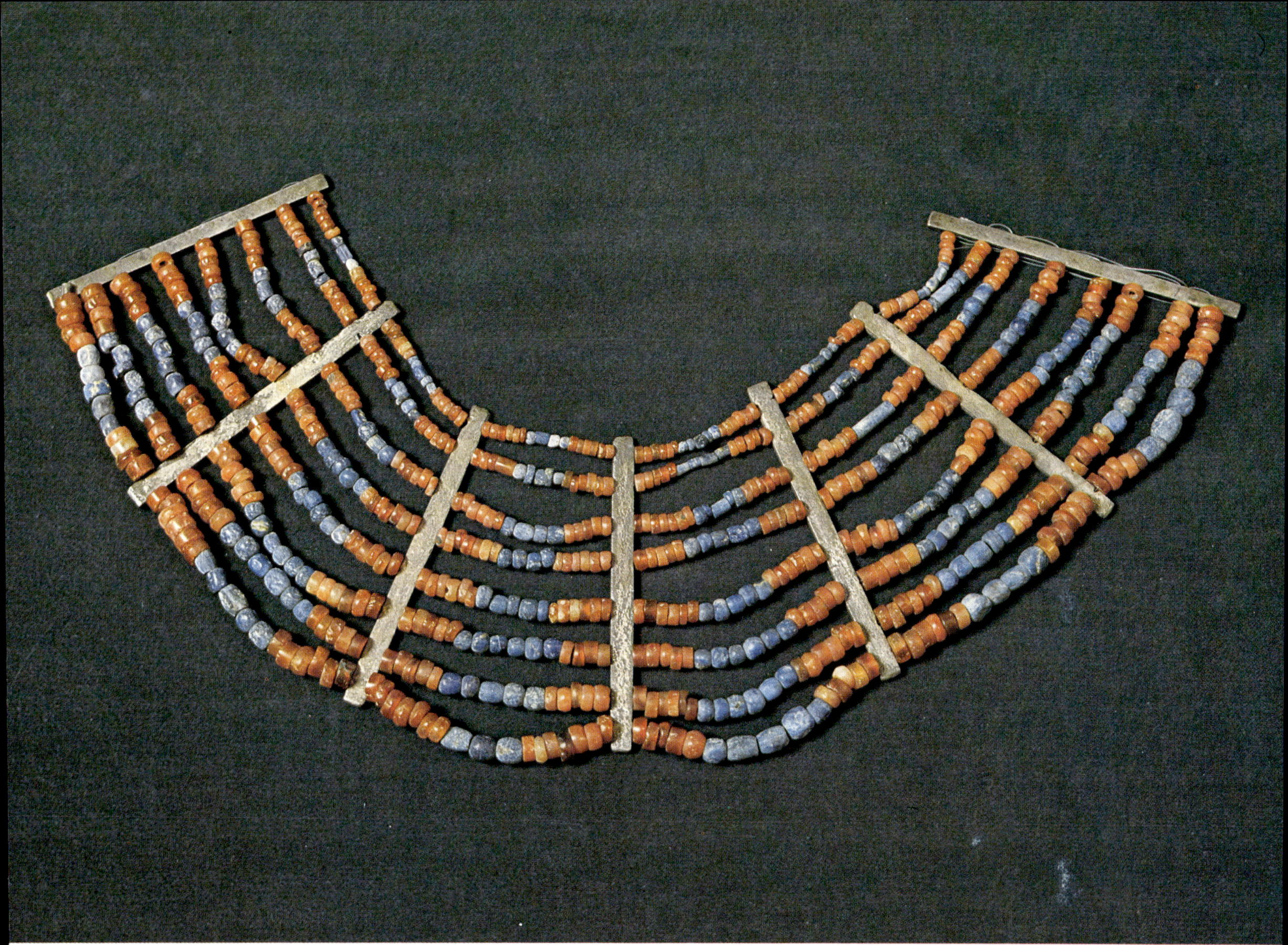

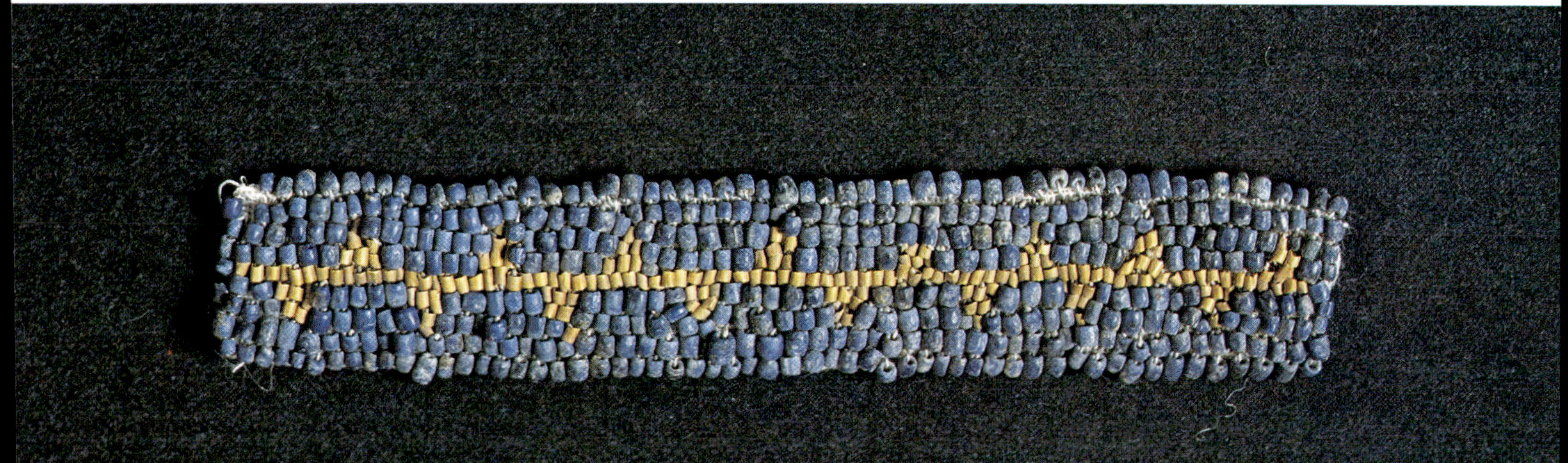

92 Perlenkette

Tepe Gaura
ca. 2900–2350 v. Chr.
Gold, Lapislazuli, Türkis
Länge 24 cm
IM 24618

Literatur: Vgl. E. A. Speiser, *Excavations at Tepe Gawra,* Bd. 1 (1935), S. 133 ff., Taf. LIIIa, LIVc.

93 Halsschmuck

ca. 2900–2350 v. Chr.
Gold
Länge 28 cm
IM 17955

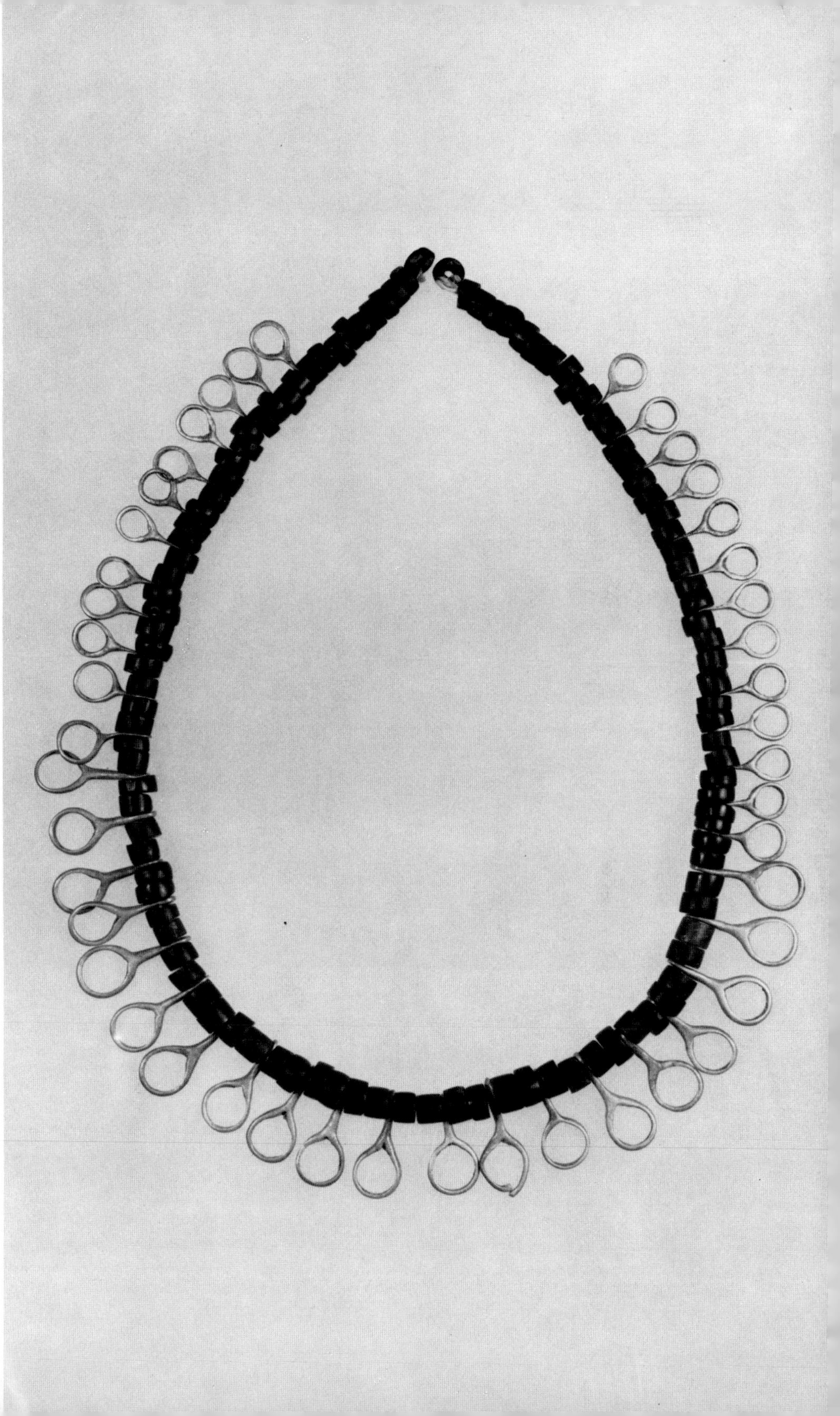

94 Halsschmuck

ca. 2900–2350 v. Chr.
Gold, schwarzer Stein
Länge 30 cm
JM J EX 1

95 Kopf eines Herrschers
(siehe Umschlagbild)

Niniveh
ca. 2350–2200 v. Chr.
Bronze oder Kupfer
Höhe 36 cm, Breite 20 cm, Tiefe 30 cm
IM 11331

Dieser Kopf ist nicht nur eines der schönsten Stücke des sicherlich an überragenden Funden nicht armen Museums in Bagdad, sondern darüber hinaus eines der bedeutendsten Werke der altorientalischen Kunst überhaupt. Er wurde während einer englischen Ausgrabung 1931 in Niniveh im Gebiet des Tempels der Göttin Ischtar gefunden, der in das 7. Jahrhundert v. Chr. zu datieren ist. Der Kopf ist jedoch viel älter und wird anhand stilistischer Vergleiche mit Werken aus der sumerischen, akkadischen und der nachfolgenden Ur III-Zeit in die Akkad-Zeit (2330–2000 v. Chr.) datiert. Auch einem Betrachter, der in der altorientalischen Kunstgeschichte nicht bewandert ist, wird der Unterschied zu den in dieser Ausstellung gezeigten Werken aus sumerischer Zeit, etwa zu dem Sitzbild des Schreibers Dudu (Nr. 65) oder zu dem Fragment der männlichen Statuette (Nr. 34) erkennbar.
Wie der Kopf in einen Tempel des großen Assyrerkönigs Assurbanipal (7. Jahrh.) gekommen ist, wissen wir nicht. Vielleicht hat ihn dieser Herrscher von einem seiner Feldzüge als Beutestück mitgebracht. Andererseits haben Inschriften-Funde bei der damaligen englischen Grabung ergeben, daß an der Stelle des Ischtartempels aus dem 7. Jahrhundert einst auch ein Tempel aus akkadischer Zeit gestanden hat, der von dem Sohn Sargons, Manischtusu, errichtet worden war. Daher wäre es auch möglich, daß dieses Meisterwerk damals von Manischtusu in diesem Tempel aufgestellt wurde.
Bis heute kann nicht mit Sicherheit gesagt werden, aus welchem Metall dieser Kopf gegossen worden ist: Bronze oder Kupfer. Dies liegt daran, daß eine genaue Untersuchung noch nicht stattgefunden hat. Ursprünglich dürfte der Kopf Teil einer lebensgroßen Statue gewesen sein. Eine weitere ungeklärte Frage ist, welchen Herrscher dieser Kopf darstellt. Die Ansichten schwanken zwischen Sargon von Akkad und seinem Enkel Naramsin, eine definitive Zuschreibung ist jedoch nicht möglich.

Literatur: M. E. L. MALLOWAN, *Iraq* 3 (1936), S. 104 ff., Taf. V–VII; STROMMENGER, S. 74, Taf. XXII; XXIII.

96 Fragmentarisches Sitzbild

Senkara
ca. 2000–1800 v. Chr.
weißer Kalkstein
Höhe ca. 60 cm
IM 74970

Dieser Fund ist noch verhältnismäßig neu; er wurde 1969 und 1970 bei den französischen Grabungen in Senkara gemacht. Dieser Platz ist identisch mit Larsa, einem der großen Stadtstaaten zu Beginn der altbabylonischen Zeit. Der Fund wurde »in Etappen« gemacht: in den letzten Stunden der Grabungskampagne 1969 entdeckte man im Tempel des Stadtgottes von Larsa die Hände dieser Statuette und ein Jahr später, 1970, hatten die Ausgräber das Glück, nicht weit davon entfernt den dazugehörigen Körper, leider ohne Kopf, zu finden. Die gefalteten Hände der Figur lassen annehmen, daß es sich um eine »Beter«-Figur handelt, wie wir sie schon aus Frühdynastischer Zeit kennen (siehe Nr. 62–65). Dennoch sind die Unterschiede gegenüber den älteren Werken unverkennbar: es ist mehr Wert auf Einzelheiten gelegt worden. Der in Strähnen auf die Brust herabhängende Bart ist sorgfältig herausgearbeitet worden, ebenso wie die um den Hals hängende Kette und das Armband. Am Kopfansatz fand man noch Spuren eines Bronzestabes, so daß die Ausgräber annehmen, die Figur sei schon in antiker Zeit repariert worden.

Literatur: J.-C. MARGUERON, *Syria* 48 (1971), S. 280, Taf. XVII 1,2; ORTHMANN S. 291, Taf. 157.

97 Gewicht in Entengestalt

Ur
um 2100 v. Chr.
Diorit
Länge 14 cm, Gewicht 2478 gr.
IM 3580

Über das Gewichtssystem im Alten Orient sind wir, vor allem was die älteren Zeiten anbetrifft, nur bruchstückhaft orientiert. Die Zersplitterung Mesopotamiens in zahlreiche Stadtstaaten zur sumerischen Zeit macht die Existenz einer einheitlichen Gewichtsordnung unwahrscheinlich. Im übrigen dürfte der Handel anfangs auf reinem Austausch aufgebaut gewesen sein. Eine der Gewichtseinheiten war das »Getreidekorn«. Die höheren Gewichtsnormen waren der 180 Getreidekörner umfassende »Schekel« (= 8,4 gr), die wieder 60-mal so große »Mine« (= 0,5 kg) und das 60 Minen enthaltende »Talent« (= 30,3 kg). Aus der akkadischen Zeit unter dem König Manischtusu kennen wir dann Beispiele, wo bei Grundstücksgeschäften der Grundstückspreis zunächst durch eine Getreidemenge bestimmt wurde, die dann in Silber umgerechnet wurde, und zwar nach dem festgesetzten Kurs 1 Kur (= 121 Liter) Korn = 1 Schekel Silber. Allmählich setzte sich dann das Silber als das allgemein gültige »Geld« durch. Geld im heutigen Sinn von geprägten Silber- und Goldmünzen kennen wir zuerst von den Lydern (Reich in Anatolien) am Ende des 7. Jahrhunderts v. Chr.
Die wichtigsten Instrumente für den Kaufmann in altmesopotamischer Zeit waren daher die Waage und die »Gewichtssteine«. Eine typische Form eines solchen Gewichtes ist das hier gezeigte Beispiel einer Ente; diese Art von Gewichtsstein taucht seit der 3. Dynastie von Ur (ab 2100 v. Chr.) sehr häufig auf. Das Stück wurde in Ur in dem Tempel des Mondgottes Nanna gefunden. Die Inschrift auf dem Gewicht lautet:
»Für (den Gott) Nanna,
seinen Herrn,
hat Schulgi,
der starke Mann,

König von UR,
König der vier Weltgegenden,
(das Gewicht von) fünf Minen
genau festgelegt«.

Aus altmesopotamischen Texten wissen wir, daß es auch schon damals eine »Wirtschaftskriminalität« gab, wenn auch, verglichen mit heute, in bescheidenerem Umfang. So heißt es in diesen Texten z. B.: »Wer falsche Waage gebraucht, zieht sich Bann und Krankheit zu«, oder »Wer die Gewichtssteine ändert, betrügt sich« (nach religiöser Auffassung) selbst um den Gewinn. Das Gesetz bedroht den Kaufmann mit strengen Strafen, »der Geld nach dem kleinen Gewicht ausleiht, aber wenn er es zurückerhält, es in großem Gewicht sich zahlen läßt«.

Literatur: C. L. Woolley, *The Museum Journal* 18 (1972), S. 137 rechts; Strommenger, S. 84, Taf. 155; E. Unger, Artikel *»Gewicht, Mesopotamien«*, Reallexikon der Vorgeschichte 4. Bd. 1. Hälfte (1926), S. 315 ff.; E. Ebeling, Artikel *»Geld«*, RLA Bd. 3 (1971), S. 198.

98 Topf mit eingeritztem Dekor

ca. 1900–1800 v. Chr.
Keramik
Höhe 13,2 cm
IM 49312

Diese Art von Gefäß ist an zahlreichen Plätzen Mesopotamiens von Nuzi im Norden bis nach Ur im Süden und auch in Susa (Iran) gefunden worden. Alle Gefäße sind in Form, Material und Technik, Motiven und Komposition so gleichartig, daß sie aller Wahrscheinlichkeit nach an einem Ort gefertigt wurden; besonders ist dies bei der Herstellungstechnik und den Motiven zu beobachten. Die Verzierung ist größtenteils eingeritzt, gleichzeitig meist punktiert, Kreisornamente wurden eingedrückt, vielleicht auch gestempelt. Diese geritzten, eingedrückten oder gestempelten »Bilder«, überwiegend sind es Vögel oder Fische, wurden dann mit weißer Paste ausgefüllt (inkrustiert). Bei vielen Exemplaren ist diese Inkrustation allerdings nicht mehr vorhanden. Teilweise sind die undekorierten Bildflächen durch einen roten Anstrich abgesetzt. Bei den Motiven finden sich, wie bei dem vorliegenden Stück, Vögel auf Fischjagd, wahrscheinlich Fischreiher, Boote und Vierfüßler, hier ein Rind. Man kann davon ausgehen, daß Töpfer und Zeichner eines solchen Gefäßes identisch waren, da die Technik bei der Anbringung des Dekors verlangte, daß das Gefäß in einem Arbeitsgang entstand. Wo sich die Werkstatt dieses Gefäßtyps allerdings befand, wissen wir nicht.

Literatur: Vgl. J. Börker-Klähn, *Untersuchungen zur altelamischen Archäologie,* Berlin 1970, S. 25 ff., Taf. 13, 14, 21 ff.

99 Reliefdarstellung der Göttin des Krieges, Ischtar

ca. 2000–1600
Terrakotta
Höhe 14 cm, Breite 8,5 cm
IM 21339

Eine besondere Gattung des altmesopotamischen Kunsthandwerks sind seit der Zeit der 3. Dynastie von Ur (ab 2100 v. Chr.) und dann besonders in der nachfolgenden altbabylonischen Periode die Terrakottareliefs, die man in großer Zahl gefunden hat. Die meisten der Funde wurden dabei im südlichen Mesopotamien gemacht; Fundorte dieser Reliefs waren fast ausschließlich Wohnhäuser. Die Zahl der in Tempeln ausgegrabenen ist gering und in Gräbern kommen sie so gut wie nie vor. Der Verwendungszweck dieser Reliefs ist nicht mit Sicherheit zu bestimmen; vielleicht waren die in Wohnhäusern gefundenen Stücke eine Art »Heiligenbilder«.

Eine sehr häufig dargestellte Gottheit ist, wie hier, die Göttin Ischtar. Sie steht auf einem Löwen, dem dieser Göttin zugeordneten Tier. Bekleidet ist die Göttin mit einem geschlitzten Faltenrock, einer Bluse und über der Brust gekreuzten Bändern. In der linken Hand hält sie eine Waffe mit gekrümmtem Stiel. Der Gegenstand in der anderen Hand ist nicht klar zu erkennen; nach Analogien mit Darstellungen auf Rollsiegeln und anderen Reliefs könnte es sich um eine Doppellöwenkeule handeln. Die aus der Schulter wachsenden Keulen sind ebenfalls typisch für diese Göttin.

Literatur: Vgl. DOUGLAS VAN BUREN, S. 264 ff., Taf. 65; OPIFICIUS, S. 68 ff. Abb. 195; U. SEIDL, Artikel »*Inanna / Ištar* (Mesopotamien)«, RLA Bd. 5 (1976), S. 87 ff.

100 Fragment eines Wagenmodells mit reliefiertem Schild

Kisch
ca. 2000–1600 v. Chr.
Terrakotta
Höhe 17 cm, Länge 14 cm
IM 1776

Auch bei der hier dargestellten Person handelt es sich um die Göttin Ischtar, lediglich ihre Bewaffnung ist etwas unterschiedlich.

Das Fragment gehörte zu dem Modell eines zweirädrigen Streitwagens; es bildete den Schild, der den Fahrer des Wagens schützte. Das untere Loch diente zur Befestigung an der Achse des Wagens, durch die beiden oberen Löcher konnte der Fahrer die Zügel führen. Die Zweckbestimmung eines solchen Modells kennen wir nicht.

Literatur: Vgl. BARRELET, S. 176 ff., Taf. 740–742.

101 Reliefdarstellung eines Gottes

Diqdiqqa (bei Ur)
ca. 2000–1600 v. Chr.
Terrakotta
Höhe 12 cm, Breite 4 cm
IM 657

Dargestellt ist ein bärtiger, stierohriger Gott, erkennbar an der Hörnerkrone. In der rechten Hand trägt er ein Krummholz. Dieser Gott mit Stierohren findet sich oft auf Terrakottareliefs, allen diesen Darstellungen ist darüber hinaus eine Bewaffnung gemeinsam, d. h. es handelt sich um einen kämpfenden Gott; vielleicht ist hier der Kampfgott Ninurta / Nergal dargestellt.

Literatur: C. L. WOOLLEY, *The Antiquaries Journal* 5 (1925), S. 19 ff., Taf. 7, 2; OPIFICIUS, S. 96 ff., S. 214 ff.

102 Fragment einer Reliefdarstellung eines Gottes

Diqdiqqa (bei Ur)
ca. 2000–1600 v. Chr.
Terrakotta
Höhe 9 cm, Breite 5 cm
IM 629

Literatur: Vgl. Nr. 101

103 Reliefdarstellung eines Götterpaares

Ur
ca. 2000–1600 v. Chr.
Terrakotta
Höhe 9 cm, Breite 5,5 cm
IM 21348

Darstellungen von Paaren wie hier finden sich häufig auf Terrakottareliefs. Allgemein wird angenommen, daß es sich um ein Götterpaar handelt. Dennoch weist nichts auf eine solche Darstellung hin, denn die Hörnerkrone etwa, das übliche göttliche Attribut, fehlt. Man begründet die Göttereigenschaft der abgebildeten Personen vielmehr damit, daß es sich hier um eine Wiedergabe der hieròs gamos, der »Heiligen Hochzeit« handelt.

Literatur: Vgl. OPIFICIUS, S. 110 ff., 218 ff., Taf. 382a.b.

104 Reliefdarstellung eines weiblichen Oberkörpers

Senkara
ca. 2000–1600 v. Chr.
Terrakotta
Höhe 12,5 cm, Breite 6,5 cm
IM 15307

Auch hier besteht dasselbe Problem der Deutung, ob eine Göttin dargestellt ist oder nicht, denn auch hier fehlt das göttliche Attribut der Hörnerkrone. Die kunstvolle Frisur und der Schmuck allein reichen nicht aus, um in der abgebildeten Person eine Göttin zu sehen.

Literatur: Vgl. DOUGLAS VAN BUREN, S. 83 ff., Taf. XXII, XIII; OPIFICIUS, S. 62 ff.; BARRELET, S. 316, Taf. LV, 579.

105 Model mit der Darstellung einer nackten Frau

ca. 2000–1600 v. Chr.
Terrakotta
Höhe 15 cm, Breite 6,5 cm
IM 41330

Hier haben wir eine Form, eine Model, vor uns, mit der diese Terrakottareliefs als »Massenware« produziert werden konnten. Diese Herstellungsart scheint in der Zeit der 3. Dynastie von Ur erfunden worden zu sein. Daneben gab es aber auch Terrakotten, die mit der Hand geformt wurden (siehe Nr. 107). Die Darstellung der »nackten Frau en face« findet sich sehr häufig unter den Terrakottareliefs. Auch den in dieser Weise wiedergegebenen Frauengestalten fehlt meist jegliches göttliche Attribut, so daß verschiedene Deutungen möglich sind. Aufgrund der Nacktheit wird z. B. angenommen, daß hier keine gewöhnliche Sterbliche dargestellt ist, sondern eine Liebesgöttin, also wahrscheinlich die Göttin Ischtar. Eine andere Deutung sieht in ihnen eine Priesterin oder einen Fruchtbarkeitstalisman.

Literatur: Vgl. Opificius S. 37 ff., S. 203 ff., Taf. 1

106 Reliefdarstellung einer nackten Frau

ca. 2000–1600 v. Chr.
Terrakotta
Höhe 13 cm, Breite 6,8 cm
IM 41730

Literatur: Vgl. Nr. 105.

107 Reliefdarstellung einer nackten Frau

ca. 2000–1800 v. Chr.
Terrakotta
Höhe 10 cm, Breite 5,5 cm
IM 41789

Der Unterschied zu den voraufgehenden Stücken ist der, daß dieses mit der Hand modelliert wurde. So ist z. B. das übernatürlich vergrößerte Schamdreieck durch Einritzungen hergestellt.

Literatur: Vgl. D. E. McCown, R. C. Haines, D. P. Hansen, *Nippur I, Temple of Enlil, Scribal Quarter and Soundings,* Chicago 1967, S. 85 ff., Taf. 122, 123.

108 Fragment der Reliefdarstellung einer Tamburinspielerin

ca. 2000–1600 v. Chr.
Terrakotta
Höhe 7,2 cm, Breite 5,8 cm
IM T 436

Aus altmesopotamischen Texten wissen wir, daß Musik und Tanz bei Kulthandlungen eine wichtige Rolle spielten. So ist es nicht überraschend, daß zahlreiche dieser Terrakottareliefs Musikanten und Tänzer bzw. Musikantinnen und Tänzerinnen darstellen. Die hier dargestellte, reich geschmückte Musikantin ist nackt, sie hält ihr Instrument vor den Körper und spielt es mit beiden Händen.

Literatur: Vgl. Opificius, S. 54 ff., S. 223 ff., Taf. 114, 123.

109 Scheibe mit Darstellung von Tänzerinnen, Musikanten und Affen

ca. 2000–1600 v. Chr.
Terrakotta
Durchmesser 15,5 cm, Dicke 4,8 cm.
IM 32062

Leider kennen wir nicht den Fundort dieses ungewöhnlichen Stückes. Im »Vordergrund« stehen sich zwei sehr langbeinige nackte Frauen, zwei Tänzerinnen, gegenüber; im »Hintergrund« spielen zwei krummbeinige Männchen auf einem Postament stehend die Laute. Eingerahmt wird das Bild von zwei hockenden und einem stehenden Affen, die ein kreuzförmiges Band tragen. Diese Männchen und auch die Affen sind uns von anderen Reliefs und Rollsiegeln dieser Zeit wohlbekannt.
Es fragt sich, ob hier ein kultischer Tanz oder die Darbietung eines kleinen altmesopotamischen Wanderzirkus dargestellt werden sollte. Auch die scheibenartige Form und die Größe geben uns Rätsel auf.

Literatur: Opificius, S. 160 ff., Taf. 584, Orthmann, S. 303, Taf. 186b.

110 Fragment der Reliefdarstellung eines Kampfes zwischen Löwe und Mensch

ca. 2000–1600 v. Chr.
Terrakotta
Höhe 6,3 cm, Breite 6 cm
IM 41979

Leider ist dieses Relief nicht gut erhalten, dennoch kann man aus zahlreichen Parallelen schließen, daß hier ein Kampf zwischen Löwe und Mensch dargestellt war. Interessant ist die Rollenverteilung der beiden Kämpfer. Kennen wir aus der sumerischen Zeit Rollsiegel, deren Darstellungen immer den Menschen als Sieger sahen, so ändert sich das in der altbabylonischen Zeit (ab 2000 v. Chr.): auf verschiedenen Terrakottareliefs wird der Löwe als Sieger über den Menschen dargestellt, wie er gerade den Menschen verschlingt. Der Sinn einer solchen Darstellung ist uns bis jetzt nicht klar. Vielleicht sollte hier in Anlehnung an ägyptische und phönizische Beispiele und Vorstellungen der Löwe als Symbol der Macht und Größe den Feind verschlingen.

Literatur: Vgl. DOUGLAS VAN BUREN, S. 151, Taf. 41, Abb. 199; OPIFICIUS, S. 227 ff., Abb. 494.

111 Reliefdarstellung eines Frosches

ca. 2000–1600 v. Chr.
Terrakotta
Höhe 9,5 vm, Breite 6,3 cm
IM 49875

Der Frosch war in den zahlreichen Flußläufen und Sümpfen vor allem im südlichen Mesopotamien anzutreffen. Ein solches kleines Relief wie dieses könnte als Amulett oder Schmuck gedient haben. Aus antiken Texten wissen wir, daß das Verhalten dieses Tieres für die Wahrsagepriester eine Reihe von Vorzeichen ergab und daß es ein Ritual gab, um das Böse dieser Vorzeichen abzuwehren.

Literatur: Vgl. E. EBELING, Artikel »*Frosch*«, RLA Bd. 3 (1957–1971), S. 118.

112 Reliefdarstellung eines Dämonengesichtes

Tell ed-Dhiba'i
ca. 2000–1600 v. Chr.
Terrakotta
Höhe 6,9 cm, Breite 6,6 cm
IM 65662

Dieses Stück wurde bei Ausgrabungen des irakischen Antikendienstes in einem Vorort Bagdads gefunden. Dargestellt ist das Gesicht des Chumbaba; dieser tritt uns im berühmtem Gilgamesch-Epos entgegen: er ist dort der Wächter des Zedernwaldes und wird von Gilgamesch und dessen Begleiter Enkidu getötet. Besonders in der altbabylonischen Zeit findet sich seine Darstellung sehr häufig. Chumbaba war zwar kein Gott, verfügte aber über übernatürliche Fähigkeiten. Er war im »Besitz der Ängste« und vermochte seine Gegner schon in großer Entfernung zu entdecken. In antiken Texten, vor allem in solchen, die sich mit Voraussagen von Wahrsagepriestern befassen, sogenannten Omina-Texte, wird gelegentlich auf das Gesicht des Chumbaba verwiesen. So heißt es etwa: »Wenn er das Antlitz des Chumbaba hat: Er wird reich werden«; andere Omina sprechen von der Geburt einer »Chumbaba-Figur« und davon, daß eine Mißgeburt »ein Chumbaba-Gesicht habe«. Andererseits scheint Chumbaba auch positive Wirkung gehabt zu haben. So heißt es in einem anderen Text: »Wenn ein Schaf einen Löwen gebiert und dieser das Gesicht des Chumbaba hat, so wird der Fürst keinen ebenbürtigen Gegner haben, das Land seines Feindes wird der verzehren«. Es ist daher anzunehmen, daß ein solches Relief als Amulett gedient hat, um den Besitzer zu schützen, ihm aber auch vielleicht Kräfte und Fähigkeiten, wie Chumbaba sie besaß, zu verleihen.

Literatur: L. AL-GAILANI, *Sumer* 21 (1965), S. 36, Abb. 52; vgl. BARRELET, S. 386, Taf. 53, 758–760; C. WILCKE, Artikel »*Huwawa / Humbaba*«, RLA Bd. 4 (1975), S. 530 ff.

113 Reliefdarstellung eines Dämonengesichtes

ca. 2000–1600 v. Chr.
Terrakotta
Höhe 9,5 cm, Breite 6 cm
IM 11790

114 Modell eines Bettes

ca. 2000–1600 v. Chr.
Terrakotta
Höhe 3,5 cm, Länge 10,5 cm, Breite 7,5 cm
IM 41927

Dargestellt ist die Oberseite eines Bettes, dessen Rahmen bei einfachen Exemplaren wohl aus Palmenholz, bei Prunkbetten dagegen aus Edelhölzern hergestellt wurden. Der Holzrahmen war vermutlich mit einer Riemenbespannung aus Leder oder festem Stoff versehen. Grundsätzlich ist jedoch festzustellen, daß das Bett im alten Mesopotamien eine Art Luxusgegenstand war, den sich die meisten nicht leisten konnten. Die Mehrzahl der Leute schlief zu ebener Erde auf Matten. Die zahlreichen Tonmodelle, die wir von Betten besitzen, dienten wohl zum Teil als Kinderspielzeug, zum Teil als Weihgaben.

Literatur: Vgl. J. SCHAWE, Art. »*Bett*«, RLA Bd. 2 (1938), S. 20; A. SALONEN, *Die Möbel des alten Mesopotamien nach sumerisch-akkadischen Quellen,* Helsinki 1963, S. 107 ff., Taf. 15 ff.

115 Bemalter Becher

Nuzi
ca. 16./14. Jahrhundert v. Chr.
Keramik
Höhe 16 cm, Durchmesser 8 cm
IM 6435

Dieses und das nachfolgende Gefäß sind zwei besonders schöne Beispiele für die Nuzi-Keramik, so benannt nach dem antiken Namen des Grabungsortes Yorgan Tepe, in der Nähe von Kirkuk im nördlichen Irak. Zwischen 1925–1931 hat dort eine amerikanische Grabung den Sitz eines mitannischen Statthalters freigelegt. Die Nuzi-Keramik mit ihren meist hellen Ornamenten auf dunklem Grund und mit der für diese Ware typischen Gefäßform des steilwandigen Bechers mit Fuß – siehe die beiden Beispiele – war von Nuzi im Osten bis nach Tell Açana (in der Nähe des Orontes) im Westen und im Süden bis nach Aqar Quf (bei Bagdad) verbreitet. Diese Grenzen decken sich in etwa mit der Ausdehnung des Reiches der Mitanni-Churriter.

Literatur: R. F. S. STARR, *Nuzi,* Cambridge, Mass. 1937, Bd. 1, S. 394 ff., Bd. 2, Taf. 78, Q.; vgl. B. HROUDA, *Die bemalte Keramik des zweiten Jahrtausends in Nordwestmesopotamien und Nordsyrien,* Berlin 1957.

116 Bemalter Becher

Tell Billa
ca. 16./14. Jahrhundert v. Chr.
Keramik
Höhe 16 cm, Durchmesser 17,5 cm
IM 25433

Tell Billa, das antike Schibaniba, in der Nähe von Mossul, ist ein anderer Fundort an dem die Nuzi-Keramik gefunden wurde.

Literatur: E. A. Speiser, *The Museum Journal* 23 (1932), S. 257 ff., Taf. 61,6.

117 Frauenmaske

Tell Rimach
ca. 14./13. Jahrhundert v. Chr.
Fritte
Höhe 11,8 cm, Breite 7,9 cm
IM 69695

Dieser schöne Fund wurde 1965 bei einer englischen Ausgrabung in Tell Rimach, 60 km westlich von Mossul, gemacht, und zwar in einem Tempel aus mittelassyrischer Zeit.
Die Maske ist aus glasierter Fritte hergestellt; sie ist innen hohl. Augen und Augenbrauen, ebenso wie die seitlich herabhängenden Haare bestehen aus kleinen, in Bitumen eingelegten Frittestückchen. Die Ohren sind wohl für die Anbringung von Ohrringen durchbohrt. Die hinter den Ohren herabfallenden Haare erlauben diese sonst stark schematisierte Maske als Darstellung eines weiblichen Gesichtes zu deuten.
Fritte ist eine weiße feinkörnige Masse, hauptsächlich aus Quarz bestehend; das Glasieren solcher Frittegegenstände erfolgte durch Eintauchen in eine flüssige Glasmasse. Fritte findet sich zwar schon im 4. Jahrtausend v. Chr., aber ihre Blütezeit erlebte die Kunst der Fritteherstellung und ihre Glasierung um die Mitte des 2. Jahrtausends v. Chr.
Über den Zweck einer solchen Maske wird noch gerätselt. Die Ausgräber fanden noch zwei weitere, allerdings minderer Qualität. Darüber hinaus kennen wir solche Masken aus Nippur, Uruk, Mari, Susa, Tschoga Zanbil (Iran) und anderen Orten. Diese Masken könnten als Amulett oder als Teil eines Gesichtsgefäßes oder auch als Plakette gedient haben, die an der Wand befestigt wurde.

Literatur: D. Oates, *Iraq* 28 (1968), S. 125, Taf. 34a; H. Kühne, *Baghdader Mitteilungen* 7 (1974), S. 101 ff., Taf. 14,1 Orthmann S. 295, Farbt. XIIb.

118 Armreifen

Aqar Quf
ca. 15.–12. Jahrhundert v. Chr.
Gold, blaue Paste
Breite 1,5 cm, Durchmesser 6,2 cm
IM 50931

Am Rande von Bagdad, bei Aqar Quf, liegt die alte Hauptstadt des Kassiten Reiches Dur-Kurigalzu (»Festung des Kurigalzu«). Hier hat der irakische Antikendienst 1942–1945 Ausgrabungen durchgeführt. Unter anderem wurde dabei auch dieser sehr gut erhaltene Armreifen gefunden, der wiederum ein schönes Beispiel für die handwerklichen Fähigkeiten der Künstler der damaligen Zeit ist. Dieser Reifen ist einmal in Granulationstechnik gearbeitet (die Rauten) und andererseits findet sich hier auch die Filigrantechnik (Flechtband). Der geringe Durchmesser des Reifens läßt vermuten, daß er für ein Kind bestimmt war.

Literatur: T. Baqir, *Iraq* 8 (1946), S. 91, Taf. 15,8; 21, 16.

119 Tontafel

Warka
Dschemdet-Nasr-Zeit (ca. 3100–2900 v. Chr.)
Ton
Höhe 6,4 cm, Breite 4,7 cm
IM 64850

In der südmesopotamischen Stadt Uruk (biblisch Erech, modern Warka) wurden die bisher ältesten Schriftzeugnisse der Menschheit gefunden. Sie stammen aus der Zeit um 3200 und damit aus einer Schicht, die noch früher zu datieren ist als die der hier gezeigten Tafel. Ebenso wie die ältesten (archaischen) Texte ist auch diese Tafel noch nicht lesbar (vgl. hierzu das Kapitel »Die Keilschrift« in diesem Katalog). Sie läßt sich nur grob als Wirtschaftstext (Buchung von Lieferungen?) klassifizieren. Die länglichen und runden Eindrücke sind Zahlzeichen (Einer bzw. Zehner), während die in den einzelnen Kästchen daneben stehenden Zeichen das Gezählte ausdrücken. In dem Kästchen links oben z. B. erkennt man die Zahl »3« und das Zeichen für »Krug«.

Literatur: Für die frühen Texte aus Uruk vgl. A. FALKENSTEIN, *Archaische Texte aus Uruk,* Berlin – Leipzig 1936, sowie die Literaturhinweise bei R. BORGER, *Handbuch der Keilschriftliteratur,* Bd. III, Berlin 1975, S. 2, § 4.

120 Tontafel

Abu Salabikh
Frühdynastische Zeit, ca. 2500 v. Chr.
Ton
Höhe 9 cm, Breite 8,8 cm
IM 70263

Die annähernd kreisförmige Gestalt dieser Tontafel (s. die Abb. oben auf der Seite gegenüber) läßt erkennen, daß es sich um eine sogenannte Schultafel handelt. Die angehenden Schreiber benutzten solche Täfelchen, um ihre schriftlichen Übungen auszuführen. Im vorliegenden Text handelt es sich um eine Komposition in sumerischer Sprache über Lugalbanda, König von Uruk, und seine Gattin Ninsun, die als göttliches Wesen bezeichnet wird. Beide sind bekannt als die Eltern des legendären Gilgamesch, von dessen Taten das bis in die Spätzeit hinein überlieferte Gilgamesch-Epos berichtet. Lugalbanda und seine Gattin Ninsun spielten selbst auch eine Rolle in sumerischen Dichtungen, deren Niederschriften zumeist rund 700 Jahre jünger sind als der vorliegende Text, der in der jüngeren Fassung offenbar nicht enthalten ist. Die Sprache dieser ältesten literarischen Texte gibt noch zahlreiche Probleme auf.

Literatur: BIGGS, Nr. 327. Vgl. noch C. WILCKE, *Das Lugalbandaepos,* Wiesbaden 1969.

121 Tontafel

Abu Salabikh
Frühdynastische Zeit, ca. 2500 v. Chr.
Ton
Höhe 21,7 cm, Breite 21 cm
IM 70293

Bei der Ausbildung der sumerischen Schreiber spielten Texte in Form von Listen eine große Rolle.

Systematisch geordnet, enthielten solche Listen große Teile des Wortschatzes. Zunächst, wie im vorliegenden Fall, waren die Listen einsprachig sumerisch, später fügten die babylonischen und assyrischen Schreiber oft eine zweite Spalte mit der akkadischen Übersetzung hinzu. Anhand der Listen, die im Laufe der Zeit zu regelrechten enzyklopädischen Tafelserien ausgebaut wurden, lernten die Schreiber nicht nur die gängige Orthographie der einzelnen Wörter, sondern erhielten eine umfassende, allgemeine »Bildung« in den verschiedensten Bereichen. Ebenso wie die Namen von Göttern, Tempeln und Städten oder die Bezeichnungen für Tiere, Steine und Pflanzen waren auch Berufsbezeichnungen (wie in diesem Text) Gegenstand der sumerischen »Listenwissenschaft«.

Literatur: BIGGS, Nr. 54; E. REINER – M. CIVIL, *Materials for the Sumerian Lexicon*, Bd. XII, Rom 1969, S. 16 ff., ED List E.

122 Tontafel

al-Rimah
Altbabylonische Zeit (ca. 2000–1600 v. Chr.)
Ton
Höhe 10,3 cm, Breite 5,9 cm
IM 73670

Unter der Überschrift »Getreidefeld« steht in den folgenden Zeilen je eine Zahl, der ein Personenname folgt. Hier sind offenbar Ernteerträge oder Lieferungen verbucht. Verzeichnisse dieser Art geben gute Aufschlüsse über die Zusammensetzung der Bevölkerung: Herr Teschubewri trägt einen churritischen, Herr Sumurapi hingegen einen westsemitischen (amoritischen) Namen (Z. 6 und Z. 17).

Literatur: DALLEY, WALKER UND HAWKINS, Nr. 231. – Zu den Ausgrabungen in Tell Rimah vgl. D. OATES, *Sumer* 19 (1963) 69 ff.

123 Tontafel

Harmal
Altbabylonische Zeit (ca. 2000–1600 v. Chr.)
Ton
Höhe 8,8 cm, Breite 7,5 cm
IM 51502

Rasch geformte Tontäfelchen mit stark gerundeten Flächen dienten als »Notizzettel«, hier für Aufzeichnungen über Sklaven.

124 Tontafel

Harmal
Altbabylonische Zeit (ca. 2000–1600 v. Chr.)
Ton
Höhe 5,8 cm, Breite 4 cm
IM 51625

Etwa 90% aller Tontäfelchen entstammen dem Bereich des Wirtschafts- oder Geschäftslebens, dem ursprünglichen Anwendungsgebiet der Keilschrift. Dieses Täfelchen nennt die Namen von Arbeitern, die für eine bestimmte Aufgabe eingeteilt waren.

125 Tontafel

Harmal
Altbabylonische Zeit (ca. 2000–1600 v. Chr.)
Ton
Höhe 21,7 cm, Breite 15,2 cm
IM 51506

Die Ausgrabungen in Tell Harmal (jetzt in einem Vorort von Bagdad gelegen) erbrachten rund 3000 noch unveröffentlichte Texte aus altbabylonischer Zeit. Diese Tafel enthält ein sogenanntes »Inventar«, ein Verzeichnis von Gegenständen aus einem Tempel.

126

127

126 Tontafel

Nuzi
Kassitische Zeit (ca. 1600–1150 v. Chr.)
Ton
Höhe 10,5 cm, Breite 8 cm
IM 10856

»Adoptionsurkunde, durch die Unnuki (. . .) den Tehiptilla (. . .) als Sohn angenommen hat« – so beginnt diese Urkunde aus der Stadt Nuzi (südlich des heutigen Kirkuk). Doch nicht um das rührende Schicksal eines Waisenkindes geht es hier, sondern, wie so oft, um Geschäfte. Tehiptilla wird nämlich nunmehr »Erbe« eines Grundstückes, dessen Größe und Lage genau bezeichnet ist. Dafür »schenkt« Tehiptilla dem Unnuki jedoch u. a. 1 Talent und 30 Minen Kupfer (entspricht etwa 45 kg). Dieser Vorgang zeigt, daß es sich in Wirklichkeit um einen Grundstückskauf handelt. Da jedoch Kauf und Verkauf von Grundbesitz in Nuzi zur Abfassungszeit dieser Urkunden (15. Jh. v. Chr.) offenbar nicht möglich war, bediente man sich des geschilderten Adoptionsverfahrens, um die Transaktion von Grundstücken dennoch zu ermöglichen. Tehiptilla allein wurde auf diese Weise mehr als 120mal »adoptiert« – Anzeichen nicht so sehr eines wechselvollen Schicksals, als vielmehr eines regen Geschäftslebens.

Literatur: E. CASSIN, *L'adoption à Nuzi,* Paris 1938.

127 Tontafel

al-Rimah
Altbabylonische Zeit (ca. 2000–1600 v. Chr.)
Ton
Höhe 5,5 cm, Breite 4,2 cm
IM 73819

Aus der altbabylonischen Zeit ist eine sehr große Anzahl von Briefen erhalten. Besonders aufschlußreich für den Historiker sind die Briefwechsel zwischen Königen, in denen alle Register der Diplomatie wie auch der Intrige gezogen werden. Persönliche Nachrichten sind selten, auch Privatleute bleiben gewöhnlich sehr sachlich. In einem Brief beklagt sich allerdings ein modebewußter junger Mann bei seiner Mutter: »Von Jahr zu Jahr werden die Gewänder der jungen Leute hier besser, doch Du läßt meine Gewänder von Jahr zu Jahr schlechter werden . . .«!

Literatur: Eine gute Einführung in die altmesopotamische Briefliteratur ist das Buch von A. L. OPPENHEIM, *Letters from Mesopotamia,* Chicago – London 1967.

128 Tontafel

al-Fikhar
Kassitenzeit (ca. 1600–1150 v. Chr.)
Ton
Höhe 4,5 cm, Breite 4,5 cm
IM 73419

Drei namentlich genannte Männer bestätigen, daß sie im Besitz von Getreide und anderen Dingen sind. Wozu diese Notiz diente, ist unbekannt.

129 Urkundenstein

Balad-Ruz
Kassitenzeit; 1082 v. Chr.
Schwarzer Stein (Diorit?)
Höhe 59 cm, Breite 25,5 cm, Dicke 12,5 cm
IM 74651

In der mittelbabylonischen, der sogenannten Kassitenzeit, pflegten die Könige Babylons die hohen Würdenträger ihres Reiches mit Ländereien zu beschenken. Diese Schenkungen wurden schriftlich auf einer Tontafel fixiert, um die Gültigkeit des Besitzanspruches auch in späterer Zeit nachweisen zu können. Die Tontafel trug das Siegel des Königs, wodurch der Vorgang erst rechtskräftig wurde. Um nun den Besitz der so erhaltenen Ländereien auch nach außen dokumentieren zu können, ließen die Beschenkten sogenannte Urkundensteine (das babylonische Wort lautet *kudurru*) anfertigen. Diese wurden entweder auf dem Grundbesitz selbst oder im Tempel aufgestellt, wo sie jedem Interessierten zugänglich waren. Es handelt sich also keineswegs um einfache »Grenzsteine« im Sinne einer Grenzmarkierung. Die Göttersymbole, die die Spitze des Steines bedecken, stehen in inhaltlicher Beziehung zu der darunter angebrachten Inschrift, die auf Vorder- und Rückseite in je einer Kolumne eingemeißelt ist. Betrachten wir zunächst diese: Wie in Zeile 27 ausdrücklich festgestellt wird, ist der Text von Zeile 1–26 eine »Abschrift einer vom König gesiegelten Urkunde«. Sie enthält zuerst Angaben über die Größe des Grundstückes (ca. 40,5 ha), über seine Lage, die durch die Nennung angrenzender Flußläufe und der Namen der Grundstücksnachbarn angegeben wird, und schließlich den Namen des Vorbesitzers, eines gewissen Uzib-schiparru, seines Zeichens »Palasttor-Beamter« des Königs. Diesem hatte jedoch König Marduk-schapik-zeri (ca. 1082–1070 v. Chr.) bei seinem Regierungsantritt offenbar Amt und Grundbesitz entzogen (wegen einer nicht näher erklärten »Verfehlung«) und beides einem gewissen Schirikti-Schukamuna übertragen. Weiter wird die Tatsache der Landschenkung vermerkt, die Namen der Landvermesser und die der Zeugen, die bei der Siegelung der Urkunde anwesend waren, bei der Handlung also, die dem Vorgang Rechtsgültigkeit verlieh. Die Datierung »Babylon, Arachsamnu (8. Monat), 1. Jahr von Marduk-schapik-zeri, König« markiert das Ende eben des Textes, der auf der erwähnten Originalurkunde aus Ton gestanden hat.

Der weitaus längere Rest der Inschrift enthält die sogenannten Fluchformeln. Sie sollen verhindern, daß in der Zukunft das Land weggenommen oder verringert wird und vor allem, daß der Stein selbst zerstört oder beseitigt wird. Wir lesen:

> »Wer immer unter späteren Menschen, in fernen Tagen (. . .) auftaucht und wegen dieses Feldes klagt, (. . .) Einspruch einlegt (. . .) oder von diesem Felde (. . .) eine Schenkung vornimmt oder sonst nach Gutdünken darüber verfügt, (. . .) Graben, Grenze und Grenzstein verrückt (. . .) oder diese Stele (. . .) vernichtet, zerstört, zerbricht, zerschlägt, von ihrem Platz entfernt und an einen ihr nicht gemäßen Ort stellt, sie ins Wasser wirft, im Feuer verbrennt, mit einem Ziegel bedeckt (. . .), diesen Menschen mögen (die Götter) An, Enlil, Ea und Belet-ili, die großen Götter, mit wildem Zorn anschauen und mit einem unlösbaren, schlimmen Fluch verfluchen!«

Der Himmelsgott An wird im »Bildteil« des Denkmals durch einen Sockel mit Hörnerkrone symbolisiert (über der Inschrift, auf der Vorderseite links). Rechts daneben steht das fast gleiche Symbol des Gottes Enlil und rechts daneben das des Gottes Ea mit dem Mischwesen des »Ziegenfisches« und dem Widderstab. Darüber erkennt man die Symbole für die Gestirngötter: links die Sichel des Mondgottes Sin, in der Mitte die Strahlenscheibe des Sonnengottes Schamasch und rechts ein siebenstrahliger Stern für die Göttin Ischtar (Planet Venus). Auch die anderen Symbole stellen Götter dar, die teils namentlich, teils nur summarisch zum Schutz des Steines gegen jeden Frevler bemüht werden:

> »Alle großen Götter, deren Name auf dieser Stele genannt ist, deren Embleme gekennzeichnet sind, deren Bilder gezeichnet sind und deren Symbolsockel geformt sind, mögen ihn (den Frevler) mit ihrem Antlitz in wildem Zorn anschauen und ihn in Krankheit, Kopf-

schmerz, Schlaflosigkeit, Schweigen, Ohnmacht, Jammern, Mangel, Klage, Unglück, Mißbehagen, Trübsal, Wehklage und Weinen ohne Unterlaß die Tage verbringen lassen.«

In der letzten Zeile erfahren wir den Namen des Urkundensteins, er hieß:

»(Gott) Ninurta, verschließe die Lippen dessen, der Einspruch erhebt!«

Literatur: F. Reschid und C. Wilcke, *Zeitschrift für Assyriologie* 65 (1975) 34 ff.

130 Tontafel

Nimrud
Neuassyrische Zeit,
ca. 8. Jh. v. Chr.
Ton
Höhe 16,5 cm, Breite 9,5 cm
IM 64085

Wirtschaftstexte größeren Formates konnten als Zusammenfassung mehrerer Einzeltäfelchen angelegt werden. Die Eintragungen wurden dann gewöhnlich durch Querstriche voneinander getrennt. Schließlich wurden diese Texte in den Archiven der assyrischen Verwaltung aufbewahrt, ähnlich wie in den »Bürokratien« der Neuzeit.

131 Tontafel

Nimrud
Neuassyrische Zeit, 744–727 v. Chr.
Ton
Höhe 8 cm, Breite 4,2 cm
IM 64086

»An den König, meinen Herrn – dein Diener Assurschallimanni! Möge es dem König, meinem Herrn, wohlergehen!« Protokollgerecht beginnt dieser Brief des assyrischen Statthalters in Arrapcha (östlich des Tigris) an den König Tiglatpileser III. Das Thema des Briefes ist eine Anfrage, womit denn jene 6000 Gefangenen zu verköstigen seien, die dem Assurschallimanni unterstellt wurden. Er schlägt vor, sie auf andere Orte zu verteilen. Die Assyrer erbeuteten auf ihren Kriegszügen zahllose Menschen, die meist als Arbeitskräfte dienen mußten. Verschleppungen und Deportationen großen Ausmaßes waren gängige Praktiken der expansiven assyrischen Machtpolitik.

Literatur: H. W. F. SAGGS, *Iraq* 36 (1974) 200 ff.

132 Tontafel

Nimrud (ND. 2326)
Neuassyrische Zeit, ca. 640 v. Chr.
Ton
Höhe 7,8 cm, Breite 4,5 cm
IM 634425

Hier liegt eine Urkunde vor, die über den Verkauf der Sklavin Ningalschejagi an einen gewissen Izbu ausgestellt wurde. Der Kaufpreis beträgt eine halbe Mine Silber (ca. 200 g). Für den Fall, daß der Käufer die Sklavin zurückweist, wird eine Konventionalstrafe vereinbart: u. a. müssen 10 Minen Silber (4 kg) und 4 Minen Gold (1,6 kg) an den Tempelschatz des Gottes Ninurta in Kalchu bezahlt werden, zwei weiße Pferde sind »zu Füßen des (Gottes) Assur« anzubinden (d. h. ihm zu schenken) und der zehnfache Kaufpreis ist an den Verkäufer zu entrichten. Die Urkunde wurde vor zehn Zeugen am 13. Tebet (Jan./Febr.) des Jahres 640 v. Chr. ausgefertigt.

Literatur: B. PARKER, *Iraq* 16 (1954) 43, ND. 2326

133 Sechsseitiges Tonprisma

Niniveh, Terrasse des Palastes von Asarhaddon
Neuassyrische Zeit, 676 v. Chr.
Ton
Höhe 30 cm, Durchmesser 14 cm
IM 59096

Sieht man von den Wirtschaftstexten ab, so sind die Inschriften von Königen und Herrschern die älteste Textgattung des Zweistromlandes, eine Gattung freilich, die ihr Dasein zumeist im Verborgenen fristete: die meisten Königsinschriften waren in den Fundamenten von Tempeln, Palästen oder Festungsbauwerken verborgen, wo sie in kleinen Kammern im Grundstein des Gebäudes deponiert waren. So konnte sie zwar niemand lesen, aber auch niemand zerstören. Nur ein späterer König, der anläßlich einer fälligen Renovierung des Bauwerkes bis zu den Fundamenten und Grundsteinen vordrang, konnte diese Inschriften finden und lesen, oder sich vorlesen lassen. So wurde der Nachruhm des Königs an spätere Generationen weitergegeben. Manche Inschriften richten die direkte Aufforderung an »den späteren Fürsten«, die Inschrift zu lesen und sie zusammen mit der eigenen wieder an ihren Platz im Fundament zurückzulegen. Daß dies zuweilen tatsächlich geschah, konnte bei Ausgrabungen in Assur nachgewiesen werden.

Auch dieses Prisma des assyrischen Königs Asarhaddon (680–669 v. Chr.) war eine derartige Grundsteinbeigabe. Asarhaddon ließ sich in Niniveh einen eigenen Palast bauen, wie vor ihm schon mehrere Könige, und in dem Mauerwerk der Terrasse, auf der der Palast errichtet wurde, befand sich dieses Prisma. Es ist, wie schon gesagt, nicht für die staunende Nachwelt geschrieben – daher die vielen übertreibenden, fast großsprecherischen Wendungen im Text und die Tendenz, nur Ruhmvolles zu berichten. Wir lesen:

> »Palast Asarhaddons, des großen und mächtigen Königs, Königs der Welt, Königs von Assyrien, Statthalters von Babylon, Königs von Sumer und Akkad, Königs der vier Weltgegenden, des treuen Hirten, des Lieblings der großen Götter, den schon in seiner Jugend (die Götter) Assur, Schamasch, Bel und Nabu, Ischtar von Niniveh und Ischtar von Arbela zum Königtum über Assyrien berufen haben; des Sohnes Sanheribs, Königs von Assyrien (. . .), der unter dem Beistand von (den Göttern) Assur, Sin, Schamasch (. . .), den großen Göttern, seinen Herrn, vom Osten bis zum Westen einherzog, ohne seinesgleichen zu finden.«

So bezeichnet Asarhaddon sich selbst am Anfang des Textes. Die Schilderung von Kriegszügen, die ihn in ferne Länder führten, schließt sich an, z. B. eine Expedition in das Innere Arabiens:

> »Was das weitentfernte Land Bazu anlangt, ein vergessenes Stück Festland, ein Salzgebiet, eine Stätte des Durstes – 140 Doppelstunden Sandgebiet mit Disteln (. . .), wo Schlangen und Skorpione wie Ameisen das Feld bedecken, 20 Doppelstunden im Hazu-Gebirge, dem Gebirge der ›Donnersteine‹, ließ ich hinter mir und durchzog ich. In jenem Gebiete, nach dem seit fernen Tagen keiner der Könige, die vor mir regierten, gezogen war, zog ich auf Geheiß meines Herrn Assur siegreich einher.«

Es ist demnach beinahe selbstverständlich, daß das ganze Reich am Bau dieses prächtigen Palastes beteiligt ist:

> »Ich bot die Könige vom Hethiterlande (Syrien) und von jenseits des Flusses (Euphrat) auf: Baal, König von Tyrus, Manasse, König von Juda, Kamoschgabri, König von Edom, Musuri, König von Moab, Silbel, König von Gaza, (. . .), die 12 Könige vom Ufer des Mittelmeeres, (. . .), die 10 Könige von Zypern inmitten des Meeres, zusammen 22 Könige vom Hethiterlande an der Meeresküste und aus der Mitte des Meeres – und sie alle ließen auf meinen Befehl große Balken, (. . .), Träger aus Zedern- und Zypressenstämmen, (. . .) Steinplatten und Bausteine aus Alabaster, (. . .) aus den Bergen, wo sie entstanden waren, zum Bedarfe meines Palastes unter Mühen und Beschwerden nach meiner Residenz Niniveh schleppen.«

Zur Einweihung des Palastes fand ein großes Fest statt:

»Die Magnaten und die Leute meines Landes ließ ich alle an festlichen Tafeln bei Schmaus und Gastmahl darin (d. h. im Palast) Platz nehmen. Ich ließ ihr Herz jauchzen, tränkte sie mit Weiß- und Rotwein . . .«.

Eine Bitte an die großen Götter um »Wohlbefinden des Körpers, Freude des Herzens, strahlendes Gemüt und ›Sättigung‹ an Nachkommenschaft« beschließt diese Inschrift, die rund 360 Zeilen Text in der gehobenen babylonischen Literatursprache umfaßt und mit größter Sorgfalt auf dem Tonprisma niedergeschrieben ist.

Literatur: A. HEIDEL, *Sumer* 12 (1956) 7 ff. – Die Inschriften dieses Königs wurden herausgegeben von R. BORGER, *Die Inschriften Asarhaddons, Königs von Assyrien,* Archiv für Orientforschung, Beiheft 9, Graz 1956. Vgl. dort S. 36 ff. und S. 125.

134 Zwei Orthostaten mit Löwenkopf

Tell Rimach
8./7. Jahrhundert v. Chr.
Kalkstein
Höhe 78,3 cm und 73,5 cm
IM 70544/2 und 70544/3

Diese beiden Orthostaten wurden, ebenso wie Nr. 117, in Tell Rimach gefunden. Dort haben 1964 begonnene englische Ausgrabungen eine assyrische Stadt mit Palast und Tempel ans Tageslicht gefördert, deren älteste Teile in die altassyrische Zeit zu datieren sind und die bis in die neuassyrische Periode existierten.

Während die Frauenmaske Nr. 117 aus mittelassyrischer Zeit stammt, gehören diese beiden Orthostaten in die neuassyrische Zeit. Zusammen mit zwei weiteren Exemplaren wurden sie in einem Tempel entdeckt. Da das eine Paar »in situ« (lateinisch, »an ihrer ursprünglichen Stelle«) gefunden wurde (das andere Paar fand sich an zwei anderen Stellen innerhalb des Tempels im Schutt liegend), kann man sagen, wozu sie bestimmt waren: sie standen links und rechts am Eingang zur Cella, dem »Allerheiligsten« des Tempels auf einem Ziegelsockel und dienten als Säulenbasis.

Die langheraushängenden Zungen der beiden Löwen sind in Schwertform gestaltet; der Kopf war abgeplattet, um so die Säulen tragen zu können. Auf allen vier Säulen befanden sich Inschriften, die leider kaum leserlich sind. Die kümmerlichen Reste jedoch, die entziffert werden können, lassen den Schluß zu, daß diese Orthostaten in dieselbe Zeit gehören wie die sehr gut erhaltene Stele des neuassyrischen Königs Adad-nirari III. (806–782), – er ist der Sohn der legendären Königin Semiramis –, die man in der Cella des Tempels fand. Diese Löwen sind in ihrer Form einmalig.

Üblicherweise sind sie Attribute der Göttin Ischtar. Der Text auf der Königsstele jedoch zeigt, daß der Tempel dem Wettergott Adad geweiht war.

Orthostaten (griechisch, »aufrechtstehend«) sind die typische Wandverkleidung in der neuassyrischen Zeit. Überwiegend handelt es sich bei ihnen um Steinplatten, die vor die Lehmziegelwände gesetzt und mit Reliefs verziert wurden. Berühmt sind die Orthostaten-Reliefs in den neuassyrischen Palästen. Diese Kunst ist allerdings älter: schon in der späthethitischen Zeit (10.–8. Jahrhundert v. Chr.) in Nordsyrien wird sie sehr häufig angewandt und auch in hethitischer Zeit (Alaça Hüyük) ist sie bekannt.

Literatur: D. OATES, *Iraq* 30 (1968), S. 124 ff., Taf. 32a, 33, 37a–d.

135 Griff eines Gerätes in Form zweier nackter Frauengestalten

Nimrud
8./7. Jahrhundert v. Chr.
Elfenbein mit Blattgoldauflage
Höhe 16,7 cm
IM 56346

Die folgenden sechs Ausstellungsstücke sind nur eine Auswahl der großartigen Elfenbeinarbeiten, die man in Nimrud gefunden hat. Nachdem Layard bei seiner Ausgrabung Mitte des letzten Jahrhunderts zahlreiche Elfenbeinarbeiten entdeckt hatte und sein Landsmann K. Loftus 1854 eine noch weitaus größere Zahl ins Britische Museum brachte, setzten die Engländer unter M. Mallowan in den Jahren zwischen 1949–1963 die Arbeiten dort fort.

Neben Funden auf der Zitadelle mit ihren verschiedenen Palästen wurde auch eine Befestigung am Stadtrand, das sogenannte »Fort Schalmanassar« freigelegt, in dem man zahlreiche Elfenbeinarbeiten fand. Viele dieser Stücke dürften als Tribut oder Beute nach Assyrien gelangt sein. Elfenbein wird schon in sumerischen Texten erwähnt und Elefanten gab es während der Antike im Alten Orient, vor allem in Syrien; daneben dürfte Elfenbein aus Ägypten und Nubien importiert worden sein.

In erster Linie wurde es zur Möbelverzierung verwandt, etwa als Einlagen in Lehnen bei Stühlen und Betten. Aufgrund der Feldzugsberichte der neuassyrischen Könige wissen wir, von woher Elfenbeinarbeiten als Beute oder Tribut mitgebracht wurden. In diesen Berichten werden häufig Nordsyrien, die phönizische Küste und Städte am Euphrat als Werkstätten genannt, aber auch in Assyrien selbst sind solche Arbeiten hergestellt worden. Man hat sogar in Nimrud Elfenbein in Lagerräumen gefunden und aus Texten wissen wir von der Anwesenheit fremder Handwerker.

Das vorliegende Stück könnte der Griff eines kostbaren Fächers, Wedels oder auch Spiegels gewesen sein. Die beiden karyatidenähnlichen (Karyatide = an Stelle einer Säule das Gebälk tragende Mädchenstatue) Gestalten sind durch einen Kranz von Palmblättern, die ein Kapitell formen, das ursprünglich mit Blattgold überzogen war, mit dem Gerät verbunden; aufgrund von Vergleichsstücken dürfen wir schließen, daß dieses Stück aus Nordsyrien stammt.

Literatur: Mallowan, S. 211; Abb. 146; Orthmann, S. 335, Farbtafel XXIX; vgl. Barnett, S. 103 ff.

136 Geflügelter Sphinx

(siehe Farbabbildung S. 53, Abb. 36)

Nimrud
8./7. Jahrhundert v. Chr.
Elfenbein mit Blattgoldauflage
Höhe 19 cm, Breite 15 cm
IM 61882

Eines der schönsten Stücke unter den von Mallowan und seinem Team in »Fort Schalmanassar« gefundenen Elfenbeinarbeiten ist dieser geflügelte Sphinx. Eingefaßt in einen halbkreisförmigen Rahmen, dessen schlangenförmiger Dekor noch teilweise Spuren der Blattgoldauflage erkennen läßt, zeigt er deutlich ägyptischen Einfluß: so das Kopftuch der ägyptischen Könige mit der »Atef«-Krone darauf, den Brustschmuck mit Papyrusmuster und zwischen den Beinen ein zwar phönizischer Schurz, aber mit einer Uräusschlange (griechisch, »Kobra«) versehen, einem weiteren Attribut ägyptischer Königsherrschaft. In dem sehr sorgfältig gearbeiteten Gesicht waren Augen und Brauen ursprünglich durch Einlegearbeiten verziert; auffällig ist der elegant geschwungene Schwanz.

Da aus Ägypten selbst ein Sphinx mit diesen Merkmalen nicht bekannt ist, liegt die Annahme nahe, daß das vorliegende Objekt in einem Gebiet hergestellt worden ist, das enge Verbindungen zu Ägypten besaß. Insbesondere der »phönizische« Schurz läßt an eine Werkstatt in Phönizien denken, hatten doch die großen Hafenstädte Tyros und Sidon von jeher engen Kontakt mit Ägypten.

Da wir keinerlei Anhaltspunkte haben, läßt sich die Verwendung des Sphinx nur vermuten. Die Ausgräber glauben, daß er einen Thron schmückte.

Literatur: MALLOWAN, S. 560 ff., Farbtaf. IX, Abb. 504.

137 Liegender Löwe

Nimrud
8./7. Jahrhundert v. Chr.
Elfenbein
Länge 13 cm, Höhe 5 cm
IM 65545

Löwen waren von jeher ein beliebtes Motiv; wir kennen Löwen-Elfenbeinarbeiten in den verschiedensten Formen, so als Statuetten, Reliefs oder Masken. Ein besonderes Kennzeichen des vorderasiatischen Löwen ist im Gegensatz etwa zu ägyptischen Wiedergaben das aufgerissene Maul. Da diese Figur eine Öffnung auf dem Rücken besitzt, vermutlich für einen Zapfen, darf man annehmen, daß sie ursprünglich ein Möbel zierte, vielleicht einen Thron oder ein Bett: So findet sich ein Prunkbett mit vergleichbarer Löwenverzierung u. a. als Bestandteil der berühmten Reliefszene »Bankett in der Weinlaube« aus dem Palast des Assurbanipal in Niniveh, heute im British Museum London.

Literatur: MALLOWAN, S. 580, Abb. 541.

138 Oberteil eines Sphinx

Nimrud
8./7. Jahrhundert v. Chr.
Elfenbein
Höhe 21 cm, Breite 8,5 cm
IM 65549

Diese außergewöhnlich große Elfenbeinplatte mit Brandspuren stammt gleichfalls aus dem »Fort Schalmanassar«. Die Arbeit ist insofern interessant, als sie neben syrischen auch assyrische und ägyptische Einflüsse aufweist: so sind die Haarlocken und der Schurz dieses Sphinxfragmentes ausgesprochen »phönizisch« gehalten, während der »Usech«-Halskragen (Usech = ägyptisch: Halskragen) eindeutig auf ägyptische Vorbilder zurückgeht. Assyrisch sind schließlich Kopf und Bart des Sphinx, man denke nur an die überlebensgroßen Mischwesen an den Eingängen zu assyrischen Palästen.

Literatur: MALLOWAN, S. 578, Abb. 538.

139 Bärtiger Mann, einen Palmettenbaum ergreifend

(siehe Farbabbildung S. 52, Abb. 35)

Nimrud
8./7. Jahrhundert v. Chr.
Elfenbein
Höhe 25,5 cm, Breite 10,3 cm
IM 62185

Dieses Paneel bildete den Teil der Verzierung eines Möbels, vielleicht eines Bettes oder Stuhles. Speziell diese Art der Darstellung findet sich auf vielen derartigen Arbeiten: ein Mann, nach Meinung des Ausgräbers ein Krieger, da sein langes, vorne offenes Gewand – dem ›Cutaway‹ der Diplomaten entsprechend – einen Schuppenpanzer darstellt, ergreift einen Palmettenbaum. Über ihm schwebt eine Flügelsonne, ein auf Ägypten zurückgehendes Motiv.
Fragt man nach dem Sinn dieser sich so oft wiederholenden Darstellungen, so liegt die Annahme nahe, daß es sich bei diesen Figuren wohl um eine Art Wächter und Beschützer des Möbel-Benutzers handelt; immer sind sie bei kultischen Handlungen in Verbindung mit einem magischen Baum oder einer Pflanze und unter dem Schutz des darüber schwebenden Sonnengottes dargestellt. Obwohl die Einzelheiten des Reliefs sorgfältig ausgeführt wurden, hat der Künstler bei den Händen links und rechts verwechselt.

Literatur: MALLOWAN, S. 486, Abb. 382; MALLOWAN–HERRMANN, S. 78, Nr. 19, Taf. 27.

140 Bärtiger Mann, Lotospflanze ergreifend

(siehe Farbabbildung S. 52, Abb. 35)

Nimrud
8./7. Jahrhundert v. Chr.
Höhe 25,2, Breite 11,5 cm
IM 60556

Diese Darstellung ähnelt der gegenüberstehenden (Nr. 139) weitgehend, nur handelt es sich diesmal um die Lotospflanze. Auch scheint die vorliegende Darstellung besser gelungen; beide Arbeiten, die zusammen im gleichen Raum in »Fort Schalmanassar« gefunden wurden, dürften aus derselben Werkstatt, wenn vielleicht auch von zwei verschiedenen Künstlern, stammen. Wo diese Werkstatt allerdings zu suchen ist, läßt sich nur vermuten. Die Ausgräber denken an eine Stadt in Nordsyrien, schließen aber auch die Möglichkeit einer Herstellung in Nimrud durch dort ansässige aber wahrscheinlich fremde Künstler, nicht aus.

Literatur: MALLOWAN, S. 490 ff., Abb. 388; MALLOWAN–HERRMANN, S. 73, Nr. 5, Taf. 15.

141 Figur eines Fischmenschen

8./7. Jahrhundert v. Chr.
Terrakotta
Länge 12 cm, Höhe 9,7 cm
IM 3337

In diesem »Fischmenschen« haben wir einen der »Sieben Weisen« vor uns, die das Böse fernhalten sollten und alle sieben in kleinen Kästen unter den Türschwellen der Häuser oder in den Zimmerecken vergraben zu werden pflegten; manchmal wurden sie auch in der Nähe des Bettes eines Kranken aufgestellt. Die Inschrift auf dem Rücken der Figur lautet: »Steige herab, Reichtum des Gebirges! Tritt ein, Überfluß!«

Eine späte Überlieferung weiß zu berichten, daß diese »Sieben Weisen« in grauer Vorzeit dem Meer entstiegen seien und die Menschen in allen Fertigkeiten und Künsten unterrichtet hätten.

142 Bärtiger Krieger

Nimrud
8./7. Jahrhundert v. Chr.
Terrakotta
Höhe 13 cm
IM 65566

Auch diese Statuette, ein bärtiger Krieger, der vor sich einen Speer (?) hält, gehört wie Nr. 141 gegenüber in die Reihe der Weihgaben, die man vergrub, um das Böse abzuwenden. Da die Figur nur magischen Zwecken zu dienen hatte und zudem aus Ton gefertigt wurde, konnte man sich mit einer relativ groben, vereinfachenden Ausführung zufrieden geben.

Literatur: MALLOWAN, S. 226, vgl. Abb. 188–9.

143 Der ägyptische Gott Bes

Nimrud, Fort Schalmanassar
Neuassyrische Epoche
8. Jahrhundert v. Chr.
Bronze
Höhe 12,2 cm
IM 61872

Syrien und Palästina, die seit alters zum ägyptischen Einflußbereich gehören und häufig von Vasallen des Nillandes regiert wurden, fallen im Zuge der Eroberungspolitik Assyriens während des 8. Jahrhunderts v. Chr. an die expansive Großmacht im Osten: Eine riesige Beute fällt den Siegern in den Schoß, zu denen auch die nebenstehende Bronzefigur des ägyptischen Gottes Bes – nach der fremdländisch »barbarischen« Ausführung wohl nach ägyptischen Vorbildern in Vorderasien gefertigt – gehört haben mag.
Diese Gottheit, die während des ägyptischen Neuen Reiches nach 1500 v. Chr. aus dem Inneren Afrikas kommend in Ägypten als Schutzherr von Tanz und Musik, von Liebe und Zeugungskraft vor allem bei den unteren Volksschichten sehr beliebt wird, ist wahrscheinlich ein direkter Vorläufer der griechischen Satyrn: zu seinen Hauptkennzeichen zählen neben der hohen, hier weggebrochenen Federkrone und dem struppigen Bart, das zu einer Grimasse verzogene Gesicht mit platter Nase, gebleckter Zunge und abstehenden großen Ohren. Die große Beliebtheit dieses Gottes nicht nur in Ägypten sondern auch im Ausland beweisen u. a. die zahlreichen im Bereich Vorderasiens und der Mittelmeerländer aufgefundenen Bes-Amulette, die meist als Anhänger aus glasierter Keramik Verwendung fanden.

Literatur: MALLOWAN, S. 435 ff.; Abb. 361. Zu Bes ausführlich H. BONNET, *Reallexikon der ägyptischen Religionsgeschichte,* Berlin 1952, S. 101 ff. mit weiterführenden Verweisen.

144 Der ägyptische Gott Osiris

Assur
Neuassyrische Epoche, 8./7. Jahrhundert v. Chr.
Bronze mit Einlagen
Höhe 31 cm
IM 56788

Die wohl bekannteste Gottheit des ägyptischen Pantheons ist der Fruchtbarkeits- und Vegetationsgott Osiris, der Herrscher des Jenseits. Mit Geißel und Krummstab ausgestattet zeigt er die Attribute des »Guten Hirten«, der wie das Vieh so auch die Menschen zu hüten hat, wie ihm viele altägyptische Texte bescheinigen. In der Tat geht sein Äußeres – auch die Binsenkrone, zu der erst sehr viel später die beiden Federn als Schutz gewährende Symbole hinzukamen – auf uralte Hirtentraditionen zurück. Der mumifizierte, in Binden geschnürte Leib des Gottes erinnert an seine Ermordung und Zerstückelung durch seinen Bruder Seth und seine wunderbare Wiederauferstehung unter Mitwirkung seiner Schwester und Gemahlin Isis. Die vorliegende stark korrodierte Bronzefigur kann wie der Bes (Nr. 143) aus Palästina stammen oder möglicherweise bei der Eroberung Ägyptens durch König Asarhaddon im Jahr 671 als Beute mit nach Assyrien gelangt sein. Vielleicht ist sie auch von einem der vielen ägyptischen Künstler in Assyrien gefertigt worden, die wie der Eroberungsbericht des Asarhaddon erzählt (vgl. auch Nr. 133) in großer Anzahl nach Mesopotamien verschleppt wurden. Bronzen gehören in der ägyptischen »Spätzeit«, zu der im Land am Nil auch die in diese Zeit fallende 25. Dynastie der sogenannten Äthiopenherrscher zu rechnen ist, zu den verbreitetsten Kultgegenständen.

Literatur: Zu Osiris vgl. H. BONNET, *Reallexikon der ägyptischen Religionsgeschichte,* Berlin 1952, S. 568 mit weiterführenden Verweisen und zur Eroberung Ägyptens durch Assyrien: H. VON ZEISSL, *Äthiopien und Assyrer in Ägypten* (Ägyptologische Forschungen Heft 14), Glückstadt und Hamburg 1955.

145 Prunkalabastron mit Keilschrifttext

Nimrud, Nordwestpalast
Neuassyrische Epoche, 7. Jahrhundert v. Chr.
Sogenannter ägyptischer Alabaster (Kalzit)
Höhe 46 cm
IM 61871

Gefäße dieser Form wurden von den Griechen auf Grund des dafür verwendeten Materials und ihres ägyptischen Ursprungs »Alabastra« = »die Alabasternen« genannt. Heute wird allerdings unter der Bezeichnung »Alabaster«' Kalzium Sulphat, also Gips verstanden, während es sich bei ägyptischem Alabaster um Kalzium Carbonat, also Kalzit handelt. Von der historischen Priorität ausgehend würde eigentlich nur ägyptischem Alabaster diese Benennung zustehen, obwohl heute genau umgekehrt verfahren und ägyptischer Alabaster nurmehr als Pseudoalabaster bezeichnet wird.

Gefäße dieser Gattung sind in Ägypten während des Neuen Reiches und der Spätzeit häufig belegt und auch äußerlich mit schwerem Boden und kleinen Schnürösen den abgebildeten Objekten (Nr. 145–146) zum Verwechseln ähnlich. Nur in der Größe ist ein erheblicher Unterschied vorhanden: während original-ägyptische Alabastra kleinformatig vorkommen und als Kosmetikbehälter verwendet wurden, haben wir es hier mit ausgesprochenen Monumentalgefäßen zu tun. Daß sie als Prunkobjekte anzusehen sind, mit denen wohl gerade der Triumph über Ägypten zum Ausdruck gebracht werden soll, besagt die in Keilschrift eingetiefte Inschrift des Ägypteneroberers unmißverständlich: »Asarhaddon, der mächtige König, der König der Welt, König von Assyrien«.

Literatur: MALLOWAN, S. 169 ff. und C. PREUSSER, *Die Paläste in Assur,* Berlin 1955, S. 21 ff. mit Abbildungen. Zu ägyptischen Alabastra vgl. u. a. FR. VON BISSING, *Steingefäße* (Catalogue Général des Antiquités Égyptiennes du Musée du Caire), Wien 1904.

146 Prunkalabastron mit pseudohieroglyphischer Aufschrift

Nimrud, Nordwestpalast
Neuassyrische Epoche, 7. Jahrhundert v. Chr.
Sogenannter ägyptischer Alabaster (Kalzit)
Höhe 45 cm
IM 56913

Auch dieser Behälter gehört wie sein Pendant gegenüber (Nr. 145) zu den Prunkgefäßen, die wohl speziell an den Sieg Asarhaddons über Ägypten im Jahre 761 v. Chr. erinnern sollten: Nicht nur die Form dieses Gefäßes ist – abgesehen von der absichtlich ins Maßlose gesteigerten Größe – rein ägyptisch, auch das Material stammt aus dem Land am Nil. Darüber hinaus gibt die unleserliche und damit unverständliche, in Pseudohieroglyphen gehaltene Inschrift einen überdeutlichen Hinweis auf Ägypten. Da ähnliche pseudo-hieroglyphische Inschriften auch auf anderen Behältern aus Phönizien festgestellt wurden, mag es sich in diesem Fall gleichfalls um eine phönizische Arbeit handeln: In der sorgfältigen Politur der Oberfläche steht jedenfalls das vorliegende Objekt seinen ägyptischen Miniaturvorbildnern kaum etwas nach.

Literatur: MALLOWAN, S. 169 ff., Abb. 103 und C. PREUSSER, *Die Paläste in Assur,* Berlin 1955, S. 21 ff. mit Abbildungen. Zu ägyptischen Alabastra vgl. u. a. FR. VON BISSING, *Steingefäße* (Catalogue Général des Antiquités Égyptiennes du Musée du Caire), Wien 1904.

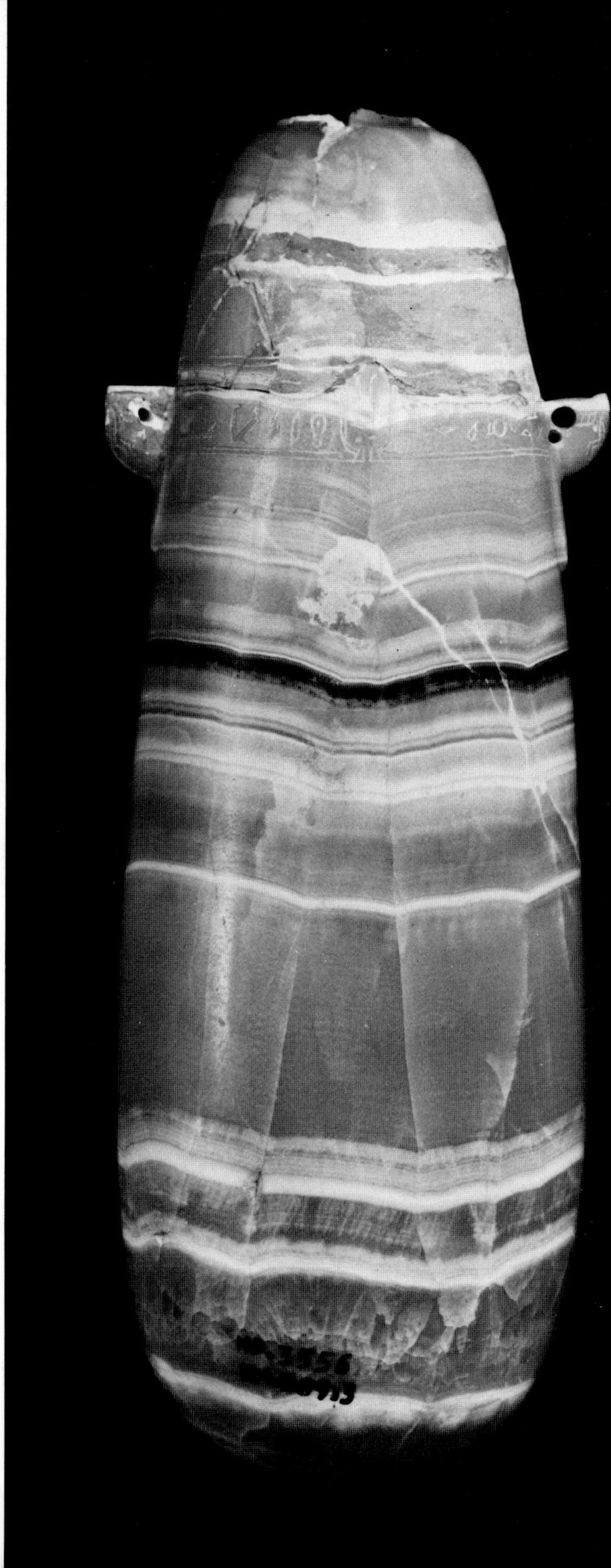

147 Gefäß in Form eines Krateriskos

Ur
Neuassyrische Epoche, um 670 v. Chr.
Glas, um Sandkern hergestellt
Höhe 7,9 cm
IM 18485

Das gedrungen wirkende Gefäß mit weiter Öffnung ist aus Glas hergestellt worden, einem der kostbarsten Materialien, das der alte Orient kannte: In ganz Vorderasien, in Mesopotamien und Ägypten erfreuten sich Glaserzeugnisse schon im zweiten vorchristlichen Jahrhundert allerhöchster Wertschätzung, da der Herstellungsprozeß dieser so überaus reizvollen Gebilde große technische Anforderungen stellte. Entsprechend gering ist auch die Zahl der auf uns gekommenen Glasprodukte, die ja zudem leicht zerbrechlich waren: immerhin – selbst als Scherben behielten verlorene Glasprodukte ihre Attraktivität, konnten sie doch erneut eingeschmolzen und damit weiterverwendet werden.

Der in Zickzackbändern um den Gefäßkörper gelegte Dekor ist relativ flüchtig auf den dunklen Untergrund aufgewalzt worden und auch das helle, die Gefäßmündung umgebende Lippenband erscheint nicht besonders regelmäßig. Insgesamt allerdings hat die durch Lagerung im Boden hervorgerufene Korrosion das ursprüngliche Aussehen des Gefäßes bereits deutlich verändert.

Literatur: RLA, Bd. 3, S. 410 ff., Stichwort »*Glas*« und Birgit Nolte, *Die Glasgefäße im alten Ägypten,* Münchner Ägyptologische Studien Bd. 14, Berlin 1968, mit einem ähnlichen Gefäß auf Tafel XXII, Abb. 26; A. L. Oppenheim u. a., *Glas and Glasmaking in Ancient Mesopotamia,* Corning 1970, S. 157, Abb. 51.

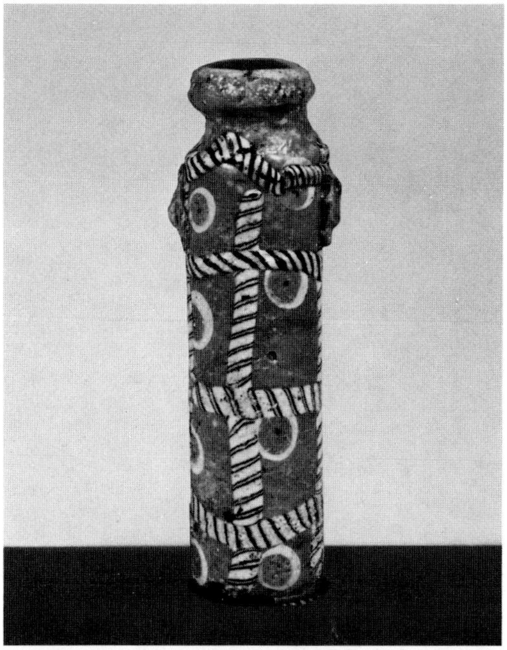

148 Schminkgefäß

2. Hälfte 6. Jahrhundert v. Chr.,
neobabylonisch oder frühachämenidisch
Glas, um Metallstab hergestellt
Höhe 6,8 cm
IM 14400

Das aus buntem Glas gefertigte schlanke Gefäß mit Schnur- und Kreisornamenten wurde im Gegensatz zu Nr. 147 und 149 allein um einen Metallstab ohne großen Sandkern durch Eintauchen geformt. Nur eine dünne Trennschicht eines anderen Materials dürfte zwischen Stab und Glasmantel angenommen werden. Statt des Zickzackmusters treffen wir hier zweifarbig tordierte Fäden an, die quadratförmig auf den Glaskörper gelegt und eingewalzt wurden. Zwischen den Quadraten befinden sich Schichtaugen mit hellem und dunklem Glas aufgetropft bzw. eingewalzt.
Nach anderen in der Grundform entsprechenden Parallelen handelt es sich bei dem vorliegenden Gefäß um einen Kosmetikbehälter, wohl zur Aufnahme von Schminke, die mit einem schmalen Schminkgriffel aufgetragen wurde. Auch aus Ägypten sind zahlreiche Glasgefäße sehr ähnlicher Form bekannt geworden, die Palmsäulen nachgebildet sind und gleichfalls als Schminkgefäße Verwendung fanden, aber wesentlich früher entstanden sind.

Literatur: RLA, Bd. 3, S. 410 ff. Stichwort »*Glas*«; H. Kühne, *Schätze aus dem Irak von der Frühzeit bis zum Islam,* Ausstellungskatalog Berlin 1965, Nr. 135, Taf. 52; eine Parallele bei A. von Saldern u. a., *Gläser der Antike,* Slg. E. Oppenländer, Mainz 1974, Nr. 105. Zu ägyptischen Schminkgefäßen ähnlicher Form B. Nolte, *Die Glasgefäße im alten Ägypten,* Münchner Ägyptologische Studien Bd. 14, Berlin 1968, Taf. 31–34; A. L. Oppenheim u. a., *Glas and Glasmaking in Ancient Mesopotamia,* Corning 1970, S. 168, 170, Abb. 90 (zwei weitere Gefäße dieser Art Abb. 88, 89); Dan Barag in *Journal of Glas Studies* 17, Corning 1975, S. 28, Abb. 31.

die Kunst der Glasherstellung »erfunden« hat, muß bislang offenbleiben, da sich in der zweiten Hälfte des 2. Jahrtausends v. Chr. sowohl in Vorderasien wie Ägypten Glasprodukte und Werkstätten finden und beide Kulturkreise gerade in dieser Zeit in engem Kontakt stehen.

Vorrömische antike Gläser sind opak, d. h. undurchsichtig angelegt und bei Schmelz-Temperaturen um 850 bis maximal 1100° Celsius hergestellt worden: »Bis zur Einführung des Glasblasens hat man die Gläser in der sogenannten ›Sandkerntechnik‹ fabriziert, indem man einen Kern aus Sand und Ton um einen Metallstab formte, der dem späteren Innenraum der Vase entsprach. Stab und Kern wurden in eine zähflüssige Glasschmelze getaucht und um die eigene Achse gedreht bis sich ein genügend dicker Glasmantel gebildet hatte. Man zog dann mittels des Metallstabes Kern und Glasmantel aus der Schmelze heraus, spulte farbige Fäden um den Körper, die mit Hilfe von Pinzetten zu Mustern wie im vorliegenden Fall ›gekämmt‹ werden konnten. Durch Einwalzen der Fäden in den noch weichen Glaskörper ergab sich eine homogene Oberfläche. Nach Erkalten konnte der Metallstab herausgezogen und der Kern herausgekratzt werden, um ein hohles Gefäß zu erhalten« (briefl. B. Nolte).

Literatur: RLA, Bd. 3, S. 410 ff. Stichwort »*Glas*«, sowie grundlegend auch B. Nolte, *Die Glasgefäße im alten Ägypten,* Münchner Ägyptologische Studien Bd. 14, Berlin 1968 mit einer Parallele auf Taf. 9 Abb. 25; A. L. Oppenheim u. a., *Glas and Glasmaking in Ancient Mesopotamia,* Corning 1970, S. 153, Abb. 40.

149 Flaschenartiges Gefäß

2. Jahrtausend v. Chr.
Glas, um Sandkern hergestellt
Höhe 12,5 cm
IM 10592

Die vorliegende Flasche aus buntem Glas hat speziell in Ägypten direkte Parallelen. Wer allerdings

150 Mutter mit nacktem Kind

ca. 1000–ca. 500 v. Chr.
Terrakotta
Höhe 14,5 cm
IM 12573

Diese kleine Figur, deren Herkunftsort unbekannt ist, ist als Typus weit verbreitet und auf zahlrei-

chen Ausgrabungen wie z. B. in Uruk-Warka gefunden worden. Die Fundumstände lassen eine genaue Datierung jedoch nicht zu.
Über die Zweckbestimmung dieser Mutterfigur mit Kind kann man nur Vermutungen anstellen, da sie mal in Tempeln, mal in Gräbern, aber auch in Häusern gefunden wurde. Allgemein läßt sich nur sagen, daß dieses sehr alte Motiv wohl den Zweck hatte, die Geburt eines Kindes zu bewirken.

Literatur: W. Helck, *Betrachtungen zur Großen Göttin und den ihr verbundenen Gottheiten,* München 1971.

151 Flaschenhalterin

Uruk-Warka
ca. 1000–ca. 500 v. Chr.
Terrakotta
Höhe 11 cm
IM 14W–18684

Auch dieses Figürchen, das in der Archäologen-Fachsprache als »Flaschenhalterin« bezeichnet wird, gehört zu den in Uruk-Warka sehr häufig gefundenen Terrakottafiguren. Es gibt zahlreiche

Variationen dieses Typus: weiblich oder männlich, bekleidet oder unbekleidet, mit oder ohne Kopfbedeckung, verschiedener Schmuck, usw.
Dieses Motiv »Frau mit Flasche«, im Sinne einer Wasserspenderin als Element des Lebens, ist sehr alt und existiert schon viel früher in der altmesopotamischen Kunst. Nicht gesichert ist allerdings, ob hier eine niedere Gottheit dargestellt ist – es fehlt jedes Götterattribut – oder eine Anbeterin. Das Wasser spielte vor allem im Beschwörungsritual eine wichtige Rolle: als Lebenswasser heilte es die Kranken und vertrieb die Dämonen. Der Hauptgott des Wassers war Enki, eine der ältesten Gottheiten des sumerisch-akkadischen Pantheons.

Literatur: Vgl. ZIEGLER, S. 63, S. 165 ff.; Taf. 14, Abb. 207–209.

152 Kopf eines Dämonen

Ur
ca. 1000–ca. 500 v. Chr.
Terrakotta
Höhe 9 cm, Breite 4 cm
IM 20032

Zwischen den Göttern und den Menschen standen die Dämonen als Diener der Götter und Feinde oder Helfer der Menschen. Sie wurden zur Götterwelt gerechnet und spielten eine nicht unwesentliche Rolle in der altmesopotamischen Religion. Durch Inschriften auf einigen ähnlich aussehenden Köpfen kennen wir den Namen des hier gezeigten Kopfes: es ist Pazuzu, der Dämon des Windes und des Sturmes.
Eine dieser Inschriften lautet:

> »Ich, Pazuzu, der Sohn des Hanpa, König der bösen Sturmdämonen, der aus den Bergen stark wütet, herauskommend, bin ich. Die Stürme, die an den Menschen gehen, der Westwind, die Stürme sollen sich legen, die Stürme, die Stürme sollen aufhören«.

Literatur: Vgl. DOUGLAS VAN BUREN, S. 227, Taf. 58, Abb. 281; E. EBELING, Artikel *»Dämonen«*, RLA, Bd. 2 (1938), S. 107 ff.

153 Stierrelief

(siehe Farbabbildung S. 6, Abb. 1)

Babylon
1. Hälfte des 6. Jahrhunderts v. Chr.
farbig emailliertes Ziegelrelief
Höhe 115 cm, Länge 165 cm
IM 14222.

Dieses Relief, ein weiterer Höhepunkt der Ausstellung, kann sicherlich nur eine schwache Vorstellung von dem Glanz, der Pracht und der Größe Babylons in neubabylonischer Zeit während der Herrschaft Nebukadnezars II. (604–562 v. Chr.) geben.

Das Relief gehört zum berühmtem Ischtar-Tor: dieses Tor führte mit zwei Torkammern durch die äußere und die anschließende mächtige innere Mauer der Stadt (siehe Abb. 16, S. 26). Die Wände dieses Backsteinbaues waren mit übereinander laufenden Friesen von schreitenden Stieren und Schlangendrachen (siehe Abb. 17, S. 27) aus blaugrün-glasierten Ziegeln geschmückt. Es mündete im Stadtinnern in die »Prozessionsstraße», deren Seitenwände ebenfalls mit glasierten Ziegelreliefs und 120 schreitenden Löwen verziert war. Sie führte zum »Turm von Babel«, dem Sitz des babylonischen Hauptgottes Marduk.

Die Anlage ist im Jahre 1902 während der deutschen Grabungen in Babylon (1894–1917) von Robert Koldewey freigelegt worden. Seine Ausgrabungen ergaben drei Bauphasen. Nur bei der letzten Phase wurden die Mauern mit diesen prächtigen emaillierten Ziegelreliefs geschmückt; die älteren Mauern waren lediglich mit unglasierten Ziegelreliefs versehen.

Schon am Anfang der Ausgrabung des Ischtar-Tores wurde ein Block mit einer leider unvollständig erhaltenen Inschrift gefunden, der wir aber dennoch den Namen und eine kurze Beschreibung des Tores verdanken. Sie lautet:

> »(Nebukadnezar, König von Babylon, Sohn) Nabopolassar's (des Königs von Babylon, bin ich). Das Tor der Nana(-Ischtar) (habe ich) mit (blau-) glasierten Ziegeln . . . für Marduk, (meinen) Herrn, (. . . gebaut.) Gewaltige Bronze-Stiere (und mächtige Schlangengebilde . . . habe ich) an seiner Schwelle (aufgestellt.)«

In einem anderen Text, der ebenfalls auf das Ischtar-Tor bezogen werden muß, heißt es:

> »Von Imgur-bel und Nimitti-bel, von den Toren beider war wegen der Aufschüttung der Straße Babylons der Eingang zu niedrig. Jene Tore riß ich nieder, legte ihr Fundament an die Oberfläche des Wassers mit Erdpech und Ziegelsteinen fest. Mit glänzenden *uknu*-glasierten Ziegelsteinen, welche mit Stier- und Schlangendarstellungen geschmückt waren, baute ich das Innere (der Toreingänge) kunstvoll aus. Gewaltige Zedernstämme breitete ich zu ihrer Bedachung darüber. Türflügel aus Zedernholz, mit Kupferüberzug, Schwellen und Angeln (?) aus Bronze gefertigt in ihren Toren errichtete ich. Gewaltige Stierkolosse aus Bronze und mächtige Schlangengebilde stellte ich an ihren Zugängen auf. Jene Tore statte ich zum Anstaunen für die Scharen der Menschen mit Pracht aus.«

Ein Teil dieser »Prozessionsstraße« und das Ischtar-Tor wurden in Berlin später wieder aufgebaut. Der hier abgebildete Stier ist das heilige Tier des Wettergottes Adad, während der Schlangendrache (Abb. 17, S. 27) in Babylonien das Symboltier der Götter Marduk und Nabu war. Der Löwe schließlich war das Tier der Göttin Ischtar.

Literatur: R. KOLDEWEY, *Das Ischtar-Tor in Babylon,* Leipzig 1918; ORTHMANN, S. 352, Abb. 252.

154 Schale

Babylon
7./6. Jahrhundert v. Chr.
Granit (?)
Höhe 6,8 cm, Durchm. 22,6 cm
IM 65629

Schon in ältester, vorkeramischer Zeit, sind wundervolle Gefäße aus Stein hergestellt worden (vgl. Nr. 27). Aber auch nachdem die Töpferkunst mit ihren wunderbar bemalten Gefäßen blühte, vor allem also im 4./3. Jahrtausend v. Chr., wurden nach wie vor Steingefäße gefertigt. Die Beliebtheit des Materials Stein, sei es Granit, Steatit, Kalkstein, Alabaster oder ein anderes Gestein, hielt bis zum Ende der altmesopotamischen Geschichte an. Besonders aus der Achämenidenzeit sind uns schöne Beispiele solch unverzierter Steingefäße, die vor allem durch ihre schlichte Form bestechen, überliefert.

Literatur: Vgl. M. FALKNER, Artikel »*Gefäße*«, RLA Bd. 3 (1957–1971); E. F. SCHMIDT, *Persepolis*, Bd. 2, Chicago 1957, S. 89, Taf. 57,1.

155 Rhyton mit Gazellenkopf

ca. 3./2. Jahrhundert v. Chr.
Terrakotta, blau glasiert
Höhe 19 cm, Durchm. 22,5 cm
IM 76301

Unter einem Rhyton versteht man ein Trinkgefäß in Form eines Hornes oder Tierkopfes. Wir kennen solche Gefäße auch aus Gold, Silber und Bronze seit etwa dem 1. Jahrtausend v. Chr. besonders aus dem iranischen Raum. Berühmt sind die achämenidischen Rhyta aus Gold und vor allem auch die große Anzahl der kunstvoll verzierten Elfenbeingefäße dieses Typus aus der ersten Hauptstadt der Parther: Nisa in Turkmenistan.
Große Gefäße dieser Art wurden wohl zum Aufbewahren und Ausschenken von Getränken, kleinere Gefäße zum Trinken benutzt. Bei manchen dieser vielfach kunstvoll gestalteten Gefäße ist eine Verwendung während kultischer Handlungen anzunehmen.

Literatur: Vgl. ORTHMANN, S. 395, Farbt. XXXVIII.

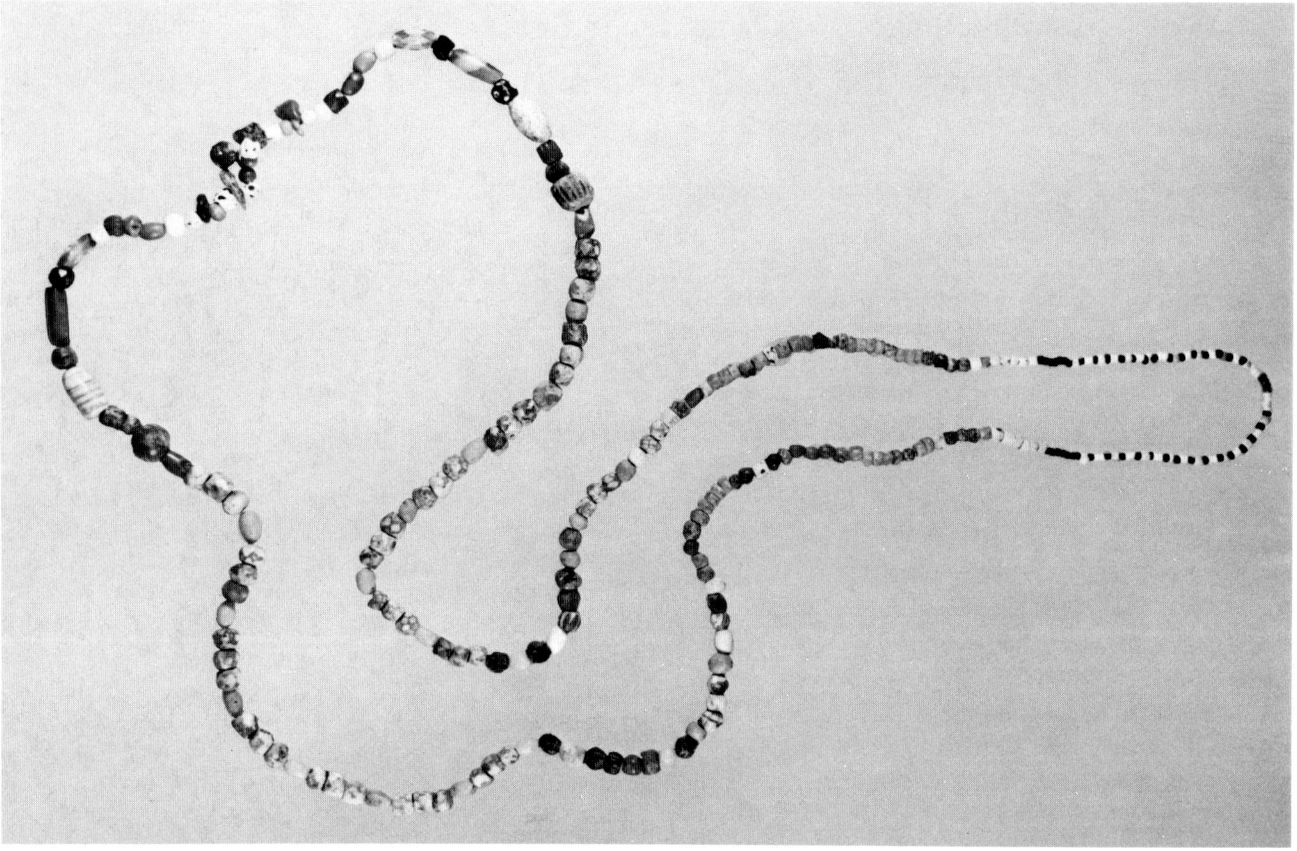

156 Halskette

Tepe Schanschi
ca. 7./6. Jahrhundert v. Chr.
Steinperlen, Halbedelsteine, Glas und Fayence
Länge 132 cm
IM 23603

Der Fund stamm von einem Tepe nicht weit entfernt von der berühmten neuassyrischen Stadt Chorsabad. Halsketten aus diesen Materialien waren im Alten Orient weit verbreitet. Wir kennen sie von den verschiedensten Fundorten und aus den verschiedensten Zeitstufen. Zwar ist die hier vorliegende Anordnung der Elemente modern, es ist aber durchaus denkbar, daß die Kette ursprünglich so oder zumindest so ähnlich ausgesehen hat.

Literatur: Vgl. G. LOUD–CH. ALTMAN, *Khorsabad*, Bd. 2, Chicago 1938, Taf. 59–60.

157 Lampe in Form eines Bootes

Seleukia am Tigris
ca. 1./2. Jahrhundert n. Chr.
Terrakotta
Länge 16 cm
IM 18384

Konstruktion und Gebrauch der antiken Lampen sind höchst einfach und haben sich von ihren Anfängen im zweiten vorchristlichen Jahrtausend bis zur griechisch/römischen Zeit kaum verändert. Als Lichtquelle wurde ein Docht aus Hanf oder Flachs verwandt; als Brennstoff diente Öl. Lediglich die Form des Ölbehälters änderte sich im Laufe der Zeiten und wurde häufig sehr kunstvoll modelliert. Außer der Schälchenform kennen wir Lampen, die als Tier, Haus, Schuh oder wie hier als Boot gestaltet wurden. Lampen wie diese wurden in Gräbern aufgestellt, um so die Fahrt ins Jenseits zu symbolisieren und zu erleuchten.

Literatur: Vgl. O. GIGON, Artikel »*Lampen*«, *Lexikon der Antiken Welt,* Zürich – Stuttgart 1965, Sp. 1670 ff.; H. MENZEL, *Antike Lampen im Römisch-Germanischen Zentralmuseum zu Mainz,* 2. Aufl., Mainz 1969, S. 73 ff., Nr. 490, Abb. 58.

158 Pilgerflasche

Niniveh
1. Jahrtausend v. Chr.
Terrakotta
Höhe 21 cm, Breite 18 cm
IM 25871

Dieser Gefäßtypus, der in der archäologischen Fachsprache als »Pilgerflasche« bezeichnet wird, ist über viele Jahrhunderte im Alten Orient und in Ägypten verbreitet gewesen. Durch die beiden kleinen Henkel wurde eine Schnur geführt, so daß man die Flasche über der Schulter tragen konnte. Seinen Höhepunkt erlebte dieser Typ im 1. Jahrtausend v. Chr., besonders am Ende dieser Periode und Anfang unserer Zeitrechnung: der seleukidisch-parthischen Periode.
Das hier ausgestellte Stück stammt aus Niniveh und ist im Palast Assurnasirpals II. (884–858) gefunden worden. Dennoch könnte es durchaus aus der parthischen Zeit stammen, denn die Parther haben im 2. Jahrhundert v. Chr. nach der Einnahme Mesopotamiens im Gebiet dieses Palastes ebenfalls gebaut.

Literatur: Vgl. R. C. THOMPSON – R. W. HURCHINSON, *Annals of Archaeology and Anthropology issued by the Institute of Archaeology,* Liverpool, Bd. 18 (1931), S. 79 ff., Taf. 38,1.

159 Kleine Amphora

ca. 1. Jahrhundert v.–2. Jahrhundert n. Chr.
Terrakotta, grün glasiert
Höhe 19 cm, Durchm. 12 cm
IM 12943

Diese glasierte kleine Amphora (griechisch, zweihenkliges, bauchiges Vorratsgefäß) stammt aus der parthischen Zeit. Eine etwas frühere Datierung ist aber nicht gänzlich auszuschließen, da die Technik der Glasur im Alten Orient schon lange vorher beherrscht wurde. So kennen wir besonders aus dem Anfang des 3. Jahrtausends v. Chr. in Mesopotamien glasierte Perlen, Anhänger und Stempelsiegel in großer Zahl, und bald darauf tauchen auch die ersten glasierten Gefäße auf. In der spätbabylonischen, seleukidischen und parthischen Zeit erlebte die Glasurtechnik dann einen weiteren Höhepunkt.

Literatur: Vgl. H. KÜHNE, Artikel »*Glas*«, RLA Bd. 3 (1957–1971), S. 410 ff.

160 Statue eines Königs von Hatra

(siehe Farbabbildung S. 57, Abb. 41)

Hatra
1.–3. Jahrhundert n. Chr.
Kalkstein
Höhe 197 cm
IM 17 HT 608

Mit dieser Statue beginnt ein neuer größerer zusammenhängender Komplex der Ausstellung und gleichzeitig ein weiterer Höhepunkt der archäologischen Erforschung Mesopotamiens: die Funde aus Hatra werden hier vorgestellt (bis Nr. 176), einer Stadt, die von einheimischen, arabischen Fürsten regiert wurde und zum parthischen Weltreich gehörte. Eine Stadt, die uns, neben Palmyra, den besten und vollständigsten Überblick über die Kunst dieser Zeit (ca. 3. Jahrhundert v. – 3. Jahrhundert n. Chr.) liefert, eine Kunst, die als »parthische Kunst« bezeichnet wird (siehe auch die Historische Einführung S. 28).
Diese erst vor einigen Jahren gefundene Statue stellt einen der Könige von Hatra oder, wie sie sich selbst nannten, »Könige der Araber« dar. Seine königliche Herkunft ergibt sich aus seiner Kopfbedeckung, einer mit Perlen geschmückten Tiara. Der Herrscher ist frontal dargestellt – die Frontalität ist das Hauptmerkmal der parthischen Kunst –, in der Hand hält er eine kleine Statuette seines Schutzgottes. Die sehr sorgfältig ausgearbeitete Kleidung entspricht der typischen parthischen Kleidung, vor allem die langen Hosen, die über die hohen, weichen Stiefel fallen.

Literatur: *Iraq* 34 (1972), S. 142, Nr. 4.

161 Statue des Herakles

Hatra
1.–3. Jahrhundert n. Chr.
Marmor
Höhe 184 cm
IM HT 600

Diese lebensgroße Statue wurde im Sommer 1971 am Nordtor, einem der vier Haupttore in Hatra, gefunden. Sie stand in einer Nische, an der jeder vorbei mußte, der Hatra durch dieses Tor verließ. Die dargestellte Person ist eindeutig durch die Keule in seiner rechten und das Löwenfell in seiner linken Hand zu erkennen: es ist Herakles, der bei den Parthern mit Verethraghna, dem iranischen Gott des Sieges und mit Nergal, dem sumerischn Gott der Unterwelt identifiziert wurde. Eine an dieser Nische gefundene aramäische Inschrift lautet: »Möge *D(R)BY* der Zimmermann, Sohn des *BDSMY* in gutem Angedenken bei Nergal, dem obersten Wächter bleiben«. Dem Herakles, bzw. Nergal war also hier der Schutz des Tores anvertraut.

Herakles war in Hatra ein sehr populärer Gott, wie die zahlreichen Darstellungen zeigen, die man dort gefunden hat; man verehrte ihn gleichzeitig als Gott und Helden.

Auch diese Figur ist, wie üblich, frontal dargestellt; es handelt sich um ein Werk vorzüglicher Qualität. Die einzelnen Körperteile sind sehr gut und natürlich herausgearbeitet, Kopf und Nacken der Statue fehlen. Einige in ihrer Nähe gefundene Elfenbeinstückchen deuten darauf hin, daß die Augen eingelegt waren.

Literatur: W. Al-Salhi, *Iraq* 35 (1973), S. 65 ff., Taf. 30–33.

162 Kopf eines Königs

Hatra
1.–3. Jahrhundert n. Chr.
Marmor
Höhe 54 cm
IM 76788

Auch hier ist wie bei der Nr. 160 durch die perlenbesetzte Tiara klar zu erkennen, daß es sich um einen Königskopf handelt. Welcher der Herrscher von Hatra dargestellt wurde, ist nicht zu beantworten, da die Statue und damit auch eine eventuell auf dem Sockel angebrachte Inschrift fehlten.
Die große Zahl der in Hatra gefundenen Statuen läßt uns fragen, was man über die Künstler, die diese Werke geschaffen haben, weiß. Leider sind uns nur sehr wenige Namen von Künstlern, die sich auf den Sockeln der Statuen oder von Architekten, die sich in den verschiedenen Bauten »verewigt« haben, bekannt.
So heißt es auf einer Statuette: »Aba, der Bildhauer, Sohn des Aga-Zarga« und auf einer anderen »Schabaz, der Bildhauer«; auch ein Architektenname ist uns aus dem »Großen Tempel« überliefert: »Bar-Nanai, Sohn des Yahbusch«. Die meisten der Künstler von Hatra blieben jedoch anonym.

163 Weibliche Statuette

Seleukia am Tigris
ca. 1./2. Jahrhundert n. Chr.
Marmor oder Alabaster, Bitumen und Stuck
Höhe 56 cm
IM 17885

Dieser Fund wurde bei den amerikanischen Ausgrabungen zwischen 1927 und 1932 gemacht. Seleukia war die große Handelsmetropole in Mesopotamien während der hellenistisch-parthischen Zeit. Zusammen mit der später gegründeten, unmittelbar angrenzenden parthischen Hauptstadt Ctesiphon umfaßte sie ein riesiges Areal. Seit 1964 arbeitet dort eine italienische Mission, die nach und nach Teile dieser ehemaligen Weltstadt freilegt. Die Statuette wurde mit anderen in einem Haus gefunden. Das Diadem, das ihren Kopf schmückt, deutet darauf hin, daß eine Göttin dargestellt ist. Die ganze Haltung und Stellung der Figur hat Ähnlichkeit mit antiken Darstellungen der Göttin Aphrodite. Wenn auch hier das Prinzip der Frontalität wieder deutlich zu erkennen ist (vgl. S. 29), so zeigt doch andererseits die Kleidung und die Art der Darstellung griechischen Einfluß: die Figur ist mit einem Rock, dem sogenannten Chiton und einem Mantel aus Tuch bekleidet, dem Himation, beides typische griechische Bekleidungsstücke. Auch die Fußstellung und Handhaltung weichen von der sonst in Hatra üblichen Ausformung ab.

Literatur: VAN INGEN, S. 354, Nr. 1652, Taf. 88, 644; A. INVERNIZZI, *Mesopotamia* 8/9 (1973/74), S. 190 ff., Taf. 66–75.

164 Statuette einer geflügelten Gottheit

Hatra
1./2. Jahrhundert n. Chr.
Alabaster
Höhe 22 cm
IM 57786

Literatur: Homès – Fredericq, S. 51, Nr. 8, Taf. 3,2.

165 Statuette einer geflügelten Gottheit

Hatra
1./2. Jahrhundert n. Chr.
Alabaster
Höhe 24 cm
IM 57787

Insgesamt wurden 15 solcher Statuetten in dem Tempel VIII in Hatra gefunden. Diese Anlage gehört zu einer Gruppe von insgesamt zwölf Tempeln mit ähnlichem Grundriß: den Hauptraum bildet jeweils ein rechteckiger Saal, der breiter ist als tief und an dessen Wänden häufig steinerne Bänke entlanglaufen. An der Rückseite, genau gegenüber dem Eingang, befindet sich die Cella (das Allerheiligste); schmale Räume liegen an jeder Seite des Saales. Diese zwölf Kultbauten sind über das Stadtgebiet verteilt. Durch eine Inschrift wissen wir, daß zwei arabische Stämme, die Taimu und die Balʾqb, den Tempel VIII dem Gott Nergal geweiht haben.
Die Attribute dieser Figuren, Flügel, Fackel, Palme und die Flügelschuhe zeigen, daß sie Götter sind. Zwar kennen wir ihre Namen nicht, sie waren aber sicherlich Gottheiten minderen Ranges. Frontalität ist auch hier zu finden. Die Augen sind mit Bitumen und Muscheln eingelegt. Wie die Nr. 176 zeigt, können solche Figuren auch auf einem Altar gestanden haben.

Literatur: Homès – Fredericq, S. 51, Nr. 9, Taf. 3,3.

166 Fragment der Statuette einer Gottheit

Hatra
1./2. Jahrhundert n. Chr.
Alabaster
Höhe ca. 10 cm
IM 57788

Literatur: Homès – Fredericq, S. 51, Nr. 7, Taf. 3,1.

167 Statuette eines Gottes

Hatra
1./2. Jahrhundert n. Chr.
Alabaster
Höhe 21,8 cm
IM 57790

168 Statuette des Sonnengottes Schamasch

Hatra
1./2. Jahrhundert n. Chr.
Alabaster
Höhe 22 cm
IM 57795

169 Statuette einer Göttin

Hatra
1./2. Jahrhundert n. Chr.
Alabaster
Höhe 20,3 cm
IM 57797

170 Statuette einer Mondgottheit

Hatra
1./2. Jahrhundert n. Chr.
Alabaster
Höhe 21,3 cm
IM 57799

Alle fünf Statuetten sind ebenfalls, wie die Nr. 164 und 165, in dem Tempel VIII gefunden worden und anhand ihrer Bekleidung und sonstiger Attribute als Gottheiten zu erkennen: bei Nr. 166 sind es der Polos, die hohe zylinderartige Kopfbedeckung und das Szepter, bei Nr. 167 die Flügelschuhe und das Szepter. Nr. 168 ist durch die Scheibe mit den Sonnenstrahlen hinter dem Kopf als Schamasch, der Hauptgott von Hatra, zu identifizieren. Lediglich das Szepter sowie die Tatsache, daß die Figur zusammen mit den anderen hier gezeigten Gottheiten gefunden wurde, gestatten es, die Nr. 169 als Gottheit zu bezeichnen. Nr. 170 ist dagegen durch die Mondsichel auf dem Haupt als Mondgott zu erkennen.
Diese Götter dürften in Nischen des Tempels VIII und in Nebenräumen gestanden haben; da der Tempel dem Gott Nergal geweiht war, muß es auch eine Statuette dieses Gottes, – also sicherlich einen Herakles-Nergal –, gegeben haben, die aber nicht gefunden werden konnte.
Soweit wir heute durch die in Hatra gefundenen aramäischen Inschriften wissen, gab es drei Hauptgötter: *MRN* (»unser Herr«), *MRTN* (»unsere Herrin«) und *BR MRYN* (»der Sohn unseres Herrn«); sie werden häufig genannt und ihre Namen stehen immer an erster Stelle bei der Aufzählung von Götternamen. Nachdem in den letzten Jahren weitere Inschriften und Reliefs gefunden worden sind, hat man den Gott *MRN* mit dem Sonnengott Schamasch, *MRTN* mit der Ischtar-Atargatis und *BR MRYN* mit dem Mondgott Sin identifizieren können (vgl. Nr. 176).
Alle fünf Figuren sind zwar wiederum frontal dargestellt, aber ihre Kleidung ist teilweise griechisch (Nr. 169, 170), teilweise iranisch (Nr. 166, 167), was wieder ein Beweis für die Mischung verschiedenster Einflüsse ist. Das Auffällige bei den Skulpturen von Hatra ist die enge Verbindung von altmesopotamischen Elementen mit Einflüssen aus dem Iran bei gleichzeitiger Entlehnung griechischer Motive und Bildinhalte. In diesem Zusammenhang sei nochmals darauf hingewiesen, daß die sogenannte »Parthische Kunst« in einem großen und heterogenen geographischen Gebiet verbreitet war. Hier in Hatra und in Mesopotamien überhaupt sieht der Betrachter nur einen Teil, wenn auch einen recht beachtlichen, dieser Kunst. In Persien etwa, bei den Darstellungen auf den Felsreliefs in der Elymais (im Südwesten Persiens) fehlt der oben erwähnte griechische Einfluß völlig.

171 Statuette des Poseidon

Hatra
ca. 2./3. Jahrhundert n. Chr.
Marmor
Höhe 93 cm
IM 73005

Diese Statuette des Meergottes Poseidon wurde neben Statuetten des Apollon, Eros und Hermes in dem »Hellenistischen Tempel« – so benannt nach seinem hellenistisch beeinflußten Grundriß – gefunden, der dem Gott Maran, d. h. Schamasch geweiht war (siehe Nr. 170). Der Gott ist durch den Delphin, auf den er sich stützt, als Poseidon zu identifizieren; allerdings kennen wir im Gegensatz zu anderen griechischen Göttern nicht den ihm entsprechenden Gott in der Götterwelt von Hatra.
Die Statuette selbst ist wohl nicht in Hatra geschaffen worden, sondern stammt aus einer Werkstatt, die vielleicht in einem der Mittelmeerländer lag; diese Figur sollte, nicht wie bei den Werken der parthischen Kunst, von vorne, »frontal«, betrachtet werden, sondern von allen Seiten. Es ist die römische Kopie eines griechischen Originals, und es kann nicht ausgeschlossen werden, daß dieses Werk während der Stationierung römischer Soldaten in der Zeit nach dem Untergang des Partherreiches (um 224 n. Chr.) und der Zerstörung Hatras durch die Sasaniden (zwischen ca. 240–260 n. Chr.) nach Hatra gelangt ist.

172 Statuette eines Adlers

Hatra
1./2. Jahrhundert n. Chr.
Alabaster
Höhe 10 cm
IM 58091

Der Adler findet sich in Hatra sehr häufig dargestellt. Entweder tritt er als Einzelfigur oder zusammen mit einem Gott oder mit der »Standarte« von Hatra auf. Wir wissen nicht genau, ob der Adler in Hatra eine eigene Gottheit repräsentierte oder das Symbol eines bestimmten Gottes oder Göttersymbol überhaupt war. Vielfach, so etwa im Alten Testament, aber auch in der hellenistischen Literatur, galt der Adler als Symbol der ewigen Jugend. Ein solcher unsterblicher Vogel wäre natürlich geeignet für einen unsterblichen Gott.
Bemerkenswert ist, daß dieses Stück im Gegensatz zu den anderen Gottheiten aus dem Tempel VIII vollplastisch gearbeitet ist. Andererseits werden in der parthischen Kunst, und zwar nicht nur in Hatra, Tiere auf den Reliefs häufig nicht frontal, sondern im Profil dargestellt. Wie diese tragen auch viele der anderen Adlerstatuetten einen Halsschmuck und breite Bänder über dem Körper. Bei unserem Beispiel hängt an ihnen ein Hufeisen. Ob es sich hierbei nur um Schmuck handelt oder um kultische Symbole, muß bei unseren immer noch geringen Kenntnissen der Götterwelt von Hatra offen bleiben.

173 Statuette eines Knaben

Hatra
1./2. Jahrhundert n. Chr.
Bronze
Höhe 35 cm
IM 75293

Auch diese Bronzestatuette ist sicherlich nicht in Hatra geschaffen worden, sondern stammt aus einem der Mittelmeerländer, vielleicht Syrien. Sie gehört zu einem Typus, den wir aus der hellenistisch-römischen Zeit gut kennen. Möglicherweise war es ein Geschenk oder eine Opfergabe an einen Tempel in Hatra. Da der Ort an einer großen Karawanenstraße lag, die ihn mit dem Mittelmeer verband, ist es durchaus denkbar, daß ein Reisender sie von dort mitgebracht hat.

174 Statuette des Herakles

Hatra
1./2. Jahrhundert n. Chr.
Bronze
Höhe 23 cm
IM 68072

Herakles, mit seinen üblichen Attributen Löwenfell und Keule, wurde, wie schon bei der Marmorstatue erwähnt (siehe Nr. 161), mit dem iranischen Gott Verethraghna und mit dem mesopotamischen Gott der Unterwelt Nergal identifiziert. Dieser Gott war in Hatra sehr beliebt. Es wurden weit über 30 Statuen und Statuetten in Hatra gefunden; der Tempel VII im Stadtgebiet war allein diesem Gott geweiht. Die Bronzestatuette wurde 1963 im Gebiet des »Großen Tempels« – der wichtigsten und größten Anlage in Hatra – gefunden. Die sonst übliche Frontalität der Figuren (siehe auch den Herakles Nr. 161) ist hier sehr aufgelockert, so daß Zweifel bestehen, ob wir es hier mit einem einheimischen Werk zu tun haben.

Literatur: F. El-Wailly, *Sumer* 19 (1963) S. 4, Taf. 3.

175 Altar in Form eines Tempels

Hatra
1./2. Jahrhundert n. Chr.
Alabaster
Höhe 20,3 cm, Breite 15,4 cm
IM 57794

Altäre jeglicher Art, Größe und aus den verschiedensten Materialien finden sich zu allen Zeiten im Alten Orient. In Hatra wurde vor allem eine große Anzahl von Feueraltären gefunden, daneben aber auch mehrere in der Art der hier und unter Nr. 176 abgebildeten Altäre. Auf diesen Altären konnte kein Feuer brennen; sie sind wohl Votivgaben (Weihgeschenke) an einen Tempel gewesen. Dieses Stück wurde im Tempel VII, einem dem Herakles geweihten Bau, gefunden.
Zwischen den vier Säulen stehen vier Frauengestalten, die eine Frucht (oder Kugel) in der linken und ein Füllhorn, ein sogenannter cornucopia, mit Früchten, Blumen und Getreide in der rechten Hand halten. Vermutlich stand der Altar in Verbindung mit einem Fruchtbarkeitskult. Die vier Frauen könnten die Göttin Allat, eine in Hatra häufig vorkommende Fruchtbarkeits- und Kriegsgöttin oder die römische Göttin Fortuna repräsentieren.

Literatur: HOMES-FREDERICQ, S. 58, Nr. 43, Taf. 8,5; SH. FUKAI, *East and West* 11 (1960), S. 170 ff., Taf. 33.

176 Altar in Form eines Tempels

Hatra
1./2. Jahrhundert n. Chr.
Alabaster
Höhe 53 cm, Breite 32,5 cm
IM 58093

Dieser Altar in Form eines Tempels wurde wiederum in Tempel VIII gefunden, aus dem die meisten der hier gezeigten Stücke stammen.
Der Altar ist in Form eines Peripteros, eines Tempels mit einer Säulenhalle, modelliert. Der eigentliche Tempel wird hier durch die dicke Säule in der Mitte der sie umgebenden acht Säulen dargestellt. Diese zentrale Säule enthält eine Nische, in der ein Adler steht, sozusagen die Cella (das »Allerheiligste«). Er ist entweder der Gott selbst, dem dieser Altar geweiht war, oder das Symbol eines Gottes. Interessant sind die sogenannten »Standarten«, die auf den acht Säulen angebracht sind. In vielen der aramäischen Inschriften von Hatra wird von dem *SMY*, dem »Semeion«, gesprochen; gemeint sind diese »Standarten«, die sich sehr häufig in Hatra abgebildet finden: lange Stangen, an denen verschiedene Symbole angebracht sind. Der Name »Semeion« stammt von dem syrischen Schriftsteller Lukian (ca. 120–180 n. Chr.) und bezieht sich auf eine solche »Standarte«, die dieser in einem syrischen Tempel gesehen hatte. Bis heute kennen wir ihre genaue Zweckbestimmung nicht. Ihre engste Verbindung findet sich in Hatra mit den drei obersten Göttern: *MRN* (gesprochen = Maran), *MRTN* (gesprochen = Martan) und *BR MRYN* (gesprochen = Bar Marayn) (siehe auch Text zu Nr. 166–170). Häufig wird sie entweder als militärische Standarte oder als Kultsymbol, vor allem der Stadt Hatra, bezeichnet.
Oben auf dem Altar stehen vier geflügelte Götter auf einer Erdkugel; diese ähneln sehr stark den Gottheiten Nr. 164 und 165, so daß möglicherweise diese ursprünglich auch zu einem Tempelmodell gehörten.

Literatur: S. B. Downey, *Sumer* 26 (1970), S. 195 ff.

177 Fragment eines »Pantoffel-Sarkophages«

ca. 2. Jahrhundert v.–3. Jahrhundert n. Chr.
Terrakotta, blau emailliert
Höhe 20 cm
IM 29116

Die Grabformen sind durch die Jahrtausende hindurch im Alten Orient mannigfaltig. Verschiedene Typen kommen teilweise gleichzeitig nebeneinander vor, wechseln einander gelegentlich ab und durchlaufen gewisse Formwandlungen; von Erdgräbern, Topfgräbern, Sarkophaggräbern über Grüfte bis hin zu Felsgräbern reicht die Skala. Was den Ort der Bestattung anbetrifft, so finden wir im gesamten Alten Orient seit vorgeschichtlicher Zeit bis in die nachchristliche Ära die Beisetzung im bewohnten Haus als eine kontinuierlich fortlebende Sitte. Den ältesten, mit Sicherheit nachweisbaren Friedhof in Mesopotamien kennen wir aus Arpatschiya (nördliches Mesopotamien), er stammt etwa aus der Zeit um 4000 v. Chr. In Babylonien existieren seit etwa der seleukidisch/parthischen Zeit (2. Jahrhundert v. Chr.) neben vielen anderen Formen auch zwei besondere Grabformen: einmal die »Pantoffel-Sarkophage«, die, wie der Name besagt, dieser Schuhform stark ähneln und daneben die Anthropoid-Sarkophage, deren Wandungen einen menschlichen Umriß nachbilden und deren Deckel Menschenmasken tragen. Das hier gezeigte Stück ist ein Fragment des Oberteils eines solchen »Pantoffel-Sarkophages«, das mit der Darstellung einer nackten Göttin geschmückt ist. Neben einer solchen Figur kommen auch die Darstellungen von Kriegern, Tänzerinnen oder von abstrakten Ornamenten vor.

Literatur: Vgl. E. Strommenger, Artikel: *»Grab«*, RLA Bd. 3 (1957–1971), S. 581 ff.; dieselbe *Baghdader Mitteilungen* Bd. 3 (1964), S. 157 ff.; Ghirshman II, S. 111, Abb. 131.

178 Liegende Frau

Seleukia am Tigris
ca. 2. Jahrhundert v.–2. Jahrhundert n. Chr.
Terrakotta
Länge 14 cm
IM 16949

Figurinen mit der Darstellung einer liegenden Frau kennen wir im Vorderen Orient erst seit der hellenistischen Zeit. Es ist nicht mehr genau festzustellen, ob die Figur ein Gefäß in der Hand hielt. In diesem Fall wäre sie ein liegendes Gegenstück zu der uns schon durch Nr. 151 bekannten »Flaschenhalterin«. Bei einer solchen Darstellung klingt noch die Bedeutung des Symposions (Trinkgelage) bei der Feier der Heiligen Hochzeit an. In der etruskischen, palmyrenischen und hellenistisch/römischen Kunst findet sich dieses Motiv in Verbindung mit Gräbern und weist somit auf kultische Vorstellungen hin. Aber auch ohne Flasche hatten solche Terrakotten, die in Häusern und Gräbern gefunden wurden, sicherlich kultische Bedeutung. Entweder waren sie Grabbeigaben, die Frau stellte dann eine vergöttlichte Sterbliche dar, oder sie wurden im Hause aufgestellt und die Liegende repräsentierte vielleicht eine Muttergottheit, um deren Hilfe nachgesucht wurde.

Literatur: VAN INGEN, S. 192, Nr. 670b; vgl. ZIEGLER, S. 181 ff.

179 Kopf eines Widders

Nippur
ca. 2. Jahrhundert v.–3. Jahrhundert n. Chr.
Terrakotta
Länge 9,5 cm
IM 61301

Der Reichtum an Formen und Motiven ist bei den Terrakotten in parthischer Zeit besonders groß. Neben Tiermotiven finden wir alle möglichen Menschen- und Götterdarstellungen. Ein solches Stück wie das hier abgebildete war häufig Bestandteil und gleichzeitig plastischer Schmuck eines Rhytons, eines kultischen Trinkgefäßes (siehe Nr. 155).

180 Mutter mit bekleidetem Kind

Seleukia am Tigris
1./2. Jahrhundert n. Chr.
Terrakotta
Höhe 9,4 cm
IM J. EX 6

Dieser Figurentyp ist uns schon mit der Nr. 150 begegnet, nur ist dort das Kind unbekleidet. Dennoch sollte wohl auch diese Figur als Weihgabe in einem Tempel oder in einem Haus aufgestellt die Geburt eines Kindes bewirken.

Literatur: Vgl. VAN INGEN, S. 68 ff., Nr. 55–58, Taf. 4, 28–30.

181 Reiter

Uruk-Warka
ca. 2./3. Jahrhundert n. Chr.
Terrakotta
Höhe 12,5 cm
IM W 22320

Diese Reiterfigur gehört ebenfalls zu einem in der parthischen Zeit sehr häufigen Terrakottatyp. Ihre Bedeutung ist umstritten: einige sehen in ihnen kultische Objekte, andere dagegen einfach nur Spielzeuge. Da zumindest keine der in Uruk-Warka gefundenen Reiterterrakotten aus Gräbern stammen, ist eine Zweckbestimmung als Spielzeug vielleicht naheliegender. Aber selbst wenn solche Figuren, wie in Assur oder Nippur, in Gräbern gefunden wurden, so können sie dennoch Spielzeug gewesen sein.

Literatur: ZIEGLER, S. 126, Nr. 848; S. 185 ff., Taf. 39, 488.

182 Apparat

Chujut Rabuah
1. Jahrhundert v.–1. Jahrhundert n. Chr.
Terrakotta, Kupfer, Eisen
Höhe max. 18 cm
IM 29209, 29210, 29211

Die drei zusammengehörenden Objekte würden wegen ihrer Schlichtheit sicherlich in einer Sammlung altorientalischer Kunstwerke kaum beachtet. Dennoch kann man sie, auch ohne die Vorstellungskraft und Phantasie von Däniken's zu besitzen, zu den merkwürdigsten und geheimnisvollsten Funden, die das Bagdad-Museum beherbergt, zählen. Sie wurden 1936 bei einer kleinen Ausgrabung an einem Tell aus der parthischen Zeit in der Nähe von Bagdad gefunden. In dem Gefäß steckte, durch Asphalt festgeklebt, der Kupferzylinder; in ihm befand sich, durch eine Art Stöpsel aus Asphalt festgehalten, ein vollständig oxydiertes Stäbchen aus Eisen, dessen oberes Ende etwa 1 cm über den Stopfen herausstand und mit einer gelbgrauen, völlig oxydierten dünnen Schicht eines Metalls, dem Aussehen nach Blei, überzogen war. Der Fund wurde außerhalb der parthischen Siedlung in einem Haus gemacht; in seiner Nähe lagen drei Tonschalen mit Zauberinschriften.
Die Frage ist, was dieser Fund aus der Zeit um etwa Christi Geburt darstellt. So unglaublich es klingt: etwa 1800 Jahre bevor Galvani (1789) im sogenannten »Froschschenkelversuch« die »Galvanische Elektrizität« entdeckte, kannten die Parther eine elektrische Zelle. Man muß lediglich eine saure oder laugenartige Flüssigkeit in den Kupferzylinder einfüllen, dann ist das Element fertig. Versuche mit

einer 5 %-igen Weinessiglösung haben einen halben Volt elektrische Spannung erbracht.
Neben dem Originalapparat ist hier eine Versuchsanordnung aufgestellt, mit dem dieses Experiment nachvollzogen wird. Es bleibt die Frage, wozu die Parther einen solchen Apparat benutzten. Der mit dem Apparat verbundene Fund von drei Schalen mit Zaubersprüchen läßt an einen Zauberer denken, der möglicherweise mit dem elektrischen Strom einer solchen Zelle heilte (Elektrotherapie). Vielleicht benutzte man den Strom aber auch zur Vergoldung von Kupfergefäßen.
Dieser Fund ist im übrigen kein Einzelfund; auch in Seleukia am Tigris und im benachbarten Ctesiphon, der Hauptstadt der Parther hat man zahlreiche solche Kupferzellen gefunden.

Literatur: W. König, *Neun Jahre Irak,* 3. Aufl., Brünn – München – Wien 1940, S. 165 ff.; W. Winton, *Sumer* 18 (1962), S. 87 ff.; A. Al-Haik, *Sumer* 20 (1964), S. 103 ff.

Die Schmuckstücke Nr. 183–191 sind auf der nachfolgenden Farbtafel abgebildet und bei der Goldperle Nr. 183 beginnend im Uhrzeigersinn angeordnet.

183 Perle

Seleukia am Tigris
2. Jahrhundert v.–2. Jahrhundert n. Chr.
Gold
Durchmesser 1 cm
IM 7247

184 Ohrring

Seleukia am Tigris
2. Jahrhundert v.–2. Jahrhundert n. Chr.
Gold, Karneol und Perlen
Länge 6 cm, Breite 2,5 cm
IM 11955

185 Armband

Seleukia am Tigris
2. Jahrhundert v.–2. Jahrhundert n. Chr.
Gold, Türkis, Perlen, Turmalin (?)
Länge 18,5 cm, Breite 2,5 cm
IM 19956

186 Ring

Schemschara
2. Jahrhundert v.–2. Jahrhundert n. Chr.
Gold, Edelstein
Durchmesser 2,2 cm
IM 62320

187 Ring

Seleukia am Tigris
1./2. Jahrhundert n. Chr.
Gold
Durchmesser 2,9 cm
IM 17949

188 Ohrring

2. Jahrhundert v.–2. Jahrhundert n. Chr.
Gold
Länge 2,5 cm
IM J. EX 3

189 Anhänger

2. Jahrhundert v.–2. Jahrhundert n. Chr.
Gold
Länge 1,8 cm
IM 27087

190 Ohrring

Hatra
1./2. Jahrhundert n. Chr.
Gold
Länge 6 cm
IM 68096

191 Ohrring

Uruk-Warka
7./6. Jahrhundert v. Chr.
Gold
Durchmesser 2,4 cm
IM 66830

Literatur: MAXWELL – HYSLOP, S. 268, Taf. 217.

Diese Zusammenstellung von Schmuckstücken aller Art gibt einen kleinen Überblick über die Qualität des Kunsthandwerks in parthischer Zeit. Lediglich der herrliche goldene Ohrring Nr. 191 aus Uruk-Warka dürfte älter sein und in die neubabylonische Zeit (7./6. Jahrhundert v. Chr.) gehören.
Die Parther, ursprünglich ein Reitervolk, lernten die »feine Lebensart« schnell in dem von ihnen Mitte des 2. Jahrhunderts v. Chr. eroberten Mesopotamien kennen und schätzen. Die finanziellen Möglichkeiten, um solchen Schmuck zu erwerben, erhielten die Parther und Einheimischen sicherlich zum Teil durch den Handel auf den verschiedenen Routen der »Seidenstraße«, die ja durch das parthische Reich führten. Durch die enge Berührung mit der hellenistischen Zivilisation in Mesopotamien finden sich natürlich auch westliche, d. h. hellenistisch/römische Einflüsse bei diesem Schmuck; dies zeigen die Stücke Nr. 184, 185 und 187 aus Seleukia am Tigris. Den als kleine Figur geformten goldenen Ohrring Nr. 188 dagegen, kann man als zur parthischen Kunst gehörig bezeichnen.

192 Napf

5./6. Jahrhundert n. Chr.
Terrakotta, grün glasiert
Höhe 46 cm, Durchmesser 46 cm
IM 33366

193 Topf

Ctesiphon
5./6. Jahrhundert n. Chr.
Terrakotta, blau glasiert
Höhe 58,5 cm, Durchmesser 44 cm
IM 75212

Mit diesen beiden Gefäßen beginnt im Rahmen der Ausstellung die letzte Periode der altorientalischen Geschichte: die glanzvolle Epoche der Sasaniden, die etwa 425 Jahre dauern sollte.
Die Qualität sasanidischer Keramik tritt hinter der Metallkunst dieser Zeit zurück. Die bedeutenden Gefäße wurden überwiegend in Metall hergestellt. Sasanidische Keramik ist daher Gebrauchsware, die sich in ihren Formen vielfach an die Metallkunst anlehnt. Neben unglasierten Gefäßen wurden auch, wie diese beiden Beispiele zeigen, Gefäße mit einfarbiger Glasur hergestellt, die wir schon aus der parthischen Zeit kennen. Die Verwendung mehrerer Glasuren nebeneinander kommt dagegen erst in der nachfolgenden islamischen Epoche vor. Die Formen der Gefäße sind mannigfaltig. Ein besonders häufiger Typus ist das Vorratsgefäß (Nr. 193), in dem Öl, Getreide und Wein aufbewahrt wurde. Durch die Ösen wurde ein Strick gezogen, um ein solches Gefäß besser transportieren oder aufhängen zu können, so daß der Inhalt vor Ungeziefer geschützt war. Auch das Dekor der hier gezeigten Gefäße lehnt sich an Vorbilder der sasanidischen Metallkunst, vor allem der Silberarbeiten an.

Literatur: Vgl. Erdmann, S. 113 ff.

194 Ohrring

Kisch
8./6. Jahrhundert v. Chr. oder
ca. 3.–7. Jahrhundert n. Chr.
Gold
Länge 4,5 cm
IM 11957

195 Ohrring

3.–7. Jahrhundert n. Chr.
Gold und Karneol
Länge 4,2 cm
IM J. EX 4

196 Ohrring

Nippur
3.–7. Jahrhundert n. Chr.
Gold und Karneol
Länge 4,7 cm
IM 55105

197 Halsband
(ohne Abbildung)

3.–7. Jahrhundert n. Chr.
Gold und Perlen
Länge 55 cm
IM J. EX 2

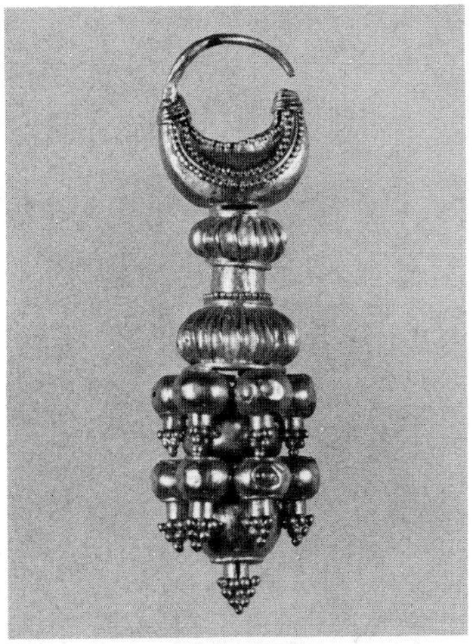

194

195

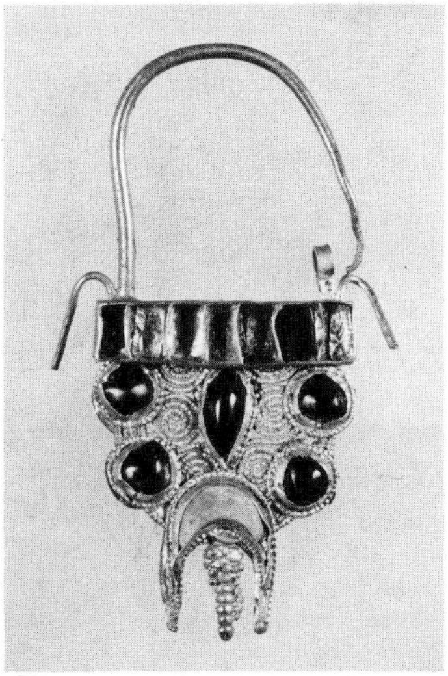

196

Die vier ausgestellten Stücke, von denen Nr. 194 vielleicht in das 8.–6. Jahrhundert v. Chr. zu datieren ist, vermitteln einen nur unvollständigen Eindruck des sasanidischen Schmuckes, da bisher nur sehr wenig gefunden wurde.
Die Herstellung von jeglichem Kunsthandwerk innerhalb des großen Sasanidenreiches wurde streng kontrolliert. Die Künstler waren entsprechend ihrem Schaffensbereich in »Gilden« eingeteilt. Wir wissen aus antiken Texten, daß es bei den Silber- und Goldschmieden eine Gruppe gab, die nur größere Objekte wie Gefäße und Kronen machen durfte. Einer anderen Gruppe war es lediglich gestattet, die kleineren Stücke wie Armreifen, Ohrringe und Ringe anzufertigen. Darüber hinaus berichtet der antike Geschichtsschreiber Prokop, daß bei den Sasaniden das Tragen von größerem Schmuck durch den König gestattet werden mußte: eine solche Erlaubnis wurde als eine Art Auszeichnung verliehen. Dies alles zusammengenommen erklärt unsere geringen Kenntnisse über sasanidischen Schmuck.
Sicherlich hat es für den Königshof und die Adligen großartige Schmuckstücke gegeben. Berühmt ist die Beschreibung der Krone Chosraus II. (591–628): ihr reichhaltiger Schmuck aus Gold und Edelsteinen machte sie so schwer, daß sie an einer langen Kette von der Decke des Palastes in Ctesiphon herabhängen mußte und nur über dem Haupt des Herrschers schweben konnte. Diese und ähnliche Arbeiten wurden während der islamischen Eroberung leider vielfach eingeschmolzen und so für die Nachwelt unwiederbringlich vernichtet.

198 Kampf eines Löwen mit einem Stier

Kisch
5. Jahrhundert n. Chr.
Stuck, bemalt
Länge 37 cm, Höhe 29 cm
IM 18597

Im Gegensatz zur Keramik sind die Stuckarbeiten, vor allem die Wanddekorationen einer der Höhepunkte des sasanidischen Kunstschaffens. Sie dienten als Bauornamentik in den sasanidischen Palästen und waren die vorherrschende Wandverkleidung. Durch die übliche sasanidische Bauweise der Mauern, – Bruchsteine, die in Mörtel verlegt wurden –, war es nötig, die dadurch entstandenen unebenen und unansehnlichen Wände zu verkleiden. Dies geschah durch Stuckarbeiten. Da der Stuck ein leicht zu bearbeitender Werkstoff ist, konnten die Künstler eine Fülle von Formen entwickeln. So findet man in den sasanidischen Anlagen eine große Anzahl der verschiedensten Motive nebeneinander. Meistens wurde nur das erste Exemplar modelliert. Von diesem wurde eine Form abgenommen, so daß man nunmehr beliebig viele Stücke herstellen konnte. Als letztes wurde der Stuck bemalt.
Bei den Motiven überwiegen die geometrischen und pflanzlichen Elemente, vor allem die Palmetten. Figürliche Stuckdekorationen, wie das hier gezeigte Beispiel aus einem Palast von Kisch, waren verhältnismäßig selten. Der Löwe, der den Stier angreift, ist ein sehr altes Motiv in der altorientalischen Kunst. Es findet sich z. B. an den Treppen zur Apadana (Ratshalle) in Persepolis, der großartigen Anlage aus achämenidischer Zeit.

Literatur: ERDMANN, S. 76 ff.

199 Weihrauchkessel

sasanidische oder frühislamische Zeit, 6./7. Jahrhundert n. Chr.
Bronze
Höhe 11,8 cm, Durchm. 13,8 cm
IM 11234/1, 11234/2

Der im Reliefguß hergestellte Weihrauchkessel stellt Szenen aus dem Leben Jesu Christi dar: u. a. eine Mariendarstellung, eine Heilungsszene durch Handauflegen, den Einzug in Jerusalem und die Kreuzigung. Er beweist die Ausbreitung des Christentums auch in diesem Gebiet. Auf Grund der Ikonographie und des Stils ist zu vermuten, daß der Räucherkessel aus dem syrisch-palästinensischen Raum nach Mesopotamien eingeführt wurde. Gefäße dieser Art, die häufig tauschiert waren (vgl. Nr. 206), waren wahrscheinlich in erster Linie als Geschenke an Patriarchen oder Herrscher des Abendlandes gedacht. Neben Motiven aus dem Leben Jesu sind auf Bronzegefäßen dieser Art auch andere christliche Darstellungen, z. B. Heilige in Arkaden, angebracht worden.

Literatur: *Byzantische Kostbarkeiten aus Museen, Kirchenschätzen und Bibliotheken der DDR,* Ausstellungskatalog Berlin 1977, S. 53 ff., Nr. 100, Taf. 26; K. Otto-Dorn, *Kunst des Islam,* Baden-Baden 1964, S. 107, S. 139 ff.

200 Anhänger mit zwei Fischen

Islamische Zeit
Gold
Länge 6,8 cm, Breite 1,4 cm
IM 26196

Obwohl der Koran das Tragen von Gold verbietet und deshalb die Schmuckstücke größtenteils aus Silber gearbeitet sind, finden wir dennoch zahlreiche Beispiele der Goldschmiedekunst: Schon sehr früh setzte man sich in Persien über dieses religiöse Verbot hinweg und zeigte seinen Reichtum und Geschmack, indem man kostbaren Goldschmuck anfertigen ließ, so daß besonders in den Großstädten, die an den Handelsstraßen zwischen Ost und West lagen, das Handwerk der Goldschmiede zu einer außerordentlichen Blüte gelangte.
Da im Islam Allah nicht bildlich dargestellt werden darf – Allah ist der allmächtige, allumfassende, unsichtbare und unfaßbare Gott – und auch der Mensch als Abbild Allahs diesem Tabu unterworfen ist, begegnen uns vor allem geometrische Muster sowie pflanzliche und tierische Motive. In der dritten Gruppe finden sich außer Mischwesen aller Art, die in einigen Fällen auf altmesopotamische Vorbilder zurückgeführt werden können, auch Raubtiere, Vögel und Fische.
In Fischgestalt wurden Ton- und Glasgefäße, z. B. Schalen und Parfümfläschchen hergestellt oder man verzierte wie hier eine runde Brosche mit zwei aneinanderhängenden, unterschiedlich großen Fischen. Als Amulett tragen ihn Frauen und Kinder an Halsketten, Armbändern oder Fußkettchen. Er wird als Schutzmittel vor dämonischen Einflüssen angesehen.

201 Anhänger

Islamische Zeit
Gold
Länge 1,5 cm, Breite 1,3–1,5 cm
IM 26227

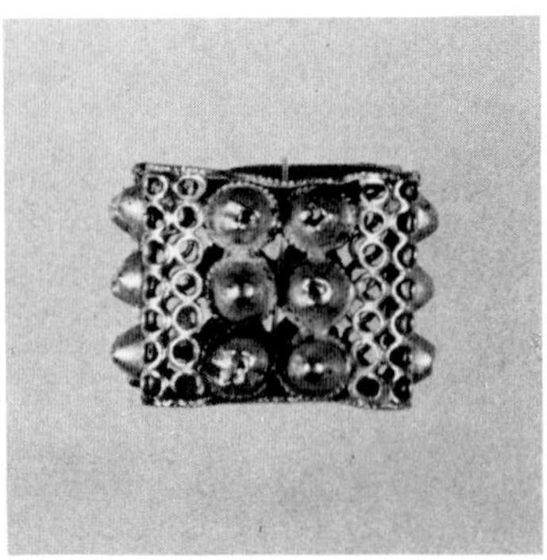

Dieser kleine Anhänger gehört zur ersten Gruppe islamischer Schmuckgestaltungsart (vgl. Nr. 200): Seine Verzierung ist rein geometrisch. Vier kurze Röhren aus einer Reihung winziger Golddrahtringe, die aneinandergelötet wurden, verdecken seinen eigentlich runden Grundriß. Diese Röhrchen wechseln mit jeweils zwei Dreier-Reihen aus goldenen Halbkugeln, die hohl getrieben wurden und mit einem fein gezackten Rand versehen sind. Beide Elementgruppen hat der Goldschmied auf ein kastenförmiges Gerüst aufgelötet, das an der Ober- und Unterseite durch dünne Goldbleche verschlossen wurde, die im Zentrum eine Bohrung aufweisen.

202 Halskette

Islamische Zeit
Aventurin, Glas
Länge 84 cm
IM 5877

Die Reihung der Kettenglieder ist modern. Weder kennt man die ursprüngliche Abfolge der Elemente, noch ist bekannt, wo und in welchem Zusammenhang die Glasperlen gefunden wurden, so daß eine genaue Datierung nicht vorgenommen werden kann.
Mit dem Begriff »Aventurin« werden zwei grundsätzlich verschiedene Materialien bezeichnet. Das eine Mal versteht man darunter ein Quarzgestein, in das Glimmer- oder Eisenglanzplättchen eingelagert sind; das andere Mal wird eine Glassorte so benannt. Sie entstand wahrscheinlich zufällig im Murano des 17./18. Jahrhunderts, als versehentlich Goldstaub in eine Glasflußmasse geriet (ital. aventura = zufälliges Ereignis).
Man nimmt an, daß die großen rechteckigen Perlen mit abgerundeten Kanten und deutlichen Seitennähten, die aus blauem Glas mit goldfarbenen Metalleinschlüssen bestehen, auf dem Handelswege von Murano in den islamischen Raum gelangten. Gleiches gilt auch für die kleinen getreideförmigen Zwischenelemente.
Der Farbe »blau« wird im Bereich des Islam eine alles Übel abweisende Bedeutung zugeordnet. Dem Glas allgemein schreibt man wegen seines Glanzes eine spezielle Schutzwirkung vor bösen Geistern zu.

203 Dreiteiliger Brautschmuck

Ottomanische Zeit, 17.–19. Jahrhundert n. Chr.
Gold
IM 846: Länge 13 cm, Breite 11,0 cm
IM 847: Länge 12 cm, Breite 11,5 cm
IM 849: Länge 13 cm, Breite 27,5 cm

Kopfschmuck in der unterschiedlichsten Form war schon in frühester Zeit im mesopotamischen Raum sehr beliebt (vgl. Nr. 70) und spielt vom 16. Jahrhundert n. Chr. an wieder eine bedeutende Rolle neben dem Ohr-, Hals-, Arm- und Beinschmuck hochgestellter Damen. Auch Männer trugen Ohrringe oder Ketten aus Gold, Perlen und Edelsteinen am Turban. Der hier vorliegende dreiteilige Kopfschmuck gehört wahrscheinlich zum Brautschmuck einer hochgestellten Person. Bei ihm kamen gleich mehrere Herstellungstechniken zur Anwendung:

1. Die zarten Spiral- und Pflanzenmuster der drei halbmondförmigen Zentralelemente und der Blüte am Stirnband wurden in feinster Filigranarbeit hergestellt (vgl. Nr. 71, 79). Glatte, bei anderen Stücken auch gedrehte oder geritzte (vgl. Nr. 208) Metallfäden und -stege sind auf ein Goldblech aufgelötet. Bei der Blume wurde das besondere Verfahren der à-jour-Technik angewandt: sie besteht lediglich aus einem feinen offenen Geflecht ohne Untergrund. Die auf diese Art entstandenen Zellen konnten zusätzlich in der »Zellenschmelztechnik« (vgl. Nr. 74) mit verschiedenfarbigem Glasfluß ausgefüllt oder mit Edelsteinen eingelegt werden.
2. Bei den zwei großen und den sechs kleinen flächigen Blüten wurde die Verzierungstechnik der Granulation angewandt (vgl. auch Nr. 89). Bei diesem Verfahren werden schwierig herzustellende, winzige Goldkügelchen, die in Größe und Anordnung verschieden sein können, einzeln durch Erhitzen auf eine Goldplatte aufgelötet bzw. aufgeschmolzen. Wegen der Kleinheit der Kugeln und der hohen Temperaturen ist diese Verzierungsart besonders kompliziert und verlangt großes handwerkliches Geschick. Die Granulation kommt sehr häufig in Verbindung mit dem Filigran vor. Da Filigranarbeiten leichter hergestellt werden können, imitiert man durch sie oft die Granulationstechnik.
3. Die fünf münzenähnlichen Anhänger des Diadems hat man ebenso wie die ähnlichen Anhänger des Schläfenschmucks in Prägetechnik verziert. Hierzu benutzte man vorgefertigte Präge- oder Stanzstöcke, mit denen das gleiche Motiv beliebig oft und relativ schnell in das erhitzte Goldblech geschlagen werden konnte. Die Zentralfelder der runden Plättchen enthalten in Kalligrafie die *basmala* »Im Namen Allahs, des Barmherzigen, des Wohltäters«; um dieses Zentralfeld läuft kreisförmig eine weitere arabisch-kalligraphische Inschrift, vielleicht das *kull huwa allahu ahed* »Sag, daß Allah der Einzige ist.« Solche Goldplättchen wurden auch wie Geld als Zahlungsmittel angenommen.
4. Die dreizackigen Anhänger an der Kette des Stirngehänges sind ausgestanzt oder geschnitten und mit aufgelöteten Goldringen geschmückt. Sie stellen vielleicht die stilisierte Hand der Fatima, der Lieblingstochter des Propheten Mohammed dar, die wie der Fisch (vgl. Nr. 200) und das blaue Glas (vgl. Nr. 202) vor Dämonen schützt.

Mit seinen vielfältigen Techniken, die auf das Feinste ausgeführt wurden, seinen reichhaltigen pflanzlichen und geometrischen Formelementen und der unterschiedlichen Ausdrucksweise religiöser Vorstellungen liegt in diesem Kopfputz ein besonders hervorragendes Beispiel islamischer Goldschmiedekunst vor uns.

204 Stangenglas

Islamische Zeit, 13. Jahrhundert n. Chr.
Glas mit Emailleverzierungen
Höhe 11,5 cm, max. Durchm. 9,5 cm
IM 11204

Die Technik der Glasemaillierung wird in seldschukischer Zeit, im 12. Jahrhundert, von syrischen Handwerkern entwickelt. Das Zentrum dieses Kunsthandwerks lag in Aleppo; außerdem sind hervorragende emaillierte Glasobjekte aus den Werkstätten in Raqqa, Hama und Damaskus bekannt. Zu den kostbarsten Objekten dieser Glaskunst gehören die prunkvollen Produkte des 13. Jahrhunderts, die auch im Europa der damaligen Zeit und selbst in China beliebt waren. Unter ihnen bilden die gläsernen Moscheeampeln mit kalligraphischen Inschriften im Naschki- und Kufi-Duktus, die hauptsächlich Koransprüche und Segenswünsche enthalten, eine Gruppe von besonderer Kostbarkeit.
Hohe Becher mit ausladendem Rand, sogenannte »Stangengläser«, sind in größerer Zahl bekannt. In Darstellungen finden sie sich häufig abgebildet: dort hält sie der auf dem Thron sitzende Fürst in der Hand. In diesem Zusammenhang müssen sie sowohl als Machtsymbol als auch als Sinnbild des Paradieses gedeutet werden. Meist sind sie mit Figuren geschmückt oder mit ornamentalen Mustern bemalt oder, wie im vorliegenden Fall, mit einer eleganten Verbindung aus einem kalligraphisch geschriebenen Spruch und einem Ornament verziert.

Literatur: *Art islamique dans les collections privées libanaises,* Ausstellungskatalog Beirut 1974, S. 134, Nr. 125; K. Otto-Dorn, *Kunst des Islam,* Baden-Baden 1964, S. 142 ff., S. 197 mit Abb. einer Moscheeampel auf S. 151; zur Kalligraphie siehe A. Khatibi/M. Sijelmassi, *Die Kunst der islamischen Kalligraphie,* Köln 1977.

205 Parfümflasche

Islamische Zeit, 9./10. Jahrhundert n. Chr.
Glas
Höhe 14,2 cm, max. Durchm. 9 cm
IM 11223

Die Glaskunst, die bereits in abbasidischer Zeit (ab 750 n. Chr.) zu einer hohen Blüte kam, erhält zur Zeit der Fatimiden (969–1171 n. Chr.) neue Impulse. Neben geschliffenem Geschirr aus Bergkristall gibt es Gefäße, die aus einem massiven Glasblock geschnitten und mit Arabesken und tierischen Motiven verziert wurden. Ebenso wandte man die Lüstermalerei (Glanzüberzug) auf Glas in Anlehnung an abbasidische Vorbilder an. Daneben erreicht die Preßtechnik auf geblasenem Gerät besondere Vollendung: es gibt Gefäße, die federleicht und papierdünn sind. Auch unsere Parfümflasche ist in der Form geblasen und mit einem Glanzüberzug versehen. Der enge Hals des Flakons, der mit einem Stöpsel verschlossen oder versiegelt werden konnte, verhindert selbst unverschlossen weitgehend das Verdunsten des kostbaren Salböles.

Literatur: Vgl. K. Otto-Dorn, *Kunst des Islam,* Baden-Baden 1964, S. 87, S. 107 ff.

206 Kanne mit geritztem Dekor

Kufa
Islamische Zeit, 8. Jahrhundert n. Chr.
Keramik
Höhe 22,5 cm, max. Durchm. 16,4 cm
IM 7 Ku 237 A 10789

Für die Gebrauchskeramik der einfachen Bevölkerung trifft in islamischer Zeit dasselbe zu wie in parthischer und sasanidischer Zeit: sie ahmt in Form, Farbe und Dekor die Metallgefäße der reichen Oberschicht nach (vgl. Nr. 159, 193). Durch farbige Glasuren erzielte man Oberflächen, die denen der Bronze-, Gold- und Silbergefäße ähnelten, die sich nur hochgestellte Persönlichkeiten leisten konnten. Mit Ritzmustern, die wie bei dieser Kanne u. a. pflanzlich sein konnten, imitierte man die kostbaren tauschierten Gefäße (tauschieren aus arab., Einlegen von unedlen Metallen wie Bronze und Kupfer mit Gold- und Silberdraht).

Literatur: Vgl. P. J. Riis u. V. Poulsen, *Les Verreries et poteries médiévales,* Hama, Bd. 4, 2, Kopenhagen 1957, S. 267 ff., Nr. 984, 992; K. Otto-Dorn, *Kunst des Islam,* Baden-Baden 1964, S. 56, S. 85 ff., S. 92 f.

207 Fingerring

Islamische Zeit
Gold
Durchmesser 1,8 cm
IM 9300

Schon in der islamischen Frühzeit wurden von Frauen und Männern Ringe getragen. Neben schlichten Goldreifen gab es prunkvollere, die aus geflochtenem Golddraht bestanden, die reichhaltige Filigran- oder Granulationsarbeiten aufwiesen (vgl. Nr. 203) oder die mit Edelsteinen eingelegt waren. In manchen Fällen wurden großflächige Gold- oder Edelsteinplatten, etwa in der Art unserer Siegelringe, mit magischen Buchstaben und Symbolen versehen. Vom 17. Jahrhundert an bildete sich die Mode heraus, besonders viele Ringe zu tragen: weit über zehn Ringe an einer Hand waren keine Seltenheit.
Das hier vorliegende Stück gehört zur einfacheren Art: es besteht aus zwei geflochtenen Drähten, die über einem Goldblechsteg zusammengelötet wurden. Die knopfähnliche Goldverzierung ist stark abgeschliffen und abgetragen.

Literatur: Vgl. Pope III, S. 2264 ff.

208 Ohrring

Abbasidische Epoche, Ende 8. – Mitte 13. Jahrhundert n. Chr.
Silber, Türkis
Durchmesser 4 cm, Dicke 1 cm
IM 7189

Das häufigste aller Motive, die im islamischen Bereich bei Schmuck überhaupt und besonders bei den Ohrgehängen verwendet werden, ist der Halbmond. Er begegnet uns bereits am Anfang des 2. Jahrtausends v. Chr. im mesopotamischen Raum (vgl. Nr. 93) und war in späterer Zeit auch im griechisch-römischen und im byzantinischen Kunstkreis verbreitet. Seine Form hat sich bis auf den heutigen Tag fast unverändert erhalten.
Der vorliegende Ohrring ist zweiseitig gearbeitet. Beide Halbmondfelder wurden mit einem Blüten- und Rispenornament gefüllt, das aus geritzten Silberdrähten besteht. Die Blätter der zentralen Blüten waren wie die Blüten der Rispen mit Türkisen eingelegt. Die halbmondförmigen Ohrringe des 1. Jahrhunderts mit ihren zarten Filigranen und reichhaltigen Einlegearbeiten, die in der Farbgebung auf das feinste abgestimmt sind, gehören zu den schönsten ihrer Art. Ein hervorragendes Beispiel dieser Techniken und des hochentwickelten Kunstsinnes liegt mit diesem Ohrring vor uns.

Literatur: Vgl. *Schmuck aus Persien,* Ausstellungskatalog der Slg. P. C. Birch im Schmuckmuseum Pforzheim, Pforzheim 1974, Nr. 118, 120, 125, 126, 131, 132, 135–137, 144–148, 150, 151.

209 Ohrgehänge

Abbasidische Epoche, Ende 8. – Mitte 13. Jahrhundert n. Chr.
Gold, Perlen, Amethyst, Smaragd
Länge 8 cm
IM 10537

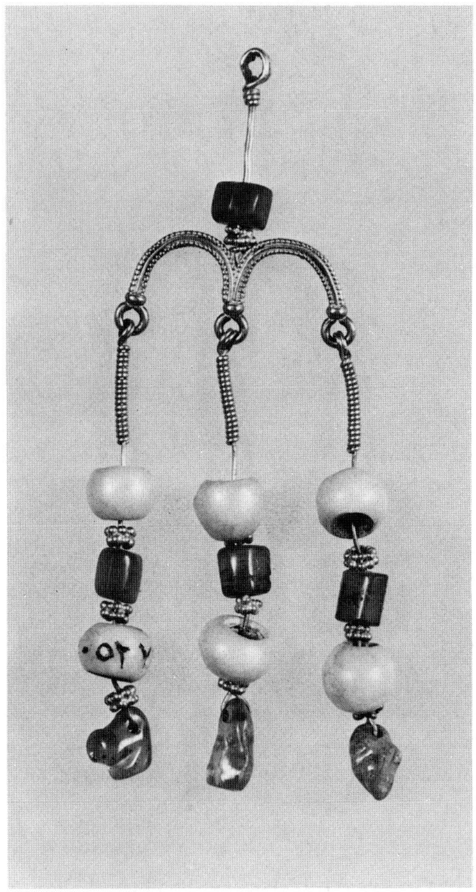

Da Gestein überhaupt und Edelsteine im besonderen im mesopotamischen Raum nicht vorkommen, mußten sie importiert werden. Amethyst, der in der Farbsymbolik Zärtlichkeit, Sanftheit und Liebe verkörpert, wurde u. a. aus dem Atlas-Gebirge (heutiges Marokko), aus dem Ural und aus Madagaskar eingeführt. Smaragde, die wie das Glas eine Dämonen abwehrende Funktion erfüllten (vgl. Nr. 202), stammten meist aus Ägypten, Indien und dem Ural-Gebiet. Auch Perlen hatten eine symbolische Bedeutung: Man glaubte von ihnen, daß sie die Keuschheit und Unschuld festigen. Sie wurden im Persischen Golf gefunden, wo sie in besonders hervorragender Qualität wachsen.

Literatur: Vgl. grundlegend für Schmuck und seine Bedeutung G. Els, *Handlexikon Schmucksteine, Edelmetalle, Perlen,* Fischer Handbücher Bd. 6182, 1973.

Das Bild Mesopotamiens im alten Mitteleuropa – das Land der Sintflut in Handschriften, Karten und Büchern seit dem Mittelalter

Informationen aus Stadtarchiv und Stadtbibliothek Hildesheim in Verbindung mit der Herzog-August-Bibliothek in Wolfenbüttel.

In der Ausstellung »Sumer – Assur – Babylon« zeigen die Hildesheimer Museen die Überbleibsel einer fernen Vergangenheit, die oft erst in den letzten zwei Jahrhunderten dem Boden abgerungen wurden. Dem Betrachter der Ausstellungsobjekte bietet sich das Bild einer versunkenen, aber doch unbestreitbar wirklich gewesenen Welt dar. Angesichts dieser präsentierten Wirklichkeit erschien es reizvoll, Hinweise zu geben auf das davon stark abweichende, wirklichkeitsferne Vorstellungsbild, das Mitteleuropäer vor rund einem halben Jahrtausend gehabt haben können, wenn sie an Babylon dachten.
Während uns heute mit Film, Funk und Fernsehen, mit Zeitungen, Zeitschriften und Büchern die vieldiskutierte »Informationslawine« zu überrollen droht, herrschte früher ein fast völliger Informationsmangel. Er kam nicht von ungefähr.
Kenntnisse des Lesens und Schreibens waren kein Allgemeingut, sondern Künste, die nur relativ wenige Privilegierte beherrschten, allen voran die Geistlichkeit. Handgeschriebene Texte – oft in Klosterbibliotheken verschlossen – blieben teuer und waren nur dem kleinen Kreise der Gebildeten zugänglich. Bis zur Erfindung des Buchdrucks konnten sich daher Forschung und Wissenschaft, die beide vom Informationstausch leben, nur schwer entfalten. Auch Historiographie und Geographie, die schon in griechischer und hellenistischer Zeit – genannt seien Herodot, Thukydides oder Ptolemaios – in hoher Blüte gestanden hatten, welkten dahin. Soweit Kenntnisse aus der Antike überkommen waren, wurden sie meist in den Dienst der biblischen Historie gestellt. Von ihr ist denn das Mesopotamienbild im alten Mitteleuropa

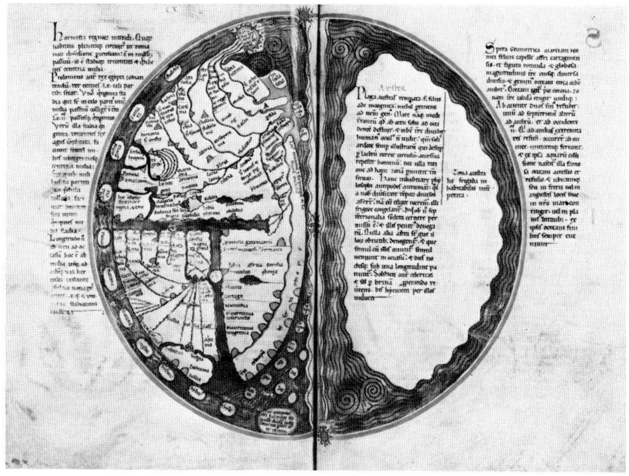

Abb. 1 Weltkarte mit den 4 Flüssen des Paradieses. Kolorierte Zeichnung aus Lambert von St. Omer: Liber Floridus. 12. Jh. (Wolfenbüttel 1. Gud. Lat. 2°)

auch ganz wesentlich beeinflußt. Wollte man es zuverlässig und vollständig dokumentieren, so müßte man praktisch alles irgendwie bildhaft Produzierte vom Gemälde bis zum Standbild, vom Reliquienschrein bis zur Kachel heranziehen.
Um ein klares Bild zu erzielen, war das in Betracht kommende Dokumentationsmaterial klar einzugrenzen. Da die Absicht von vornherein dahin ging, etwas typisch Niedersächsisches, mit dem Ausstellungsort Hildesheim Korrespondierendes zu bieten, wurden in Hildesheim und hilfsweise auch in Wolfenbüttel vorhandene Veröffentlichungen sowie als Ergänzung einige Handschriften herangezogen. Man kann davon ausgehen, daß das erfaßte Material* damals in und um Hildesheim die wichtigste Informationsgrundlage für ein Mesopotamienbild war, das manche dunkle Stellen aufweist: die großen Errungenschaften des Zweistromlandes auf den Gebieten der Mathematik und Schrift

* Für die Mithilfe bei der mühevollen Literaturdurchsicht danke ich meinen Mitarbeiterinnen Frau Sophie-Charlotte Werr und Erika Bächtle, für den unermüdlichen Einsatz bei den technischen Arbeiten Herrn Günter Götzen.

(Sexagesimalsystem und Keilschrift), der Astronomie und Astrologie (die Tierkreiszeichen stammen aus dem alten Babylon) waren zwar zum Teil noch bekannt, ihre Herkunft aber war vergessen.

Abb. 2 Die Arche Noah auf den Wassern der Sintflut. Kolorierte Zeichnung aus Heinrich von München: Mittelhochdeutsche Weltchronik. 14. Jh. (Wolfenbüttel 1.5.2. Aug. 2°)

Es ist ein recht mitteleuropäisches, von der eigenen Umwelt der Illustratoren geprägtes Bild, in dem mittelalterliche Stadttürme und Treppengiebel die Städteansichten bestimmen.
Wir wollen der biblischen Darstellung folgen:
Die Schöpfungsgeschichte verlegt das Paradies in die Gegend des Zweistromlandes; Euphrat und Tigris gehören zu den vier Strömen des Paradieses.
In höchst eindrucksvoller Weise verdeutlicht schon die Weltkarte (Abb. 1) aus dem Wolfenbütteler »Liber floridus« des Abtes von St. Omer (Nordfrankreich), einer im Original um 1100 geschriebenen Art von mittelalterlicher Enzyklopädie, dieses Weltbild, das Mesopotamien eine besondere Weihe verlieh, zugleich aber mit der Vertreibung aus dem Paradies auch den Anfang allen menschlichen Leides dort lokalisierte.
Von besonderem Gewicht in der Vorstellungswelt des späten Mittelalters und der frühen Neuzeit ist das Ereignis der Sintflut, das sich in zahllosen, oft wenig voneinander abweichenden Zeichnungen und Stichen niederschlägt. Mangels wirklichen Wissens konnten die Illustratoren ihrer Fantasie freien Lauf lassen, wenn sie an die Darstellung von Sintflut und Arche Noah gingen. Am Anfang stehen einfache Kästen (Abb. 2), so in der gereimten

Mesopotamien präsentierte sich als Land des Gartens Eden und der Sintflut, als Heimat des jüdischen Patriarchen Abraham und als Ausgangspunkt der babylonischen Sprachenverwirrung.
Ob es sich um Enzyklopädien oder um Chroniken handelt – stets ist die Darstellung der Heiligen Schrift, genauer gesagt des Alten Testaments der rote Faden, der sich durch alle Ausführungen zum Thema Mesopotamien zieht. Die Bibelillustrationen werden also das Bild Mesopotamiens im alten Mitteleuropa maßgebend beeinflußt haben, und dies umso mehr, als die Bibeln ja zugleich die Bestseller der Frühdruckzeit, die einzigen in großen Stückzahlen gedruckten und mithin weit verbreiteten Bücher waren.

Abb. 3 Die Arche Noah.
Holzschnitt aus der Niederdeutschen Bibel. Köln 1478 (WB Hildesheim I B 17)

Weltchronik Heinrichs von München, der um 1300 die ein halbes Jahrhundert zuvor von Rudolf von Ems geschriebene Chronik in einer Kompilation verarbeitete. Schon in der Kölner Bibel von 1478,

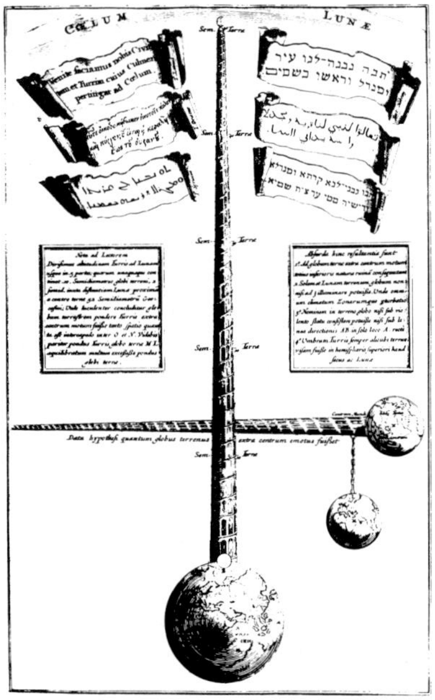

Abb. 4 Der Turm zu Babel.
Stich aus Kircher, Athanasius: Turris Babel. Amsterdam 1679 (Hildesheim WB 5098)

die mit ihrer reichen Bildausstattung einen ersten glanzvollen Höhepunkt der Frühdruckzeit bildet, findet sich eine wesentlich perfektere Archenkonstruktion. (Abb. 3). Bestechend ist die Qualität der zweispaltigen, seitenbeherrschenden Holzschnitte, die allgemein dem französisch-niederländisch-flämischen Kulturkreis zugerechnet werden. Aus späteren Illustrationen sind übrigens noch wesentlich detailliertere – aber ebenso frei erfundene – Kenntnisse der Arche Noah ersichtlich, die bis zu genauen Verteilungsplänen für die aufgenommenen Lebewesen reichen.
Auch der Genesisbericht vom Turmbau zu Babel als dem Urgrund der Sprachenverwirrung und damit der Vielzahl der Völker hat zahllose Darstellungen in den Bibelillustrationen gefunden. Noch Athanasius Kircher hat mit seiner »Turris Babel« von 1679 diesem Problem ein ganzes Buch gewidmet. Bei ihm ist die kuriose Theorie dargelegt, die Erde sei unter seiner Last aus dem Gleichgewicht geraten (Abb. 4.). Der Verfasser – im Alter von 17 Jahren zu Beginn des 30jährigen Krieges den Jesuiten beigetreten – war zuletzt Lehrer für Mathematik in Rom; seine Untersuchung über den Turmbau zu Babel erschien ein Jahr vor seinem Tode. Mit einer Ansicht der Hängenden Gärten der Semiramis (Abb. 5) zeigt Kircher freilich auch Einflüsse humanistischer Bildung – eines der Sieben Weltwunder des Altertums wird nun neben der biblischen Geschichte wieder in das Bewußtsein der Zeitgenossen gehoben.
Mit Babylon und dem babylonischen Reich verband sich noch eine andere, historisch-politische Vorstellung. Der Exegese des Buches Daniel war die Lehre von den vier Weltreichen entnommen: Daniel deutete vier dem Meere entsteigende Ungeheuer (Abb. 6) als einander ablösende Reiche. Auf Babylon folgten Medien/Persien und Griechen-

Abb. 5 Die Hängenden Gärten der Königin Semiramis in Babylon.
Stich aus Kircher, Athanasius: Turris Babel. Amsterdam 1679 (Hildesheim WB 5098)